国外语言学译丛
经典著作

ORIGINS
·
OF
·
HUMAN COMMUNICATION

人类沟通的起源

〔美〕迈克尔·托马塞洛 著

蔡雅菁 译

Michael Tomasello
ORIGINS OF HUMAN COMMUNICATION
First MIT Press paperback edition,2010
© 2008 Massachusetts Institute of Technology

国外语言学译丛编委会

主　编：

沈家煊（中国社会科学院语言研究所）

编　委：

包智明（新加坡国立大学）
胡建华（中国社会科学院语言研究所）
李　兵（南开大学）
李行德（香港中文大学）
李亚非（美国威斯康星大学）
刘丹青（中国社会科学院语言研究所）
潘海华（香港城市大学）
陶红印（美国加州大学）
王洪君（北京大学）
吴福祥（中国社会科学院语言研究所）
袁毓林（北京大学）
张　敏（香港科技大学）
张洪明（美国威斯康星大学）
朱晓农（香港科技大学）

总　　序

　　商务印书馆要出版一个"国外语言学译丛",把当代主要在西方出版的一些好的语言学论著翻译引介到国内来,这是一件十分有意义的事情。

　　有人问,我国的语言研究有悠久的历史,有自己并不逊色的传统,为什么还要引介西方的著作呢? 其实,世界范围内各种学术传统的碰撞、交流和交融是永恒的,大体而言东方语言学和西方语言学有差别这固然是事实,但是东方西方的语言学都是语言学,都属于人类探求语言本质和语言规律的共同努力,这更是事实。西方的语言学也是在吸收东方语言学家智慧的基础上发展起来的,比如现在新兴的、在国内也备受关注的"认知语言学",其中有很多思想和理念就跟东方的学术传统有千丝万缕的联系。

　　又有人问,一百余年来,我们从西方借鉴理论和方法一直没有停息,往往是西方流行的一种理论还没有很好掌握,还没来得及运用,人家已经换用新的理论、新的方法了,我们老是在赶潮流,老是跟不上,应该怎样来对待这种处境呢? 毋庸讳言,近一二百年来西方语言学确实有大量成果代表了人类语言研究的最高水准,是人类共同的财富。我们需要的是历史发展的眼光、科学进步的观念,加上宽广平和的心态。一时的落后不等于永久的落后,要超过别人,就要先把人家的(其实也是属于全人类的)好的东西学到手,至少学到一个合格的程度。

还有人问,如何才能在借鉴之后有我们自己的创新呢?借鉴毕竟是手段,创新才是目的。近一二百年来西方语言学的视野的确比我们开阔,他们关心的语言数量和种类比我们多得多,但是也不可否认,他们的理论还多多少少带有一些"印欧语中心"的偏向。这虽然是不可完全避免的,但是我们在借鉴的时候必须要有清醒的认识,批判的眼光是不可缺少的。理论总要受事实的检验,我们所熟悉的语言(汉语和少数民族语言)在语言类型上有跟印欧语很不一样的特点。总之,学习人家的理论和方法,既要学进去,还要跳得出,这样才会有自己的创新。

希望广大读者能从这套译丛中得到收益。

沈家煊

2012 年 6 月

迈克尔·托马塞洛《人类沟通的起源》中文版序

语言是什么？要尝试回答这个问题，当然得从第一手资料切入，调查目前世界上所使用的几千种语言，以及研究早期文化遗留下来的文字典籍。根据这些资料，我们便能得知语言特征的分布情况，并发掘不同的语言之间有哪些共同点、又有哪些相异处。过去两个多世纪以来，这样的调查成果斐然，已经累积了丰富的语料，除了因为有书面文字记录而较为人知的文学语言材料外，还包括语言学家深入丛林和遥远的荒岛探险，所采集收录的珍贵田野调查资料。

然而，当我们深入地分析这些丰富的语料时，怎样才能把种种语言之间的异同，用一贯的理论描述清楚？这些理论当然不能偏于任何一种或一组语言，否则我们的叙述就会不客观、不科学，知识也就不能累积。许多领域各异的专家在统整、分类语料时，常常衍生彼此竞争的分析结果，让人难以确切评估孰优孰劣，无法用圆满的方式调和解决不同学派观点各异的分析。

风靡一时的生成语法学派试图用抽象方式分析语言，把语言当作一种类似数学的逻辑系统。可是这种做法往往只是纸上谈兵，并不能帮我们更进一步认识语言。这种分析的缺失越来越原形毕露，我最近在这方面做过简短的讨论（Wang 2011），可供参考。现在大家逐渐意识到，语言研究绝不能闭门造车，绝口不提人类其他的认知技能，因为语言正是以认知为基础，因应社交的需要，才发展出来的。语言不是什么先天的器官所产生，而是一种涌现的复杂适应系统（王士元 2006）。

目前已有众多文献，从感官、运动、社交技能等方面，探究人类认知在个体演化上如何发展。把这些认知技巧成熟的年龄，拿来和语言习得的不同时期做个比较，有着发人深省的结果——孩童如何在短短几年间，就从不会讲话的阶段，发育到开始牙牙学语、再到完全掌握语言沟通技巧，这段成长历程可以给我们不少启发。

另外也有丰富的文献，专门研究我们近亲的认知能力。我所说的这些亲戚，指的是与人类 DNA 极为相似的黑猩猩。这些研究，皆以动物园或野外的长期观察为基础，并辅以实验室中经过设计控制的实验结果。因此儿童与猿类，是我们理解语言时两个重要的参考点。为什么儿童可以毫不费力地习得语言，猩猩却没有办法？

本书的作者迈克尔·托马塞洛，在研究语言的科学家中算是独树一帜的。他统合了上述两个看似不相关的领域——儿童语言及猿类认知，在这两方面都有重大贡献，为我们提供了理解语言为何物的另一方沃土、另一扇窗户。他目前是德国莱比锡马克思普朗克演化人类学研究所所长，该所在演化语言学方面的研究，一直居于领导地位。他也兼任沃尔夫冈·克勒灵长类研究中心（Wolfgang Köhler Primate Research Center）的主任，沃尔夫冈·克勒是 20 世纪初首位倡导灵长类认知研究的开创者，该研究中心因此以他的名字命名。

根据本书作者所言，人类的沟通以语言为其最精密的成品，但它的源头却一点也不起眼，是从最初期的共享意图发展而来。有了共享意图，就有了合作活动，而以手指物、比划示意等沟通手势，又让人类的彼此合作变得更容易。这些肢体上的动作，提供了口说语言演化的平台，最后终于演变出我们今日所拥有的复杂、而且多半是武断的语言句型。

这本书是根据 2006 年春，作者前往巴黎接受让·尼科奖(Jean Nicod Prize)的演讲内容所写。从那时起，就一直有新的论文发表，支持作者的看法。该书甫出版，立刻就有知名学者在重量级国际期刊上撰写书评，如语言学家 Adele Goldberg(2009)和心理学家 Michael Corballis(2008)。我同时再提两份研究。其一是高美朵(Goldin-Meadow 2008)的团队在芝加哥所做的研究，他们让受试者用手势描述事件，或用图画重组事件。他们的发现相当有趣，虽然那些受试者的母语的句法顺序大异其趣，有汉语、英语、西班牙语和土耳其语，但不管在手势描述或图画重组时，他们所运用的顺序都一样：施事者-受事者-动作。这暗示着，手势比起言语，应该是认知上更基础、更稳定的一种渠道。

另一篇论文，由李思科斯基等人(Liszkowski et al. 2009)所发表，这篇文章差不多是我在撰写此篇译序的这一刻才刚出炉的，他们探讨了语言"超越当下时空"(displacement)的特性，霍克特(Hockett 1960)早先也针对这个主题发表过一篇影响深远的文章。他们的实验说明，即使幼儿才满周岁还不会讲话，就已经会用非口头的以手指物动作，来指涉不在眼前的物品。相反地，黑猩猩虽会指着东西，告诉人类它们要什么，却没有办法用同样的以手指物方式，指涉不在现场的东西。

几位作者于是归结道，"这些结果证实，有能力沟通彼此都知道、但却不在场的东西，并不一定要依赖语言，而要仰赖更深的社会认知技巧，如此才能让语言充分发挥指涉的功能"。显然，这些认知技能，正是在语言发展上区别儿童和黑猩猩的一条重要分界线。

托马塞洛教授作品的重要性，近来愈加受到肯定。除了2006年在巴黎获颁的让·尼科奖外，他最近荣获的奖项，还包括2007年意大利都灵的心智大脑奖（Mind & Brain Prize），以及2009年德国斯图加特的黑格尔奖（Hegel Prize）。无疑地，我们若想了解语言是什么、怎么出现、又怎么与人类认知息息相关，他的研究著作在这几方面都有十足的影响力。诚然，最好的语言分析，必须能充分反映大脑在处理语言时如何运作。可是大脑究竟如何处理那么复杂的语言呢？要完全理解大脑如何运作，会是一条漫长的道路，我们才刚在这条路上迈出几个步伐而已。不过从语言学的观点来看，托马塞洛的研究方向为我们所立下的典范，将是一条康庄大道。因此这本书实在值得以中文翻译出版，让广大的汉语读者也有机会阅读他的作品。

本书里有许多专业名词和学术用语，需要花点心思查找资料才能译得贴切，但译者蔡雅菁，却能胜任这项艰难的使命。她拥有意大利威尼斯大学和香港中文大学两个硕士学位，一直热爱语言，也通晓多国文字，对她来说，这本译作是心血与爱的结晶。为了让全书更容易阅读，她也用心补充了许多译注。

我非常高兴能借着这篇序言，向各位表达我的热诚，推荐这本前瞻研究与流畅译笔两相结合的书籍。相信这本译著的完成，对于激励语言学思想的进步，一定贡献良多。为了让这个译本的贡献更可观，此书也将以两个版本面世：台湾的繁体中文版和大陆的简体中文版。

王士元

2009.9.23

引用文献：

* Corballis, Michael C. 2008. Hands on to language. *Trends in Cognitive Sciences* 13. 45-46.
* Goldberg, Adele E. 2009. Review of Tomasello's Origins of Human Communication. *Language* 85. 952-954.
* Goldin-Meadow, Susan, Wing Chee So, Asli Özyürek & Carolyn Mylander. 2008. The natural order of events: How speakers of different languages represent events nonverbally. *PNAS* 105. 9163-68.
* Hockett, Charles F. 1960. The origin of speech. *Scientific American* 203. 88-96. Chinese translation: 1987. 言语的起源. 孙乃修译. 语言与人类交际 [Human Communication: Language and its Psychobiological Bases.], ed. by Wang, W. S-Y. 游汝杰,潘悟云,张洪明等译,葛传槼,徐烈炯审校. 广西教育出版社. 1-13.
* Liszkowski, Ulf, Marie Schafer, Malinda Carpenter & Michael Tomasello. 2009. Prelinguistic infants, but not chimpanzees, communicate about absent entities. *Psychological Science* 20. 654-60.
* Wang, William S-Y. 2011. Language learning and the brain: some recent developments. *Festschrift in Honour of Alain Peyraube*, ed. by H. Chappell, R. Djamouri & T. Wiebusch. Taipei: Institute of Linguistics, Academia Sinica.
* 王士元. 2006. 语言是一个复杂适应系统 [Language is a complex adaptive system.]. 清华大学学报(哲学社会学版)21. 5-13.

** 王士元,美国伯克利加州大学荣誉退休教授,台湾中研院院士,香港中文大学伟伦研究教授。

寻找语言起始的源头

　　世界上有人的地方就会有唧唧喳喳的交谈声音，从那些一串又一串的音频变化里，发声者和辨音者之间的讯息交换，却需要靠一套庞大的系统性知识，才能保证所欲传达讯息的正确性。这一套系统非常复杂，语言学者历经数百年仍然无法解析其中的奥妙；现代的科学家利用数学及最新近的高阶信息技术，也都无法模拟鸡尾酒会中的简单会话，因为这些模拟程式总是抓不住那看似简单却充满了弹性的动态准确（dynamic precision）原理。我们平常不会感受到这个庞大体系的复杂性，因为说话、聆听好像是一件很自然不过的事，根本不用"费心"；只有在学习第二语言时，才能体会在适当场合表达适当语句是件多么困难的事，而听外国人说话，要做到正确体会言者之心而不致会错意，也是很不容易的！

　　这样的语言能力哪里来？我们如何会建立起这个支撑语言交流的庞大知识体系？它当然牵涉到语言如何产生的问题，而这问题已经被问了几千年，从民间的传说，到哲学家的论述，到最近几年科学家想从说话者及听话者的脑中影像变化一探究竟，各式各样的推论和断言虽层出不穷，但令人满意的谜底仍不知往何处寻找，甚至连像样的暗示都不可得。学界都知道这是想了解人性最重要的一个问题，它的答案也是解开"人之异于禽兽几希？"的关键所在！一代又一代，新的科学研究典范带来了新的见解，但更新更稳固的证据则带来更多的争议，使原来被看好的见解又陷入另一种困境。问题仍然那样鲜明，但答案越来越苍白，让科学显得那样无力！

有一阵子，考古人类学的社群严禁它的学员再提出"语言起始"的有关论文，因为嘟嘟囔囔的杂音破坏了人类学研究进展的韵律，并非健康之道。这个禁忌一直到布洛卡（Broca）证实了"人类是用左脑说话"的语言脑侧化现象，才慢慢解开；但这禁忌的松绑是必然会发生的，因为任何想了解语言脑侧化现象的学者，都必须回答"语言是如何开始的？"，才有可能解释"那为什么独特的侧化会在左脑？"；或者，反过来想，若能回答"左脑到底有何特殊功能，可以提供语言建构的生理基础？"也许就能找到回答"语言如何起始？"这个大哉问的蛛丝马迹了！

这些年来，我们确实读到了很多精彩的论点，有纯语言学的，有由哲学转为认知科学的，有生理和神经科学的，当然也有考古人类学的（如人类发音器官的位置变化）和基因演化观点的（如FOXP2），都有值得再进一步探讨的必要性。我和王士元院士也曾经从脑神经处理事件的时间解析度去探讨语言起始和基本动作的共同机制，其主要的观点是，要找语言起始的缘由，就要忘掉目前语言的复杂体系，因为这些层次分明的规律，及其无穷无尽的可能变化，都已经是数十万年来适应环境变迁的结果了，绝对不可能让我们达到追本溯源的目标。唯有找到让演化变得有可能的根源才是正途。

这十年来，英国的邓巴（Robin Dunbar）一连出了好几本有关语言演化的书，颇受好评，他认为人类以"闲聊"取代猿猴的"梳理"，建立了社会凝聚力，才是语言演化的缘由。这一个理论和本书作者托马塞洛（Michael Tomasello）所提出"合作为语言演化之本"的观点是一致的。前者由人脑体积的大小演进出发，提出人类社会组织复杂化的相关证据，而后者则由儿童语言习得和认知策略的社会相关性以及猩猩之间的交流缺乏社会隐性支撑，提出非常完整的理论架构，也为这个研究领域的进展规划出很有潜力的蓝图。这是一本很有见地的书，希望对语言研究有兴趣的人，都能仔细研读一番。

我很高兴这本书有中译本，译者蔡雅菁非常用心，把书中的中文专有名词都很正确地译出来，而且译文流畅，嘉惠读者良多，真是感佩。我会很热心地向社会大众介绍这本书，因为它将打开很多人的视野，了解人类文明这一万年来的成就，就在一个观念滋生：就是"合作"！

曾志朗

* Tzeng, O. J. L. & W. S-Y. Wang. 1984. Search for a common neuro-cognitive mechanism for language and movements. *American Journal of Physiology* 246. R904-R11.

** 曾志朗，台湾中研院院士，知名心理学家。

目 录

总序 ………………………………………………………………… I
译序　迈克尔·托马塞洛《人类沟通的起源》中文版序 ……… III
　　　寻找语言起始的源头 …………………………………… VIII
系列前言 …………………………………………………………… iii
前言与谢词 ………………………………………………………… v

第一章　着眼于基础结构 ………………………………………… 1
第二章　灵长类有意的沟通 ……………………………………… 9
　2.1　声音的呈现 ……………………………………………… 10
　2.2　手势信号 ………………………………………………… 14
　　2.2.1　两种手势 …………………………………………… 15
　　2.2.2　注意到对方在关注什么 …………………………… 21
　　2.2.3　小结 ………………………………………………… 23
　2.3　与人类沟通 ……………………………………………… 23
　　2.3.1　以手指物及其他命令 ……………………………… 24
　　2.3.2　理解以手指物的功能 ……………………………… 27
　　2.3.3　小结 ………………………………………………… 29
　2.4　猿类沟通的意图 ………………………………………… 30
　　2.4.1　理解有意的行动 …………………………………… 31

2.4.2 猿类手势如何运作 ………………………………… 35
2.5 结论 ……………………………………………………… 37
第三章 人类的合作沟通 ……………………………………… 39
3.1 以手指物及比划示意 ………………………………… 41
3.1.1 以手指物 ………………………………………… 43
3.1.2 图像手势（比划示意） ………………………… 45
3.1.3 小结 ……………………………………………… 49
3.2 合作模式 ……………………………………………… 49
3.2.1 认知技能：制造共同基础 …………………… 51
3.2.2 社会动机：协助与分享 ……………………… 57
3.2.3 彼此对帮助及合作推理的期待 …………… 61
3.2.4 小结 ……………………………………………… 67
3.3 沟通惯例 ……………………………………………… 69
3.3.1 语言沟通与共享的意图基础 ……………… 70
3.3.2 惯例是共享的沟通机制 …………………… 71
3.3.3 小结 ……………………………………………… 73
3.4 结论 …………………………………………………… 74
第四章 个体演化发展的起源 ……………………………… 76
4.1 儿童的以手指物 ……………………………………… 77
4.1.1 儿童以手指物的情境 ………………………… 78
4.1.2 沟通动机 ……………………………………… 82
4.1.3 指涉意图 ……………………………………… 86
4.1.4 共同基础 ……………………………………… 88
4.1.5 彼此对帮助及合作推理的期待 …………… 90
4.1.6 小结 ……………………………………………… 93

目　录

- 4.2 儿童以手指物的来源 …………………………… 94
  - 4.2.1 三个月大的婴儿为什么不会指？ ………… 94
  - 4.2.2 两阶段的九月革命 ………………………… 96
  - 4.2.3 小结 ………………………………………… 100
- 4.3 早期的比划示意 ………………………………… 101
  - 4.3.1 惯例的和图像的手势 ……………………… 101
  - 4.3.2 图像手势、伪装和语言 …………………… 105
- 4.4 共享意图与早期语言 …………………………… 108
  - 4.4.1 习得语言惯例 ……………………………… 108
  - 4.4.2 使用语言惯例 ……………………………… 113
  - 4.4.3 小结 ………………………………………… 116
- 4.5 结论 ……………………………………………… 116

第五章　群体演化发展的起源 …………………………… 118

- 5.1 互助合作的出现 ………………………………… 120
  - 5.1.1 黑猩猩的团体活动 ………………………… 121
  - 5.1.2 人类的合作活动 …………………………… 130
  - 5.1.3 小结 ………………………………………… 133
- 5.2 合作沟通的出现 ………………………………… 134
  - 5.2.1 互利共生的合作与提供协助 ……………… 135
  - 5.2.2 间接互惠及告知以提供协助 ……………… 139
  - 5.2.3 文化团体选择与分享态度 ………………… 146
  - 5.2.4 小结 ………………………………………… 152
- 5.3 惯例沟通的出现 ………………………………… 153
  - 5.3.1 趋于任意 …………………………………… 154
  - 5.3.2 转成声音模式 ……………………………… 159

5.3.3 小结 …………………………………… 166
5.4 结论 ………………………………………… 167

第六章 语法方面 …………………………………… 170
  6.1 请求的语法 …………………………………… 172
    6.1.1 类人猿的手势串 …………………………… 173
    6.1.2 类人猿和人类沟通所用的"语言" ………… 174
    6.1.3 使用家庭手语的听障儿童 ………………… 180
    6.1.4 儿童最早的语言 …………………………… 185
    6.1.5 小结 ………………………………………… 188
  6.2 告知的语法 …………………………………… 189
    6.2.1 惯例的句法机制 …………………………… 190
    6.2.2 尼加拉瓜手语 ……………………………… 193
    6.2.3 会说话儿童的早期语法 …………………… 196
    6.2.4 小结 ………………………………………… 197
  6.3 分享及叙事的语法 …………………………… 198
    6.3.1 言谈与叙事 ………………………………… 199
    6.3.2 复合句型 …………………………………… 201
    6.3.3 合乎语法就是合乎常态 …………………… 204
    6.3.4 小结 ………………………………………… 206
  6.4 句型的约定俗成 ……………………………… 208
    6.4.1 句型结构 …………………………………… 208
    6.4.2 语言创造和变迁 …………………………… 210
    6.4.3 普遍语法和语言差异 ……………………… 217
    6.4.4 小结 ………………………………………… 222
  6.5 结论 ………………………………………… 223

第七章　从猿类手势到人类语言 ……………………… 225
  7.1　论点的摘要 …………………………………… 226
  7.2　假说与问题 …………………………………… 231
  7.3　语言作为共享的意图 ………………………… 241

参考书目 ……………………………………………… 244
作者索引 ……………………………………………… 270
主题索引 ……………………………………………… 276

指着一张纸。再指着它的形状——接着指指它的颜色——然后指指它的数量……你是怎么办到的呢?
——维根斯坦《哲学探讨》(Wittgenstein, *Philosophical Investigations*)

系列前言

让·尼科演讲(Jean Nicod Lectures)系列,每年在巴黎由知名的心智哲学家或哲学导向的认知科学家主讲。1993年的开幕演说,正值纪念法国哲学家暨逻辑学家让·尼科(1893—1931)的百年诞辰。这些讲演由国家科学研究中心(Centre National de la Recherche Scientific, CNRS)赞助,并与社会科学高等研究院(École des Hautes Études en Science Sociales, EHESS)及高等师范学校(École Normale Supérieure, ENS)联合主办。这一系列丛书收录了演讲内容,或由演讲所启发的专书论著。

让·尼科委员会

Jacques Bouveresse,主席

Jérôme Dokic 及 Elisabeth Pacherie,秘书长

François Recanati,系列总编

Daniel Adler	Jean-Pierre Changeux
Stanislas Dehaene	Emmanuel Dupoux
Jean-Gabriel Ganascia	Pierre Jacob
Philippe de Rouilhan	Dan Sperber

前言与谢词

此书是依据我于2006年春在巴黎让·尼科系列演讲的内容所作。考虑到让·尼科研究中心人员的背景，我选择了沟通这个题目。我曾在下列几个领域做过不少实证与理论的研究工作：(i)类人猿的手势沟通；(ii)人类儿童的手势沟通；(iii)人类儿童早期的语言发展。同时，我也对人类沟通、人类语言所涉及的比较一般性的认知、社会认知过程，做过些许研究，如：(i)社会文化认知；(ii)社会文化学习；(iii)合作与共享意图。我尝试在此书中把这些领域统合，以完整连贯的论述来解释人类沟通的演化与发展。促使我做出此一尝试的中心理念在于，由葛赖斯（Grice）最先发现的人类沟通的基本合作结构，与人类与生俱来的合作能力之间，有某种特殊的关联，这一点与其他灵长类恰恰相反，因为在它们一般的社会互动与文化里，并不存在合作这一概念。

书中探讨的观点，主要来自我对合作的研究，以及我和那些在马克思普朗克演化人类学研究所（Max Planck Institute for Evolutionary Anthropology）发展比较心理学系（Department of Developmental and Comparative Psychology）的同事们的讨论所得。书中呈现的多半内容，都是与他们交流的结果，我只恨自己不能更清楚地记得其他许多特定论点的出处。

不过很清楚的是，我欠了许多人的人情。与这本书的出版最密切相关的是 Malinda Carpenter。我和她几乎每天都会互相讨论切磋，我们所谈及的话题，或多或少都跟此书的内容有直接的关系。我的许多基本想法都是在这时候成形的，无奈的是，我无法一一指明哪些细节应该归功于她（也无法仔细标出 Malinda 和我意见相左之处）。另外很重要的两位功臣，一是 Josep Call，近几年来，我曾多次和他深入谈论类人猿的手势沟通，二是 Elena Lieven，我也多次和她探讨儿童语言习得。

早先我曾把书中重要思想的初稿，呈现给社会认知研究小组的成员（那是个恶名昭彰的九月学程），当时收到了许多有用的回馈，如 Hannes Rakoczy、Tanya Behne、Henrike Moll、Ulf Liszkowski、Felix Warneken、Emily Wyman、Suse Grassman、Kristin Liebal、Maria Gräfenhein、Gerlin Hauser 等人——他们建议我删去一些图表，所以那些怪异的图表书中现在都看不到了。从让·尼科演讲会场上，我也得到许多获益良多的建言，特别是 Dan Sperber 所给的建议。

很多人读了将近整本书稿，协助我做必要的改进：Malinda Carpenter、Elena Lieven、Bill Croft、Adele Goldberg、Gina Conti-Ramsden——以及麻省理工学院出版社的一位匿名审稿员。其他读了一部分书稿，并给予我宝贵意见的人还有：Hannes Rakoczy、Henrike Moll、Joe Henrich、Daniel Matthews、Nausicca Pouscoulous、Felix Warneken、Colin Bannard、Emily Wyman 及 Kristin Liebal。这些读者不吝赐教，让这本书的内容更翔实可靠，实验数据更精确，理论架构更连贯，读者在阅读此书时也会感到更加有趣。我也要感谢 Esteban Rivas 提供我表 6.1 里许多有用的信息。

最后我要深深致谢的人是 Henriette Zeidler，她不仅为本书的出版提供了许多实质的帮助，还能以一贯的技巧在院系里运筹帷幄，而且我在家埋首写书时，她也不时帮我加油打气。我还要谢谢 Annette Witzmann 协助我整理参考书目，并感谢麻省理工学院出版社的 Tom Stone 负责监督整个出版程序。

第一章　着眼于基础结构

我们所谓的意义，一定与原始的手势语言有关。
——维根斯坦《大打字稿》(Wittgenstein, *The Big Typescript*)

在动物园里，无论你走近任何一种动物，试着用简单的方法沟通看看，告诉狮子、老虎或熊"这么"转个身，用你的手或身体来示范，教它们怎么做，或用美食作为犒赏。不然就指给它们看，表示你希望它们站在哪儿，或告诉它们食物藏在哪里。你也可以用手比出地点，并模仿掠食者的动作，警告它们可怕的掠食者正在草丛后面出没。不过不管你怎么做，它们看着你却无动于衷。并不是因为它们缺乏兴趣，没有动机，或智商不够，而是你无法告诉动物任何事，即使非言语的沟通都不行，你不必奢望它们会了解你的意思。

人类当然觉得比手划脚这些姿势，既自然又明确：因为只要看着我的手指向哪里，就能明了我的用意。甚至，还不会说话的婴儿，也能运用并理解以手指物的动作。在许多社交场合中，如果言语沟通有困难或行不通，比如在人山人海的房间或人声鼎沸的工厂里，我们很自然地就会借助比手划脚来沟通。为什么很多观光客在异乡仍能畅行无阻，与人互动良好，即使当地人的语言跟他们自己的母语并无共通点？靠的正是这种相当有意思的手势沟通。

我这些讲演是为了理解人类如何靠语言彼此沟通。而要得知语言这种能力如何在演化的过程中产生，就必须先知道人类如何靠自然的手势作为沟通渠道。我的演化论假设人类最初的沟通模式，就是比手划脚。这么一来，由社会认知及社会动机的基础结构所促成的新沟通模式，便形成一种心理平台，不同系统、各种惯例的(conventional)语言沟通模式(总共 6,000 种)，就奠基在这层平台上。比手划脚是人类沟通的演化史上最关键的过渡点，体现了人类独有的社会认知与社会动机形式，这些都是后来发展惯例的语言所必备的。

问题是，与人类的语言(包括约定俗成(conventionalized)的手语)相比，自然的手势似乎是非常弱势的沟通机制，因为它们的沟通信号"里"本身所能传达的信息相当少。稍后我会提到，以手指物是人类独有的原始沟通形式。假如你和我正前往图书馆，突然间我用手指着那些靠着图书馆墙边停放的脚踏车给你看，很可能你的反应会是"嗯?"，因为你不晓得我在表示什么状况，也不明白我干嘛要这么比，以手指物本身其实没有什么意思的。不过如果几天前，你跟你男朋友刚刚不愉快地分手，我们两个彼此都心知肚明，而那些脚踏车中有一部是他的，我们两个也都知道这一点，那么我在相同的情境下用手比的这个姿势，就可以隐含许多复杂的意思，也许是指"你男朋友已经在图书馆了(所以我们就不进去了)"。同样地，如果其中一部脚踏车，是我们都知道你最近刚失窃的那部，那么我比手势的意思就会完全不同。又或者我们正在打量图书馆那么晚了是否还开着，那我用手指着外面那么多部脚踏车，意思就是图书馆还没关门。

在这几个不同的例子里，带有不同意义的是那些不同的"情境",但是这么说帮助不大,因为在很多不同的场景下,我们面临的沟通情境里许多特征(经由约定)是相同的。唯一的差异在于我们先前共享的经验,但经验并非沟通的实际内容,只是背景资料而已。因此我们的问题在于:看似简单的伸出手来比划的这个动作,如何能以如此复杂的方式沟通,而且还能因应不同的场合传递不同的信息?

任何我们想得出来可以回答这个问题的答案,都需依赖我们所谓的读心术(mindreading)或"看穿意图"(intention-reading)的认知能力。因此要解读一个手势,我们必须要理解:他为什么要把我的注意力引导到那里去?在最典型的例子中,如果要能准确地理解别人的意图,我俩之间就必须有一起关注的焦点或共有的经验,也就是维根斯坦(Wittgenstein 1953)所说的生活形态(forms of life);布鲁纳(Bruner 1983)的共同关注模式(joint attentional formats);克拉克(Clark 1996)的共同概念基础(common conceptual ground)。比方说,我是你外地来的朋友,所以不知道你前男友的脚踏车是什么模样,那么你就不会假设我是在指他的车给你看。即使我奇迹似的知道那是他的车,那么你还是不会晓得我知道。一般来说,如果沟通要顺利,那么我们两个私底下分别知道那是他的车还不够(即使对方也知道这点),这件事还必须是我们之间彼此知道的共同基础。如果我们都知道那是他的车,但并非双方都有共识你们刚分手(即使我们私底下都知道),那你就有可能认为我指着你男友的车,是在鼓励我们赶快进图书馆,而并非叫我们不要进去。拥有共同概念基础的能力——共同的注意力、共有的经验、相同的文化知识——是所有人类沟通必备的重要条件,这里的沟通也包括语言沟通里常用的代名词,如:*他*、*她*、*它*。

人类以手指物这个平凡的动作，从演化论的角度来看，还有个不平凡的方面，就是它的利社会动机（prosocial motivation）。我在提醒你：你的前男友可能在场，或是你失窃的脚踏车寻获了，因为我认为这些可能是你想知道的事。在人以外的动物界里，这种有效传递信息的沟通相当罕见，即使是我们的近亲灵长类也不会如此（我们会在第二章提到警告性的吼声和发现食物的叫声）。因此，当小黑猩猩呜咽地寻找妈妈时，邻近的其他黑猩猩也都会知道。不过如果附近某只母猩猩知道妈妈在哪，它也不会特别去告诉那只小猩猩，虽然它有足够能力伸出前臂比划一下。它之所以不告诉小猩猩，是因为在它的沟通动机里，不包括告知对别人有帮助的事这一项。相反地，人类的沟通动机基本上是合作性的，我们不仅会告知对别人有帮助的事，而且当我们对别人有所求时所用的主要方法之一，就是让别人知道我们渴望什么，并期待他们会主动协助。所以我若想喝杯水，可以明说我要水（告诉你我想要的），我也知道多半情况下，你主动协助的倾向（我们彼此都知道的），会把我这个告知的举动，有效地转变成充分发展的请求。

人类的沟通行为本质上是一种合作的事业，在(1)彼此假定的共同概念基础下，(2)彼此假定的合作沟通动机下，以最自然且平顺的方式进行。人类沟通基本上的合作本质，是葛赖斯（Grice 1957, 1975）的核心思想，虽然在程度或方法上有所不同，但其他承袭这套传统的学者如克拉克（Clark 1992, 1996）、施佩贝尔和威尔逊（Sperber and Wilson 1986）、莱文森（Levinson 1995, 2006），也都持相同看法。不过要想了解人类沟通最终极的起源，不论是群体发展（phylogenetically）或个体发展（ontogenetically），我们皆须跳脱沟通本身，去洞悉更一般的人类合作。动物界里的人类合作在许多方面是独一无二的,不管从结构上与动机上来看都是。

人类合作是由现代行为哲学家所谓的共享意图(shared intentionality)或"我们"意图("we" intentionality)所组成(Searle 1995; Bratman 1992; Gilbert 1989)。一般而言,共享意图是从事人类独有的合作式活动所必备的,这种活动的主体一定是复数的"我们":大家有共同的目标、共同的意念、共有的知识、共享的信仰——而且都是在具有合作动机的情境下进行。这种共同性在社会互动中尤其重要,例如由文化组成的体制,像金钱、婚姻、政府,都只存在于一个集体建立的体制现实里,我们身处其中,有一致的信念与行动,仿佛这些体制真实存在。但是其他较简单、较具体的合作行为也涉及共享意图,例如我们共有的目标,是一起制造某种工具,或一块儿散步,甚至是一起欣赏山景,或一块儿参加宗教仪式。人类的合作式沟通——不管是运用"自然"(natural)的手势或"任意"(arbitrary)的语言惯例——是人类独有的合作活动之一例,虽然这也是个相当特别的例子,但它同样以共享意图为基础(Tomasello, Carpenter, Call, Behne and Moll 2005)。共享意图的技巧与动机,构成了我们所谓人类沟通的合作式基础结构。

如果人类沟通不同于灵长类的沟通,以合作为基础,那我们自然会问,这种沟通模式如何演化出来。现代演化论中,合作或利他主义的出现总是问题重重。但如果人类合作沟通的基础结构,跟其他合作行为的基础结构一致,那么它就有可能是人类为了适应大环境的合作及文化生活所演化出来的一部分。确切的原因我们不得而知,但在人类演化史上,那些与别人配合,彼此有共同意念、共同关注、合作动机的个人,在适应上可能比较占有优势。合作沟通于是兴起,成为协调集体活动的有效方式,先是继承,然后帮助塑造一个共享意图的共同心理基础。这些都是从互助合作的活动开始，当个体对他的同伴伸出援手，他同时也在帮助自己。接着这些又概括性地引申到其他的利他情境，个体基于培养互惠的原则，或出于为他的文化群体赢得合作的美誉，会自由地告知或与他人分享讯息。最后，人类才开始在相互合作的情境外，为了更高层的非合作目的，以这种新的合作方式沟通，因此得以说谎的方式欺骗他人。

我们几乎可以肯定，这个过程的初步阶段，肇始于手势的沟通模式。如果我们比较近亲灵长类的声音及手势这两类沟通，就更能看清这一点。类人猿（great apes）①所发的声音，几乎都是由基因决定，而不是靠学习而来，这些声音与特定情绪密切相关，可以一视同仁地传播到附近所有个体的耳朵里。相反地，它们的手势多半靠学习而来，弹性地运用在不同的社会环境中，具有不同的社会目的——许多新的手势是为了与人类互动才学的——沟通者会考虑对方当时的注意力状态，依情况对特定的个体使用这些手势。学习、弹性、对同伴的注意力，很明显地都是人类沟通的基本特征，如果这些特征不先出现，是不可能朝着人类沟通的方向发展的。许多研究手势起源的理论家早先曾注意到，人类开始互助合作后，他们的比手划脚承袭了人猿的手势，是"自然"的结果，而语言里"任意"的惯例却一点也不自然。以手指物（pointing）奠基于人类自然而然地会循着别人的目光凝视物品，比划示意（pantomiming）则基于人类会自发地解读别人的动作。这种自然的反应，让手势成

---

① 所谓的类人猿，通常指的是生物学分类上灵长目人科下的四种动物：人类、黑猩猩、大猩猩（gorilla）与红毛猩猩（orangutan）。但此书中论及类人猿时，都是指人类以外的三种猿类（猩猩）。——译注

为由人猿的沟通进步到任意的语言沟通之间的过渡点。

那么语言呢？目前的假设是，只有在互助活动的情境下，参与者间有共同的意图与关注，并借由自然的手势沟通来协调，演化史上任意的语言惯例才会随之诞生。约定俗成的语言（先是手语式的，再来才是口说的）于是依附在已知的手势上，以共享的（而且众人彼此知道是共享的）社会学习经验，取代了自然的比手划脚。这个过程当然是由人类独特的文化学习与模仿技能所促成，让他们得以用独特的有利方式，从他人也从自己的意念状态学习（Tomasello 1999）。同样也是在演化过程中，人类开始创造并传递文化中由不同的语法惯例组成的复杂语言结构，并将繁复的信息以不同的语言结构编码为不同的*类别*（types），以便运用在反复出现的沟通环境中。

因此我们需要几种基本的演化过程，以不同方式进展，才能解释人类合作沟通的起源具备什么心理基础。此外，为了解释人类多达六千种不同的惯例语言从何而来，我们也要借助文化历史的发展过程，说明特定的语言形式为何会在特定的社群里约定俗成，这些符号经过语法顺序排列后，组成合乎语法的句子，然后透过文化学习，把这些约定俗成的规矩及语法结构传给下一代。由此我们可以见到演化史与文化史过程中持续进行的辩证法则，最先谈到这一点的是维果茨基（Vygotsky 1978），理查森和博伊德（Richerson and Boyd 2005）则从现代演化论的框架加以探讨，我个人也深为这种论点所着迷（Tomasello, Kruger and Ratner 1993; Tomasello 1999, Tomasello et al. 2005）。对人类沟通及语言所持的这种观点，可以说推翻了乔姆斯基（Chomsky）的言论，因为人类沟通中最基础的方面，是因应一般的合作与社会互动所产生的生理调适,而纯语言的沟通,包括语法方面,则是由文化建构,并经由个别的语言社群代代相传。

整体来说,通往现代人类沟通的这条道路既漫长又蜿蜒,沿途不时有曲折起伏。为了以实证科学的资料为基础,提出一套理论解释,我们应当考虑人猿与人类生活的多样层面,这么一来,我们的论述不免也要既漫长又蜿蜒了。虽然路途中满布荆棘,我们的最终目的地却简单明确:我们希望找出人类沟通独有的特性,并发掘个体及群体发展的根源。为了达到这个目标,下面我会评估三个特定的假说:

1. 演化史上(个体的发展上亦然),人类的合作沟通肇始于自然、自发性的比手划脚。

2. 人类的合作沟通主要仰赖于共享意图的心理基础,这是演化上为了支持互助活动才因应而生的,主要由两部分所组成:

(a) 社会认知技能,与他人产生共同的意图与关注(以及其他共同的概念基础),

(b) 利社会的动机(与常规),会主动帮助别人,与别人一同分享。

3. 惯例式的沟通体现在人类语言上,但以这种方式沟通的人,必须具备以下条件才可能成功:

(a) 自然的手势,以及共享的意图基础,

(b) 文化学习与模仿的技能,以便创造并传递众人已知、可以相互沟通的语言惯例与语法结构。

第二章 灵长类有意的沟通

> 任何逻辑只要够好,可以作为原始沟通的方式,我们就不必太苛责了。语言并非由推理思考所产生。
> ——维根斯坦《论确定性》(*On Centainty*)

人类的沟通方式出于自发地想告诉别人信息,以便相互合作,这对我们来说是再自然也不过的,因此我们几乎不会想到其他的沟通方法。但在生物界里,沟通不一定有意,也不一定是合作式的。对生物学家而言,不管发出信号的个体能否自由地控制所发的信号(或知道这些信号能影响其他个体),只要能影响他者的行为,任何肢体或举止特征都算沟通,例如:身体展现特定的颜色或表现自己的领导地位。至于沟通者的动机是否出于合作,对生物学家则无关紧要(Dawkins and Krebs 1978;Maynard Smith and Harper 2003)。

但从心理学的观点,这些却很重要。因此我们首先要区分,沟通式的呈现(communicative displays)与沟通式的信号有何不同。沟通式的呈现是典型的生理特征,会影响他者的行为,如硕大的头角是为了吓阻竞争者,明亮的色彩是为了吸引异性交配。就功能来说,我们也可以把反射性的行为归类成一种呈现,因为它们都是由特定的刺激或情绪状态所引发,个体不能自发控制。这一类不具弹性的肢体或行为呈现,是由演化过程所创造和控制,生物界里大多的沟通都属于这种模式。但是沟通式的信号却截然不同,它们是由个体弹性地且策略性地挑选所产生,具有特定的社会目的,能因应特殊情况做不同的调整。这些信号是*有意的*(intentional),因为个体能弹性运用,以达到影响其他个体的目的。有意的信号在生物界非常罕见,可能只有灵长类或类人猿才有。

从这种方式来看,沟通者的角色最为关键。接收者只是在从事平日的活动时试着评估情形,了解状况而已。它们从各路源头寻找相关信息,所以其他个体的沟通式呈现,也是它们获取信息的来源——不管"沟通者"(communicator)知不知道这种呈现存在(比如它可能不知道自己的尾巴变红了)。相反地,当沟通者有意影响接收者的行为或心理状态时,从心理的角度我们就可以说这是沟通的起点。有了这种意图,而接收者也或多或少了解该意图,我们就可以称这整个过程为有意的沟通。至于*合作式*的沟通,沟通者的近程目标必须是帮助接收者,或能与他分享,不过就演化而言,沟通者在助人时也必须获得些许好处。

由这种基本的心理观点出发,要寻找人类合作沟通从何演化而来,当然得研究人类以外的灵长目动物,特别是对比它们的手势沟通如何不同于声音沟通(我稍后会强调这点)。

2.1 声音的呈现

当黑面长尾猴(vervet monkey)听到"蛇类警告声"时,就知道附近有蛇出没;当它听到"老鹰警告声"时,也知道有老鹰在周遭盘旋。黑面长尾猴可以从警告声获取特定指涉的讯息,很多实验把不同的警告声录音并重复通过喇叭播放,都证实了这一点;虽然

第二章 灵长类有意的沟通

掠食者不在附近，接收讯息的猴子还是会有特定的避免撞见掠食者的行为（Cheney and Seyfarth 1990a）。令人印象深刻的还有某些猴子在成长过程中，甚至会利用其他类猴子的警告声，包括鸟叫声，以便知道掠食者是不是就在附近（Zuberbühler 2000）。虽然类人猿无法发出特定指涉的叫声，只能以不同的速度，或稍微不同形式的叫声，来表示食物的数量与种类（Hauser and Wrangham 1987；Crockford and Boesch 2003），它们还是可以从叫声中获取讯息，甚至能在成长过程中学会响应新的叫声（Seyfarth and Cheney 2003）。

与这种灵活的理解状态恰恰相反的是，猴子与猿类并不经由学习才会发出这些叫声，它们本身对这些声音也不太能自发地控制。下列是几个重要的事实（参阅 Tomasello and Zuberbühler 2002）：

- 不管哪种猴子或猿类，其成员所能发出的基本的声音总类都相同，原则上并不存在个体差异；
- 在社会孤立的环境下所饲养的猴子，以及与他种猴子（其叫声相当不同）杂交过的猴类，所能发出的声音还是与原种猴子典型的声音一样（不会发出他种猴类的叫声）；
- 叫声与引发该声音的情绪或环境大体说来关系密切；人以外的灵长类动物，不会因为沟通的情境改变而弹性调整它们的叫声；
- 人类曾尝试教导猴子或猿类发出新的叫声，却总是无功而返，听懂人类的指挥而发出叫声的尝试，不是徒劳无功，就是事倍功半。

文献里唯一比较系统地记载过的猿类弹性表现是，当个体独处或没有亲人在旁时，它们可能不会发出特定的叫声，但若有其他猴子或亲属在身边，才发出这些声音，不过其他动物在这些情况下，也可能不会发出警告声（包括牧羊犬或家里饲养的鸡；参阅 Owings and Morton 1998)，所以我们很容易可以想象，这些反应是遗传上固定的适应分化(adaptive specialization)。

人类以外的灵长类叫声之所以缺乏弹性，是因为它们所发出的声音都与情绪密切相关。古多尔说过：

> 要黑猩猩在没有适当情绪反应的状态下发出叫声，几乎是件不可能的任务(Goodall 1986:125)。

从演化上来看，这是因为它们发出的声音都与紧急的情况有关，可能是为了逃离掠食者、为了在打斗中存活或为了与团体保持联系等。在这些情境下，必须采取紧急行动，根本没时间再去多想些什么。所有的特定声音都是经由演化筛选出来，因为这些声音也许对发音的个体特别有利。因此最近的分析都强调，黑面长尾猴直接得利于它们自己的警告叫声，因为掠食者可能会直接被这恼人的噪音所遏阻，或是叫声会提醒掠食者它的行踪已经暴露(Owren and Rendell 2001；亦参阅 Bergstrom and Lachman 2001)。其他的黑面长尾猴也能借由偷听获取消息，虽然它们并非警告声所要通知的对象。有趣的是，实验中，猕猴(macaque)妈妈如果遇见"掠食者"靠近它们的孩子，只要它们觉得自己本身没有危险，就不会发出警告声(Cheney and Seyfarth 1990b)。对于灵长类动物这种对事情的理解虽然有弹性，发出叫声时却一点变通也没有，赛法特与切尼曾经精辟地评论过：

> 发信号者不像人类，会主动提供信息，听声者却能获

取信息(Seyfarth and Cheney 2003:168)。

灵长类的叫声另有一个特色,跟声学渠道的物理性质有关,就是声音会一视同仁地传播到附近所有个体的耳朵内。在情绪高度激动、演化上极为紧急的情况下,这明显的是一项优势,但从心理学的角度来看,因为发出声音的个体不需要注意接收者是谁,因此无法轻易把声音导向经过选择的个体,以避免其他个体听到。我们了解发出声音的个体基本上对它的听众毫不在意的证据,来自黑面长尾猴,即使它们知道整群猴子都脱离险境了,还会继续发出警告声(Cheney and Seyfarth 1990a;亦见于 Gouzoules, Gouzoules and Ashley 1995),而黑猩猩在同伴们已找到大量食物,开始享用时,仍会继续喘息着大吼大叫(pant-hoots)(Clark and Wrangham 1994;亦见 Mitani and Nishida 1993)。整体来说,灵长类的叫声以表达个别情绪为主,而不是以接收者为导向的行为。根据祖柏毕勒所言:

> 人类以外的灵长类动物,会因应重要场合而发出叫声,至于接收者怎么靠声音解读情境,对它们则无关紧要(Zuberbühler 2005:126)。

知道了这个特点后,有的理论家(如 Seyfarth and Cheney 2003)提出:以对声音的理解技巧而言,灵长类的声音沟通,是发展为人类语言的重要步骤。问题是,这种"理解"技巧不是只专门针对沟通,而是属于认知判断的一般技能。因此,当猴子知道某种鸟类或它自己同类的特定警告声,预告着有豹子在附近出没时,我们无法得知是否该将此视为它理解了某种沟通行为。猴子晓得的不过是一件事暗示了另一件事,或说引发另一件事,就像日常生活中许多其他现象都有因果关系。如果我们要找出发展人类沟通活动的演化步骤，就必须明白沟通信号的产生如何运作，因为这些信号的目的正是沟通。从信号产生的观点来看，包括灵长类在内的一般哺乳动物，其深受基因限制且极端没有弹性的声音呈现方式，距离人类的沟通还有一段很长的路要走。

2.2 手势信号

人类以外的灵长类动物，基本上还通过另一种方式彼此沟通，那就是以手势经由视觉渠道来代表某种沟通行为（这不是一种肢体特征）：其中多半靠身体姿势、面部表情与手势。这些大多也像灵长类的叫声，受基因限制而没有弹性，所以算得上是一种呈现，但其中一小部分必须经由个别学习，以便弹性运用，尤其是猿类更需如此，因此也可称为有意的信号。这些有意的手势信号，通常不涉及强烈情感，在演化上也不算是紧急的社会活动，如游戏、育儿、乞讨、为同伴理毛等。

目前灵长类的手势沟通研究，多半是以类人猿为对象。证据显示，类人猿的手势，有很重要的一部分是个别学习而来，属于有意的且是在有弹性的情况下运用的沟通信号（参阅 Tomasello et al. 1985, 1994, 1997, 1989; Call and Tomasello 2007），这些证据来自：

- 同种猿类不同个体之间所使用的手势，存在许多明显的个体差异，即使是同一群体的猿类也是，某些特殊的手势只由特定个体所使用；
- 针对不同的沟通目的，个体有时会运用相同的一套手势，

第二章　灵长类有意的沟通

但在一致的沟通目的下,却也会运用不同的手势;
- 个体只有在接收者适当地关注时才会比手势,之后它们会观察对方的反应,等待回应;
- 如果对方没有适时回应,个体有时会进一步运用一系列不同的手势组合;
- 与人类接触频繁的个体,比较容易发明或学习新的手势。

因此,灵长类的声音沟通,虽然与人类的语言沟通都通过声音-听觉的渠道,但类人猿的手势沟通,才和人类的语言沟通有基本功能上的共通点,也就是说,两者的沟通信号都是由学习而来,能有意且弹性地加以运用。

2.2.1　两种手势

以沟通上的功能来区分,类人猿的手势基本上分为两种:一种用来改变意图(intention-movements),另一种则用来获取注意力(attention-getters)。动物界里不经由学习的意图改变式呈现(intention-movement displays)无所不在,达尔文是第一个无意间注意到这一点的人(Darwin 1872),然后廷伯根(Tinbergen 1951)在他的海鸥研究中,才开始有系统地为其命名并加以描述。当个体在从事一连串正常的行为时,若只以简省的形式进行了第一步,而这一步又足以让接收信号者有所回应(本来是要连续的行为整个出现后,才会引发相同的反应),就可以视为是改变意图的呈现。例如,狼群露出牙齿嚎叫,一般是为了准备咬猎物,以便让听到叫声的动物回避;有的鸟类则会为了交配做特别的准备,以表示它们发情期到了。正常的情况下,这些呈现在群体演化发展的过程中被"仪式化"(ritualized)了,比方说,那些明显地咬牙切齿叫嚣着、准备发动攻势的狼群,其实具有某种适应上的优势,其他听到这类准备信号便在它们发动攻势前就予以回避的狼群,也具备适应上的优势。随着时间的演化,改变意图的呈现于是由基因所操控(genetic fixation),在特定的情绪或社会场合下,便会一成不变地表现出来。

但我们在此感兴趣的,是那些在个体演化发展上已经仪式化了(经由学习)的意图改变*信号*,这些信号运用起来灵活得多。目前最深入的研究,都是以黑猩猩为对象,它们在个体演化过程中仪式化了的意图改变手势,包括*举手臂*表示开始游戏,或*摸背*(通常是小的摸妈妈)表示希望大人抱抱(例子请见表 2.1)。跟改变意图的呈现一样,改变意图的信号基本上是全面社会活动的缩影,具有二元特色,因为在互动过程中,沟通者直接企图影响接收者的行为(而不是在沟通有关第三者的事)。既然这些改变意图的手势靠着学习而来,如果以举手臂来说明,学习的程序应该如下:

(i) 一开始,某只小猩猩走近另一只小猩猩,想跟它打打闹闹一起玩,所以它举起手臂,作势要打那只猩猩,然后它真的下手后又跳开,开始玩耍;

(ii) 重复几次后,接收信号的猩猩一见到手臂举起,就知道接下去会发生什么事,所以看到这第一步就知道游戏时间到了;

(iii) 沟通者最后料到对方已经学会有所期待,因此举起手臂,观察对方的反应,等待它采取行动。它猜到了自己一举起手臂,就能提醒对方游戏开始了。

这里的举手臂,是个体演化过程中的手势,也是沟通者有意比划出的。它有计谋,也会监督接收者的反应(如果它预期的反应没有出现,便会另外想办法再试),以便同伴能跟自己玩。*摸背*的手势也通过类似的方法学得,小猩猩一开始会抓着妈妈的背,把它压低,好让自己爬上去。母猩猩一感觉孩子碰到它,知道这一连串的活动要开始了,就会把背放低。小猩猩于是学会期待妈妈的这个回应,因此可以故意利用这个手势,轻轻地摸摸妈妈的背,等妈妈把背放低让它爬上去。

表 2.1 黑猩猩在群体里自发的社会互动中所运用的有意的手势信号(C = 沟通者,R = 接收者)。参见 Call and Tomasello 2007。

	手势动作	目的/功能
改变意图的手势		
举手臂	C 对 R 举起手臂,开始打它	开始玩耍
摸背	C 轻触 R 的背,开始攀爬	要求骑在背上
用手乞求	C 把手放在 R 嘴下,开始拿食物	要求食物
头上下摆动	C "摇头摆脑"对 R 敬礼,开始玩耍	开始玩耍
放手臂	C 靠近 R 把手臂放它背上,开始拖它	开始前后排成纵队行走
获取注意的手势		
拍地	C 拍地(或物品)看着 R	通常是玩耍
戳刺	C 戳刺 R 身体的某部位	有不同的目的
丢东西	C 对 R 丢东西	通常是玩耍
拍手	当 R 接近时,C 拍自己的手腕	通常是玩耍
背对	C 坚持背对着 R	通常是要同伴帮自己理毛

关于猿类如何习得改变意图的手势,最具竞争力的解释认为是靠模仿。但是基本上没有证据能支持或推翻这个论点。下列证据则显示,黑猩猩与其他猿类,主要是从个体发展的仪式化过程,而非从模仿学得最能灵活运用的意图改变手势(参阅 Tomasello et al. 1994,1997;Call and Tomasello 2007):

- 当我们比较不同饲养环境的猩猩时,系统性的群体差异并不存在，但每个群体间却有极大的个体差异；
- 在自然的社会群体中成长的个体，能学得它们甚少或根本没机会观察到的手势（如看护幼儿的手势），有些特别的手势只有少数个体使用（它们显然没有其他同伴可以观察）；
- 人工饲养的同侪团体里成长的小猩猩，虽然没机会观察成年猩猩的手势，却能学会许多跟自然环境下长大的小猩猩所学得的一样手势——因为它们从事的活动多半相同（玩耍、育儿等），所以这些手势也仪式化了；
- 在托马塞洛等人（Tomasello et al. 1997）的实验中，如果有只猩猩被带离它原本人类饲养的环境，训练成能使用新的手势以获取奖赏，之后再把它放回先前的团体里，就没有其他猩猩能学会它的新手势（本实验进行过两次，所用的示范者与手势皆不同）。

改变意图手势的产生，是因为两个互动的个体有所期待，所以通过反复的交流互动，互相塑造彼此的行为。这一点非常重要，因为它代表了改变意图的手势本身就具备"意义"或沟通要点，这些手势是早已存在、有意的社会互动的一部分——双方首先得知道有这层意义，才会你来我往有所期望。因此，不需要靠模仿或其他方式学习，它们就能把信号与"意义"相结合，这层"意义"因而巩固。其次，也因为有这种仪式化的运作模式，这些手势是"单向的"（不是双向的）沟通机制。因为沟通者与接收者都只以自身的角色学得这些手势，它们不知道对方扮演什么角色，所以如果别的个体对它比同样的手势，沟通者也不会发现这个手势跟它自己比的"一样"。最后，有些研究人员指出，某些意图改变手势在功能上是图像化的，比如大猩猩在性交或游戏时，如果把手臂朝某个方向挥动,那么接收信号者也会朝那个方向移动(Tanner and Byrne 1996)。这些很可能只是老掉牙的仪式化行为,人类之所以觉得它们图像化,是因为猩猩若想让对方的身体朝某个方向移动,就会真的往那个方向比,对猩猩本身而言,这些行为其实并不具有图像化的功能。

猿类的另一种手势可以获取注意力,好在这类手势在动物界里并不常见,也许是灵长类或类人猿所独有。获取注意的手势,指的是*拍地*、*戳刺*、*丢东西*,这些动作是为了吸引对方注意到自己在拍、在戳、还是在丢。这些同样是二元的信号,没有外在的指涉(例子请见表2.1)。我们在研究初期,把这些手势归为游戏手势,因为时常是年幼的猩猩在玩耍时所使用。但后来我们也见到这些手势出现在不同情境中,才了解它们与改变意图的手势不尽相同。典型的例子是,年幼的猩猩想玩乐,只要它想玩,就会呈现一副"嬉皮笑脸"(play face and posture)的模样,获取注意的手势就是为了吸引别人注意到它。另一个例子是当公猩猩有*敲打叶子*(leaf-clipping)的行为,表示想要交配时,就会发出尖锐吵闹的声音,吸引异性注意到它勃起的阴茎(Sugiyama 1981)。这两个例子里,沟通行为整体的"意义"或功能,不在于获取注意的那个手势,而在于那些无法自发控制的呈现方式,它们知道对方必须看见这些不由自主的呈现,才会予以适当回应。支持这种说法的证据是,在某些场合下,猿类会刻意隐藏它们不自主的呈现,不让其他同伴见到,比如它们会用手遮住脸部惊恐的表情(Tanner and Byrne 1993; de Waal 1986)。

获取注意力的手势中,另有一小部分非常有意思。与上面稍有不同,这些手势不跟任何的呈现方式配合使用,比较接近三元

（有指涉的）沟通。这些包括沟通者把自己身体的一部分"献给"对方，希望它帮自己理毛，也可能是献上某个物品，但又把手快速收回，以刺激对方和自己玩。有的猿类甚至会把不要的食物"献给"同伴（Liebal, Pika and Tomasello 2006）。这些举动虽然罕见，但猿类能引导同伴的注意力，在理论上非常重要，因为这种将同伴的注意力故意引导至外界某个物品上的行为，是它们最接近三元指涉沟通（triadic referential communication）的例证，几乎所有的人类沟通，都具备这样的特性。

由于获取注意跟改变意图的手势运作方法不同，它们的习得过程也不太一样。这些手势不一定与特定的社交活动有关，所以不能直接经由反复出现的社会行为而仪式化（也没有证据显示它们可以靠模仿学来）。个体是在从事拍地、丢东西、推挤同伴等不具沟通性质的行为时学到这些手势，这些动作自然而然能吸引对方的注意，然后从事这个活动的个体注意到这些手势带来的结果，以后便会加以运用。学会了这类获取注意的手势，许多社交场合上都用得到，如游戏、理毛、育儿等，也正是因为这种间接的方式，才让这类手势显得新颖。沟通者希望接收者有某种反应——我们可以称之为*社会意图*。为了达到这个目的，它试着把对方的注意力引导到某件事上——我们可以称为"*指涉*"*意图*[①]。它期待如果对方望向自己要它看的方向，就表示它也会愿意照自己的意思去做。这种二阶的意图结构，在演化上是相当新颖的发展，只有类人猿或其他灵长类动物才有，可以视为最接近"消失的环节"

[①] 我把"指涉（的）"（referential）加了引号，因为这个词并不十分贴切，我之后会声明，猿类的指涉行为是人类指涉行为的先驱，但有些方面仍然不同，下一章谈过人类的指涉后，我们才能全面清楚它的特性。——原注

(missing link)这中间的一步,把人类以外的灵长类沟通,和人类繁复的引导注意力、分享注意力这两种指涉沟通联系起来。

最后还有一点很重要的是,猿类常会串联许多手势,有的改变意图,有的获取注意。不过经过系统性的调查,我们发现这两类手势都不具备"语法",不能任意组合而创造出新的沟通功能或"意义"(Liebal, Call and Tomasello 2004)。真正的情况是,沟通者尝试比一个手势,监督对方的反应,必要时再重复或改用其他手势,这一点也再度证明,类人猿的手势沟通是有意的。如果达不到目的,就得调整方法坚持下去,这正是典型的有意沟通——只不过这类沟通没有语法组合的能力罢了(参阅第六章)。

2.2.2 注意到对方在关注什么

声音与手势沟通很重要的差别在于,参与者会不会在过程中观察对方的注意力。声音的沟通基本上不需要监督。沟通者多半是在表达情绪,因此声音能一视同仁传播到周遭环境中。相反地,手势沟通则靠视觉渠道进行,空间上需针对单一个体,因此沟通者必须确认接收者有没有在看,不然手势就不管用了。对接收者而言,它要能判断这个手势,对方是比给自己看还是给邻居看,这样它才晓得应不应该回应。

我们研究猿类手势已经20年了,曾经多次记载猿类比手势时,会敏锐地观察对方的注意力。也就是说,纯粹依靠视觉的手势,几乎都是在对方的眼睛已经看着沟通者了,它才会开始比划(请参阅 Call and Tomasello 2007 的评论)。其他知名的实验如波维内利和艾迪(Povinelli and Eddy 1996)则表示,当意欲沟通的黑猩猩面对着两个人时(其中一个看不到它,因为这个人头上也许盖了个水桶),猩猩会一样地对着两个人比乞求的手势,这表示它们不够聪明,无法判断对方的注意力。不过选择一个对象来比手势其实是很不自然的沟通情境,如果稍微更动实验的设计,让黑猩猩不必做选择,而是一次让它面对着看得到脸的人类,另一次让它面对着看不到脸的人(然后比对实验结果),它们的表现就好得多(虽然它们仍不会像人类的婴儿一样特别注意到眼睛的作用;Kaminski,Call and Tomasello 2004)。其他在非沟通的范例下所做的实验则有不同的结果,这些实验显示,猿类能够了解他人看得到或看不到什么,不管是在彼此竞争时,或是想隐藏某物不让人类知道时(参阅 Tomasello and Call 2006 的评论)。

既然黑猩猩与其他猿类能注意到对方的注意力,我们自然要问,它们比划一连串的手势时是否有一定的顺序:先是获取注意力的手势(以吸引对方注意),然后才是改变意图的手势(以视觉为基础,因此需要对方视觉的关注)?不过答案并非如此。它们有时的确会依照这个顺序,但其他顺序也有(如相反的顺序),因此这种次序不具有特别的优势(Liebal,Call and Tomasello 2004)。表面上看来,这似乎与上述对他人的关注有敏锐的感觉不符,但是猿类之所以不特别偏好先获取注意再改变意图这样的次序,是因为它们还有其他的策略可以运用。当它们必须比划以视觉为基础的改变意图的手势时,它们常会走到对方面前才比。我们最先是在自然环境下观察到这种现象,后来在实验的过程中也观察到。如果人面对着猿,而食物在人身后,它会直接对着人的脸比手势;但如果人转过身去,即使食物已经直接在猿的面前,它还是会走到人的面前再比(Liebal,Pika,Call and Tomasello 2004)。最有这种倾向的猿类,是人类的两种近亲:黑猩猩与倭黑猩猩(bonobos)。目前我们还不清楚猿类为什么使用"绕过去"(walk around)的策略,而不用先获取注意再改变意图的手势这样的顺序。

沟通时注意到对方目前关注什么,在非灵长类动物的沟通里是前所未闻的,也许猿类以外的动物也办不到。

2.2.3 小结

从功能性的沟通观点来看,无论就哪一方面而言,类人猿的手势,都比声音模式的沟通呈现更多复杂的沟通技巧(请参阅 Pollick and de Waal 2007)。首先,类人猿的许多手势是个别习得,能灵活组合运用,它们对声音的运用就无法如此。其次,许多猿类在使用手势时,会注意对方在关注什么,但它们以声音沟通时就不是如此。它们运用手势的完整沟通行为如下:先确定对方有没有注意＞必要时绕过去＞比划手势＞观察对方反应＞重复或运用其他手势。这是有意沟通的典型范例,能朝着对方,知道对方的反应取决于它理解和预期事件的能力。猿类(人的近亲)的手势沟通,比猴子或其他哺乳动物的手势沟通复杂(Maestripieri 1998),这一点在演化上非常重要,至于声音沟通的情况则差不多刚好相反。这些发现,让我们不得不认为:与声音相比,类人猿的手势沟通,最有可能是后来演化为人类沟通的先驱。

2.3 与人类沟通

也不知是福是祸,许多猴子及人猿是在人类环境下成长,可能是动物园、研究机构或人类家里。目前还没有系统的研究报告指出,猴子因为与人类接触而自然地学会新的沟通技巧。上面也曾提过,猿类即使在人类的环境下长大,也不会学得新的声音。但跟着人类长大的猿类,却能学得特定的新手势以便与人互动。特别有意思的是,许多猿类不经特殊训练,也能学会类似"以手指物"的动作,这算得上是它们原本获取注意力的手势的一种有力延伸。

2.3.1 以手指物及其他命令

黑猩猩一类的人猿若在人类饲养的环境下长大,都能学得某种手势,告诉照顾它们的人类它想要什么东西却无法拿到。李文斯(Leavens and Hopkins 1998;Leavens, Hopkins and Bard 2005)和他的同事曾广泛纪录这类行为,如黑猩猩会"指着"够不到的食物,让人类替它拿。大约六到七成豢养的黑猩猩,在适当情况下会有这种行为,即使人类不特意训练,它们也会自发地有这种动作。猩猩通常被关在笼子里,所以会把身体转向够不到的食物,然后把手指或手掌伸出笼外往食物的方向比划。它们不是自己要伸手去拿,因为如果没有人在场,它们就不会这么比。我们还不晓得黑猩猩怎么能学会以手指物的技巧。

这种"以手指物"在运用上相当有弹性。例如,如果食物种类众多,它们会比自己最想吃的,如果人类拿了别种食物给它们,它们还会不死心地继续比着(Leavens, Hopkins and Bard 2005)。另外,当人类养大的猿类,看见某人把食物藏在笼子外空旷的某处时,几个钟头后,若来了个不知情的人,它们还会继续比着那个藏食物的地点(Menzel 1999)。如果猿类看见人类必须靠工具才拿得到食物,而这个人走了后,工具被藏起来,当那人又回来时,它们会比着工具被藏在哪里(Call and Tomasello 1994)。它们这个动作,是在要求人去拿工具(以便他去取食物),因为如果那个工具只对人类自己有用，它们就不比手势了（Haimerl et al.，撰写中）。这种间接的手势相当值得注意。

另一个重大的发现是，猿类若像儿童一样成长于丰富的人类环境，要求东西的态度也会比较坚决。例如有些人类养大的猿想出门，就会比着上锁的门要人替它们开门。有时它们还会带路，拉着人的手，把人引到门边或高的架子旁，然后停在门前或架子旁有所期待地等着（Gomez 1990）。另外根据我个人与小黑猩猩互动的经验也常常发现，它们会拿着某个顽固的物品（如上锁的盒子）向人类求助，并抓起人的手，再把东西放在人的口袋里，等待好消息。动物园里的猿类时常因游客发展出获取注意的手势，它们会拍手吸引游客关注，希望游客丢食物喂它们吃。猿类还可以学会类似人类的手语，或用手碰触视觉符号，以便与人沟通（Gardner and Gardner 1969；Savage-Rumbaugh et al. 1986, 1993）。因此由人类养大的猿类灵活地知道，它们生活圈的许多方面由人类控制着，所以它们懂得通过引导注意力的行为，诱导人类做事，让自己在人类环境中达成目标。它们有所请求时，常会盯着人的眼睛看，这一点也很重要，它们大概了解那双眼睛可以流露出前因后果与意念企图，不是只有靠人的四肢才能帮助它们心想事成（Gomez 1990, 2004）。

要解释猿类的以手指物，最合理的说法，应该将其视为获取注意的手势自然的延伸。就像它们会拍地吸引注意，然后引导同伴看自己的肩膀，让同伴替自己理毛。在适当的情况下，它们也会有所"指涉"地比东西，让人注意到自己想吃的食物，因为它们具备某种社会意图，知道这么做能协助它们达成目标。这些试图沟通的猿类，仿佛能够从过去类似情境的经验中，预料到人类会怎么做——只要这个人明白猿类希望他看到什么。不过显然还有个疑问,为什么它们彼此之间不用手来比东西,而只对着人类比?答案很明显,因为其他猿类不像人类,有充分动机去协助它们。如果一只猿对另一只猿伸手比食物作为请求,它最终不太可能有东西吃,可是豢养的猿,却知道人类常常喂它们东西吃。从演化的观点来看,这个事实暗示着,猿类的社会环境如果能变得更合作,即使它们的认知技能上没有太多进步,也能发展出彼此以手指物请求协助的习惯。

同时很关键的一点是,我们必须注意,不管猿类成长环境如何,也不管是对自己同伴或对人类,它们都无法发展出除了要求或命令以外更高深的以手指物功能。换言之,它们不会单单指着某物,只为了表示它和同伴都对此物有兴趣(Gomez 2004),也不会基于提供信息,指着某物告知对方可能想知道的事,但是人类幼儿从很小开始就会这么做(见第四章)。托马塞洛和卡彭特(Tomasello and Carpenter 2005)甚至制造一些情境给三只人养大的小黑猩猩,在这些情境下(如惊讶、有趣的事),人类的幼儿都会万无一失地用手比东西,好像在表达或陈述什么,可是小猩猩却不会比陈述的手势做回应。即使是那些"懂语言"(linguistic)的猿,比划手语时也几乎都是要求或命令式的。目前只有两份系统的研究结果,其中这类命令手势占了 96%—98%(Rivas 2005; Greenfield and Savage-Rumbaugh 1990),其余 2%—4% 的比划则没有明确的功能(不像在陈述或告知讯息,倒像在识别或归类,猿类通常是认得了某物,所以比出和它相关的手势,表示它知道这是什么)。它们所运用的手势功能如此有限,也许可以拿来解释,为什么当人类设计出对它们有益的手势来告知讯息时,很意外地它们却不太容易明白人类这些以手指物的动作代表什么。现在我们就来看看这一点。

2.3.2 理解以手指物的功能

类人猿能够追随他人的目光凝视方向，即使是障碍物后面看不见的地方，它们也会朝着望去（Tomasello, Hare and Agnetta 1999; Bräuer, Call and Tomasello 2005）。如果人类指着、并看着猿类目前看不到食物的那个方向，而它朝着人类所指或所看的地方见到了食物，它就会过去拿。以这个简单的情境来说，我们可以推论，猿类理解人类运用引导注意力的手势意图何在。

可是稍微更动一下程序，实验结果就大不相同，这使我们必须重新评估另一个更简单的状况。托马塞洛等人（Tomasello, Call and Gluckman 1997）曾经教导猿类玩游戏，其中一个人负责藏东西，要把食物藏在三个桶子其中之一，第二个人是帮手，负责帮它们找出食物来——这个游戏称作物品选择任务。猿类从先前的经验知道，只有一份食物被藏起来，它们只有一次选择机会。在主要的实验条件下，藏东西的人不让猿知道食物藏在哪儿，但帮手却偷窥到了，所以帮手会告知地指给人猿看食物藏在哪个桶子内。令人吃惊的是，人猿虽然有强烈的动机找出食物的下落，却会随机地选择桶子。它们时常盯着帮手所指的方向，往正确的桶子看，却又不选那一桶。这表示，随着手所指的方向看不成问题，问题在于它们不了解这个手势的意义，不了解这个手势跟它们找食物有关。这些人猿仿佛会自言自语地说"好，桶子在这儿。然后呢？食物又在哪儿呢？"人类幼儿在 14 个月大时，虽还不会说话，却已经能娴熟地通过这项看似简单的任务，找出食物的所在

(Behne,Carpenter and Tomasello 2005)。

猿类之所以任务失败,有不同方法可以解释。但后续的研究又把解释的可能性大大减低。黑尔和托马塞洛(Hare and Tomasello 2004)做了另一个竞争版的基本物品选择测试。参与实验的黑猩猩会遇到两种不同的条件。一个是合作的条件,跟上面的基本任务相同,因此结果也如意料之中的相同:猩猩虽会随着手指的方向看着正确的桶子,却还是随便挑选桶子。另一个条件是竞争性的条件,人类在热身阶段会跟猩猩抢食物,然后正式实验开始时也会继续尝试和它们抢。这时人类看也不看猩猩,就向正确的桶子去伸手,但由于肢体上的限制(她的手没办法伸得很长,因为亚克力板上的洞不够大),没办法够到食物。然后这个桶子会被推到猩猩面前(由另一位实验者来推),这时猩猩便知道食物在哪里了!虽然两个实验条件中的表面行为很相似(都是把手往正确的桶子伸长),猩猩对人类动作的理解却明显不同。它们可以由第二个实验推断:那个人想自己伸手进桶子里去,所以桶里一定有好东西。不过它们还不会推断:那个人想告诉我食物就在那个桶子里。

对于猿类在这项测试里的行为,我们该如何解读?它们会自然地朝人所指的方向观望,去看正确的桶子,却不知道这个手势有何意义。以标准的物品选择实验为基础,我们可以假定它们无法跨越自己所见,推论出食物藏在何处。不过许多其他实验却显示,在某些情况下它们的确有推断的能力(Call 2004),黑尔和托马塞洛(Hare and Tomasello 2004)在后续的实验里就显示,猩猩能够轻易地做此推论(例如:"他既然会伸手,就表示有好东西在里面")。一个可能的假设是,猿类不了解人其实是在善意地沟通,以帮助它们达到目标。换句话说,它们自己的有意沟通,目的只在命令式地要求东西,所以如果别人的手势也具备同样的命令功能,它们才会懂,否则它们对于人究竟在比划些什么,只会感到困惑而已。

2.3.3 小结

整体而言,猿类与人沟通时,最重要的三个特点是:(i)手势沟通的模式占上风;(ii)猿类用来获取注意力的手势(如"以手指物"),因为其社会意图与指涉意图是分开的,所以这一点最像人类;(iii)即使人类教导猿类较复杂的沟通方法,它们多半还是只用命令的方式沟通,叫别人来替自己做事,它们似乎无法理解合作式的告知是怎么一回事。

专栏 2.1

论狗与其他哺乳动物

有趣的是,在基本的物品选择任务中,如果人告知式地指着食物藏在什么地点,家犬的表现非常出色,狼的表现很差劲,小狗却在跟人类还没有太多接触前,就表现得不错(Hare et al. 2002)。似乎人类在 10,000 至 12,000 年前开始驯养狗时,就挑选了一批能够了解人类在做什么的个体。我们还不清楚为什么狗具备这种能力(目前研究尚在进行中)。有一种假设是,狗儿其实不知道人类出于合作在告诉它们藏食物的地点,它们只知道人类以手指物的动作是一项要求:是在命令狗到那个地方去。这个解释合情合理,因为狗之所以被人类驯养,多半是为了听从人类的指令。另一个合理的解释则与帮助有关:由于狗独特的演化史，家犬不同于猿类的地方在于，它们知道人类有心帮助它们。另外有件事实，也让上述两种说法显得更合理，那就是基本上在实验里表现良好的动物，都是已经被驯养或长期被人类饲养或训练的动物——包括训练过的海豚、驯养的山羊、人类养大的猿类（请见 Call and Tomasello 2005 的评论）。无论如何，以目前的情况来看，我们可以注意到狗与其他驯养的动物表现突出，证明了至少某些动物能在物品选择的实验中，适当地回应人类以手指物的手势。至于它们能够这么做的基础何在则还不清楚。

我们也观察到狗与其他驯养的动物，能借着看似复杂的方法与人类沟通。这方面的系统研究还不算很多（参见 Hare, Call and Tomasello 1998），但即使我们接受了这些看法，也必须谨记，这些动物若是与自己的同类沟通，就不会有那么多复杂的方式了，只有跟人类共处时才会有。因此就某方面来说，这些沟通技巧可说是"不自然的"，因为这些例子都属于跨类（interspecific）沟通，只有在驯养的过程中才会出现。

2.4　猿类沟通的意图

如果我们只研究人类，却从来不曾深入了解动物沟通，那我们很难体会猿类手势沟通的技巧有多么灵活。大多数动物的沟通方式基本上由基因决定。即使是猴子与猿类，其声音沟通也多半取决于基因。而猴子手势沟通这方面的研究虽然还不太深入（参见 Maestripieri 1998），就其外表来看却有独到之处。因此类人猿运用手势来沟通的灵活性，的确是演化史上的创举。

行为上的灵活弹性,通常表示它是靠学习而来,我们也提出了不少证据,显示猿类的手势多半是学来的。但理论上来说,这种学习可能只是很简单的联想学习(也就是在某种环境下,运用某个手势最有效),也可能涉及比较复杂的认知过程,必须理解沟通伙伴的意图。我们相信猿类的沟通确实涉及复杂的认知过程,而证据来自其他的研究结果,这些研究表示,类人猿了解其他活动领域中的意图。

2.4.1 理解有意的行动

许多动物虽然不明白事情的前因后果,却知道如何解决生理上的问题,因此动物沟通也是如此,它们虽不知道意图这个词,却仍可以彼此沟通,这正是动物沟通的本质。它们知道做 X 时,对方就会有 Y 的反应,却不知道这整件事是怎么发生的。如果是弹性的沟通,就像猿类的手势沟通,依据对方的注意力状态,不同的情境下必须选取不同的信号,那么沟通者本身必须具备某种认知基础,知道接收的对方如何理解信号,并如何回应。

最近的研究阐明,类人猿知道别人是有意念、能洞悉事情的个体。它们知道别人的目标或理解能力,也像人类的小孩,知道在个别的有意的行为中,这两点如何并行运作(Povinelli and Vonk 2006 则持相反的意见)。首先,类人猿(多数研究是以黑猩猩为对象)了解对方有目标。证据如下:

- 当人要把食物递给黑猩猩,后来又不给时,猩猩会有受挫的反应,特别是如果这个人没有什么好理由就不给时(比如他不愿意给),不过如果有人好心想给,却给不了或出了意外(比如他没办法给),猩猩则会耐心地等(Call et al.

2004；Behne et al. 2005 的实验则以人类幼儿为对象，结果差不多）。

- 当人类或同伴需要协助而伸手去碰够不到的物品或地方时，黑猩猩像人类小孩一样会试着帮忙；这表示它们理解他人的目标（Warneken and Tomasello 2006；Warneken et al. 2007）。

- 如果给由人类养大的黑猩猩看一个东西，又对这个东西做一些动作，可是却假装失败了而无法改变东西的状态，那么猩猩会接着完成人类想做但未做的动作（而不是人类已经做了的动作，比如说可能是手滑开了而没拿到什么物品）（Tomasello and Carpenter 2005；该实验以先前 Meltzoff 1995 的实验为基础，但他以人类幼儿为对象）。

- 如果给由人类养大的黑猩猩看一个东西，又对这个东西做两个连续的动作，其中一个是不小心的无意动作，那么猩猩通常只会重复有意的动作（Tomasello and Carpenter 2005；该实验以先前 Carpenter, Akhtar and Tomasello 1998 的实验为基础，但后者以人类幼儿为对象；其他证据亦请参阅 Call and Tomasello 1998）。

- 当人类养大的黑猩猩观察人类做一些动作时，有些动作是他自己选的，有些是情势所迫不得不做的，猩猩能知道两者的区别，但它只会模仿自由选择的动作，而不是那些情势所迫、逼不得已的动作（如果那些情势对它不适用）。这表示它不仅知道行动的意图，也知道其理性（Buttelmann et al. 2007；该实验以 Gergely, Bekkering and Király 2002 的实验为基础，但后者以人类幼儿为对象）。

因此结论是,猿类与人类的儿童基本上都知道在单纯的情境下,个体会坚持追求一个目标,直到目标达成为止。他们所理解的目标,不是外在环境的产物,而是行动者所希望见到的世界状态的内部表现。他们也知道行动者会"理性"地追求目标,也就是说他们会考虑行动者为什么会从事某种活动。

其次,类人猿(多数研究以黑猩猩为对象)了解别人在想什么。证据如下(请见 Tomasello and Call 2004 的评论):

- 如果某人从障碍物后凝望,猿也会靠过去让视角更清晰,再跟着从障碍物后头窥视(Tomasello, Hare and Agnetta 1999; Bräuer et al. 2006;另参阅 Moll and Tomasello 2004 以幼儿为对象的类似研究)。
- 当人类的眼神朝着某个障碍物凝视,而同一个方向更远处又有另一件物品时,人猿只会盯着障碍物看,而不会看物品,除非障碍物上有个窗口,它们才会看向物品(Okamoto-Barth, Call and Tomasello 2007;另见 Caron et al. 2002 以幼儿为对象的研究,其结果相近)。
- 当人猿向人类讨食物时,它们会衡量人类是否看得见它们的手势(Kaminski, Call and Tomasello 2004; Liebal, Pika, Call and Tomasello 2004)。
- 当黑猩猩彼此竞争抢食物时,它们会衡量对方是否看得见食物(Hare et al. 2000; Hare, Call and Tomasello 2001),有时它们还会试图隐藏自己的行踪,不让竞争的对方看见(Hare, Call and Tomasello 2006; Melis, Call and Tomasello 2006)。

结论是,猩猩与人类的幼儿基本上都知道在单纯的情境下,个体能感知世上的物品,并对其有所回应;它们知道别人的感知内容跟自己的感知是两回事。

上面所提的最后几个竞争性的实验特别重要,因为它们显示黑猩猩不是分别知道目标与感知这两回事,而是知道这两者在有意行为的基础逻辑中彼此相关:个体*冀望*(want)在某种环境状态下取得物品(持有目标);个体*观察*(see)世界,根据心理所定的目标评估情势;个体发现环境不利于心理所定的目标便会*付诸行动*(do)。这种对有意行为的理解,证实了它们具备实际推理的基本形式,让个体即使在新的情境下,也能理解并预测其他个体的所作所为。因此在黑尔等人的竞争性实验中,参与的猩猩知道,如果跟自己竞争的人类看得到他的目标(食物),就会过来抢夺,但对方若看不到,就不会跟自己抢;相反地,如果对方看到的东西不是他的目标(如石头),他也不会去追求那个目标。在新的情况下,它们基本上知道对方达成目标的机会有多大,也知道中途是否有障碍阻挠(例如,对方去拿食物的路上是通行无阻,还是有所阻隔),而这一点又如何影响他们行为的选择。这种针对别人所做的实际推理,以心理学的描述来说,就是*有所冀望、静观其变*和*付诸行动*——是所有灵长类及人类社会互动的基础,在此有意的沟通被视为社会行为,个体在这种行为中,会尝试让别人去做他们希望他人替自己代劳的事。

总归一句,人猿了解别人的目标与感知,也知道这些如何影响对方决定采取什么行动。换句话说,它们知道他人有意念,是理性的个体。基于这层理解,它们能够做出实际的推理,这种推理正是灵活的、策略性的社会互动与沟通的根基。例如,它们明白别人有什么需求,为什么他有这个需求,而他下一步又最可能会采取什么

第二章 灵长类有意的沟通

行动。由于猿类的手势直接诞生于有意义的社会互动中,又以外显的行为表现出来(声音的沟通则更多的是个别情绪的表达,而少有外显的行为表征),那么对有意的行为进行实际推理的技巧,似乎最自然而然地适用于手势沟通的情境。

2.4.2 猿类手势如何运作

类人猿在运用手势沟通时,也许根本不需要运用它们理解别人的意图这种能力,而只需要依赖联想学习这方面的能力。不过这么说又似乎非常不合理。如果在上述实验中,它们知道对方看得到什么、要什么且会做什么,那么它们在比手势或看别人比手势时,应该也知道对方看得到什么、要什么且会做什么。然而,我们仍要谨慎,在没有十足证据下,不应该以人类的角度解读一切事情。我们这种"中间派"(third-way)的理论观点(此为认知学派观,但不是以人类为中心;Call and Tomasello 2005),让我们得以从心理学最初始的本质*有所冀望*,*静观其变*并*付诸行动*,来分析类人猿改变意图与获取注意的手势,上述的实验便证实了这一点。

人猿改变意图的手势,来自沟通者具有某种社会意图,希望接收信号的对方从事某种活动,如玩耍、把背放低、或帮自己理毛。沟通者期望接收者*看见*手势后,能依据他的意愿行动,因为过往对方都会这么做的(这正是仪式化过程的基础)。至于接收者一看到改变意图的手势,就知道沟通者*希望*她*采取*特别行动(因为她有看透意图的能力,以及她过去碰到类似互动情况的经验)。相对地,人猿获取注意的手势,来自沟通者另一种社会意图,依据他本身对意图的理解(加上过往的经验),沟通者知道接收者*看到*某物后,会依照他的期待去*做*他要她做的事。这便创造了一个二阶的意图结构,由沟通者的社会意图及他的"指涉"意图组成,前者是沟通者的基本目标,后者是达成目标的手段。对接收者而言,一看到获取注意力的手势,她就知道沟通者要她*看到*某物,而他这么做的目的,很可能是希望她进而*付诸行动*。因此接收者通常会观察获取注意的手势,再自然而然地回应她所见或沟通者希望她做的事,她天生就具备这种性格。

到目前为止,我们从沟通者的观点分析了人猿的两类手势,下图2.1可以用来代表这两种类型。最关键的一点是,因为改变意图的手势只是有意的行动初级阶段的仪式化(简化)过程,它们的"意义"是内含的、是沟通者希望对方在互动中所做的事,因为在这个信号被仪式化以前,其他社会互动的场合中也出现过类似的行为。相反地,用来获取注意力的手势,则为沟通过程注入少量的间接性。这种二阶的意图结构,在外显的沟通手段(亦即"指涉"这个行为)与内藏的沟通目的(社会意图)间制造了些许"距离"。接收者必须根据她所看到的手势,推论出沟通者想要什么(不过她也可能只是自然地回应,没有依靠推论)。

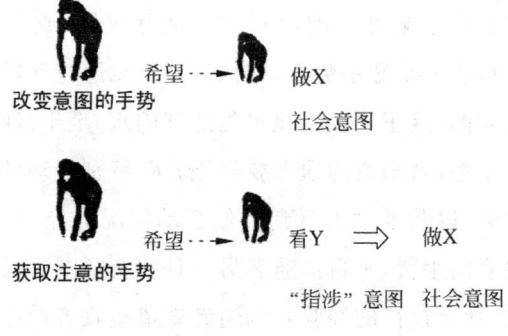

图 2.1

从一般动物沟通的观点来看，这种沟通过程的确有点令人讶异，但它跟人类沟通还是有本质上的不同。下一章会有更详尽的阐述，目前我们只先从接收者的角度，提出其中一项差异。当人比手势给他人看时，接收者会自问为什么——他凭什么以为我若朝着那个方向看会有好处，或会对我有意思？这种想法是假设，他既然比手势给我看，应该对我有利（至少是立即的好处）。因此小孩子知道，若大人在找东西时指指桶子，这跟他们找到玩具的共同目标应该有关系。相反地，类人猿不会知道别人比手势对自己有利，它们不会自问"他凭什么以为这跟我有关系？"。它们只想知道对方想要什么（因为它们比手势都是为了自己），而不是想知道对方如何看待它们往这个方向看与它们有什么关系。它们看不出别人以手指物的手势，其实跟自己的目标有关。（另外类人猿以声音沟通时，声音信号的接收者也是如此：它们听到高兴或恐惧的尖叫声，只会问是什么东西引发这种叫声，而不会问喊叫的个体是不是认为这个叫声与它们有所关联。）一般说来，当沟通被更多合作动机所操控时（不只是个人的意图，还有共享的意图），那么另一套全新的推论程序便随之诞生，我们在下一章会详细地阐明这一点。

2.5 结论

大多数针对人类之外的灵长类动物的沟通所做的研究，都着眼于它们的声音呈现，而且几乎所有以"灵长类的沟通与人类语言"为题的论文，都着重在声音的渠道，对于手势甚少加以着墨（最近的两个例外是 Corballis 2002 与 Burling 2005）。依我看，这是天大的错误。灵长类的声音呈现与其他哺乳动物的相差无几，就其精密与复杂度而言,从其他哺乳动物到灵长类,或在灵长类之间从猴子到人猿,都没有成长多少。对于哺乳动物,包括人以外的灵长类,声音呈现大多不靠学习而来,而是由遗传上的基因控制,情绪表现上是紧急的,无法自发控制,是对演化上重要事件的非弹性回应,这让发声者多少能直接受惠。声音一视同仁地传播出去,谁能够听到并不要紧。当猿在人类环境长大时,它们无法学会新的叫声,也不能经由训练以新的方式发声。如果只是一开始简单的叫声如"哎呀!",这些机械式的反射动作,怎么可能成为复杂的人类沟通及语言的直接先驱?

与声音截然相对的是,人以外的灵长类动物,尤其是类人猿,所使用的不少手势是个别学习而来,可以在沟通情境下弹性运用,而且它们也了解个别意图的重要。它们用来改变意图的手势,表达了我想叫你做某件事的意愿,这些手势根据接收者的注意力状态而定。至于用来获取注意的手势,则表达了二阶的意愿:我希望你看到某事,让你进而能去做某事,有些获取注意的手势甚至是三元运用的(把身体的一部分或某物"献给"对方,或"以手指物"给人类看)。演化上,人猿获取注意的手势是极端罕见的沟通形式,因此我还用了"消失的环节"一词,来代表这些手势和人类沟通之间的联系,两者同样具备引导及分享注意力的特点。获取注意的手势区分了指涉意图与社会意图:前者指的是希望接收信号者看着某件物品,后者指的是接收者能进一步有所行动。总而言之,人猿的手势(包括其灵活运用、对他人的注意力观察敏锐这些特性),而非人猿的声音沟通(因为它既没有弹性运用的空间,又对别人的反应视若无睹),是丰富、复杂的人类沟通与人类语言最初始的起步,如果有人还要怀疑这一点,那么我个人也实在无话可说了。

第三章　人类的合作沟通

> 如果要我在一幅画里指出跟接吻……或……高一点这些字眼有关的东西,我真会手足无措……[不过]"引导注意力到人的高矮上"或到人的行为上,却是办得到的……这表示,要产生意义的这个一般概念是可行的。
>
> ——维根斯坦《大打字稿》(*The Big Typescript*)

我们很容易以为,类人猿的所作所为,对人类沟通都不太重要,因为人沟通得靠语言,而语言运作的方式独一无二——它是一套抽象的、有象征意义的代码,能够直接传达意思。但是如果我们要追溯语言起源的问题,这种思考模式就有两个基本的缺失。

第一个缺失是,虽然惯例的语言也是不同的代码,但语言沟通绝大程度上还是得依赖未编码(uncoded)的沟通,及其他形式的精神配合。举两个简单的例子:(1)日常生活的语言沟通里,充斥着它、她、他们、这里、我们遇到的那个人这些词,它们究竟指谁,无法直接由字面意义决定,必须从彼此的概念基础去揣测;(2)日常生活的会话里,充斥着如,小妮:"要不要去看电影?"小德:"我明早要考试"这样的对白。小妮之所以明白小德的回答,是因为他们有共享的背景知识,能脱离代码从事实际推论(知道对方明早有考试,意味着知道他前一晚得温习功课,那就表示看电影甭谈了)。

语言的"代码"(code)，奠基于非语言的理解意图和共同的概念基础上，这些都是逻辑的首要条件(Wittgenstein 1953)。

　　第二个缺失，则直接关系到语言的起源。基本的论点是，人类的沟通不可能由代码产生，因为这表示我们把想解释的问题拿来作为预定的假设（所有的社会契约论都是如此）。如果想明确地建立一套代码，就需先存在某种沟通形式，而这种沟通形式，至少应像代码一般丰富。举例来说，两位职员若想制定一个代码，以在墙上敲两下为暗号表示老板来了，如果他们彼此不能沟通，又怎能把暗号搞定？一个象征的沟通代码，便说明了预先已存在某种沟通方式，才能将这种沟通方式代码化——就好像货币制度预设了先前已存在以物易物的交易方式，所以才能将这种交易往来代码化。代码本身的明确无误，证明了它们其来有自。

　　那么，像语言这样自然而然出现的"代码"又如何呢？它们不是事先明确制定出来的，所以应该不会有同样的启动问题。无奈，事实并非如此。维根斯坦(Wittgenstein 1953)对语言沟通有过尖刻的分析，他最核心的见解就是，新的且具有潜力的语言使用者（如小孩）之所以能够破解代码，表示他有某种方式能与成熟的语言使用者沟通，或至少交流。否则，他们的处境会跟奎因(Quine 1960)所说的那位到异乡旅行的游客一样，听到当地人在某只小动物跑过去时说了一声"gavagai"，但因为对这个语言一无所知，所以一头雾水地不知道当地人所要表达的究竟是什么意思。当地人虽然可以"展示"他的用意给这位陌生人看，但这种展示，最终也只是未编码的沟通，两个人不过是以未编码的方式，在精神上彼此调适。

　　因此，若要了解人类的沟通，不能从语言开始。我们应从还没有约定俗成、尚未编码的沟通,及其他精神上的调适为基础。人类自然的手势,如以手指物、比划示意,正是最佳选择。这些手势既简单又自然,却能作为强而有力、且是人类这个物种独有的沟通方式。因此我们的第一个疑问是,这些手势如何运作,接着我们再来看语言及其包罗万象的繁复。我们的答案将着重在共享意图这个最隐秘、最复杂、最独一无二的心理基础上,人类便是在这样的条件下使用自然的手势,由此才衍生出大千世界里种种可以沟通的事物。我们要系统地阐明这套基础架构的成分,包括其中涉及的认知技巧与社会动机,这样就能建构出人类沟通的模型,我们把这个模型称为合作式沟通。

3.1 以手指物及比划示意

针对人类手势所做的研究,多半着眼于听障人士所使用的约定俗成的手语(如 Armstrong, Stokoe and Wilcox 1995; Liddell 2003)。但是这些手语的复杂度,基本上和现代的口说语言不相上下,因此不能代表演化初期人类独有的手势沟通。另有其他研究,则着眼于伴随口说语言的手势,但它们在沟通过程中仅仅扮演辅助的角色,因此具备了独特的性质(McNeill 1992; Goldin-Meadow 2003a)。如果手势在人类演化中最先出现,那么人类早期的手势,一定是在没有约定俗成的语言下所使用,当时不管是口说的或比划的语言都还不存在。因此我们初步的兴趣,不是被拿来取代或辅助口说语言的人类手势,而是作为完整沟通行为的手势,如此我们才能清楚地见到人类合作沟通的各个不同成分如何一起运作,就像还不会说话的婴儿,或早期还没发展语言的人类都靠手势沟通一样。我们想知道人类独特的手势，如何从类人猿的手势演化而来，随后这些手势又如何为将来完全约定俗成的自然语言铺路。

如果从功能、心理的观点来看人类的手势，并研究人类手势如何沟通，一般普遍同意基础的手势有两类，可依其如何指涉来划分（参阅 Kendon 2004：107）。人类比手势是为了：

- 在周遭的感知环境里，从空间上引导对方的注意力到某件物品上（直示法）(deictically)。
- 借由行为上模拟一个动作、一种关系或一件物品，把对方的想象力引到某物上，通常不是周遭感知环境里的东西（图像法）(iconically)。

借着把接收者的注意力或想象力引到某物的这些指涉行为，目的在引导这个人去揣摩沟通者的社会意图——沟通者希望接收者做什么、知道什么、感觉什么。

人类的这两种基本手势，大致说来跟类人猿的两类手势差不多。人类以手指物的手势，好比猿类获取注意的手势，因为两者的目的，都是要把对方的注意力引导至周遭感知环境里的某物上。人类图像式的手势，则像类人猿改变意图的手势，两者都算行为却又非真正的行为：改变意图的手势是从实物简化而来，图像的手势则以象征法描绘不在场的实物。不过人类与猿类的手势还是有些重要的差异存在。猿类获取注意的手势，靠的是接收者会自然地关注声音或碰触来自哪里；人类以手指物，靠的是接收者会自然地跟随他人凝视的方向，因此会看着他指向哪个目标。猿类改变意图的手势，靠的是接收者在一连串的行为中，会预料下一步该怎么走，换句话说就是有主题性(thematically)；而人类图像式的手势，

第三章 人类的合作沟通

靠的是接收者会自然地去理解有意的行为,也就是在正常的脉络之外,这些有意的行为,都是以象征与绝对明确的方式(symbolically and categorically),来沟通"类似这种情境"的某种情况。

3.1.1 以手指物

人类完整沟通行为最基础的手势,应该是我们所谓引导注意或直示的手势,这点目前尚有争议,但这些手势的始祖源自人类的以手指物。尽管形式上变化无穷(如有些文化中,是以嘴唇或下巴来指东西,而不是用食指),但所有已知的人类社会里,都存在这种基本的人际功能,将别人的注意力以姿势引导到某物上(Kita 2003)。引导注意的手势,把接收者的注意力,在空间上引至周遭感知环境中的某处(包括拿起某物给他人看)。另外还需要其他的认知工作,才能推论出其社会意图何在:为什么对方要有这样的指涉行为,这个沟通者到底想要接收者怎么做。目前我们尚未明了,如果以手指物真的是靠学习而来,那人类究竟是怎么学会的,但在第四章谈论个体演化发展时,我们会提到几种可能的解释。

这几年来,我偶尔会观察人们在自然情境下以手指物的动作,特别是当他们不开口时。这些情况通常发生在靠语言沟通有困难或不恰当的时候。有些手势很简单,有些却像小型连续剧一样,有不少情节故事在里头。我把每个例子都加上了释义,后面分别点出指涉意图("注意")及社会意图。下面是一些例子:

> 例一:酒吧里的人想再点一杯饮料;他等酒保看着他时,便指了指自己的空杯子。释义:注意杯子空了;请再倒点酒来。

例二：我们沿着陡坡的河岸往上爬，我已经在顶端了，后面跟着的人为了腾出手来爬坡，把手上的本子递给我，并指着本子里突出的笔端。释义：注意笔快掉下来了；请小心别让它掉出来。

例三：一群人在排队。队伍往前进了，却有个人没注意到，因为他正转过身来跟后面的人讲话。站在更后面的人对他指了指前方刚空出的缺口。释义：注意你前面的空位；你该向前一步补上了。

例四：一位知名的职业运动员正在机场排队。远方有个人对他的同行伙伴指一指那位运动员。释义：注意查尔斯·巴克利①在那里呀；我们能见到他真酷，不是吗？

例五：我站在飞机机舱后头，想去吃点东西，那里刚好靠近厕所。有位女士走过来，她看到我时，指着厕所的门，带着询问的神情。释义：注意厕所；你也等着上洗手间吗？

从这些日常生活的观察里，我们可以注意到一件重要的事，那就是我们每天配合不同情境所运用的以手指物的手势，不仅五花八门，且变化多端。这些事例中的指涉意图与社会意图都有所区分，因为沟通者出于某种理由，希望把接收者的注意力引到某物上，而接收者会试着跟随这个指引，并推论原因。有时推论的"距离"可以天差地远。比方说，看到我朋友用手指着笔记本里的笔，我应当推论她要我确定笔会安然无恙；看到某人指着地板上某处，

---

① Charles Barkley，美国 NBA 球员。——译注

接收者应当推论那人要她把身子往那里移动；看到女人指着飞机内的洗手间，我应当告诉她我是不是也等着进厕所。这些情境都依赖各种不同的背景知识才有意义（下面我会提到，这种知识一定是双方共享的共同基础）。因此我若要了解那个女人的社会意图是在询问厕所（当然这点是我立刻就能知道的），我们之间必须对飞机、机上的洗手间、人的生理需求、废物处理、排队、礼节等有共同的概念基础。即使是如例一那么单纯的事件，也必须双方彼此知道，客人上酒吧就是想喝酒，空的杯子不能再喝了，顾客愿意付钱，酒保就可以添酒，小杯子通常装的是烈酒，而不是啤酒或葡萄酒等。

也许有人会以为，只有已经具备语言能力的人，才能用如此复杂的方法，透过以手指物的手势来沟通。也就是说，能以简单的以手指物手势来沟通，必定奠基于已有的语言技巧上。不过下一章里我们会见到，人类婴儿在还不会说话以前，就已经会运用以手指物的手势，引导别人注意不同的物品，以便沟通各种复杂的社会意图。

3.1.2 图像手势（比划示意）

人类完整沟通行为的第二种手势，是图像式的手势，或所谓的比划示意（也称为描绘式、形象式、特征式、表象式或象征式手势）。图像手势应该或多或少是文化上普遍一致的。使用图像手势时，沟通者用他的手或肢体（可能是静态地描绘某个物品）引发某种动作，目的在于引导接收者想象某个当下不在场的物件（或状况），也许是沟通者希望接收者采取某种行动，或希望他去拿某个东西。换句话说，比手势者把他想指涉的情况，替接收者象征出来。在此，接收讯息的人一旦知道了指涉物是什么，也需要完成其他的认知工作，才能推论出对方的社会意图。

由于图像手势通常是模拟目前不正在发生的动作（或目前无法感知的物品或关系），它们还要依赖模仿、模拟、象征等技巧，但以手指物的手势却不需要如此，因此这一点很能解释为什么猿类不用图像手势。图像手势最常用的是：(i) 表示这个动作就是我要你做的，或是我自己要做的，又或是我想让你知道的；(ii) 要求或指出会"做这个动作"的物品，或"某人用来做这个动作"的物品。当然这些可以通过无限多的情境来示范。下面是几个例子，一样都加上释义，让我们能清楚区分指涉意图和社会意图：

例六：我在意大利一间奶酪店里，要买"帕玛森干酪"（parmegiano）。老板问了一个我不懂的问题，我正忖度着，嘴边又不知道该说什么，于是我撮撮手指头，装作是在把磨过的起司粉撒在意大利面上的模样。释义：你想象我在做什么；给我那个东西就是了。

例七：我在演讲厅前方，准备演讲。听众席上一个朋友拨弄着她衬衫的扣子，对我皱皱眉，当我低下头看时，发现衬衫纽扣开了。释义：想象我扣扣子这个动作；你自己也跟着做吧。

例八：机场安全人员把手画圈移动，要我转身，让他可以扫描我的背。释义：想象你的身体做这个动作；跟着转身吧。

例九：菜摊上的小贩，离我几米远，背有点转过去，她正依照顾客要求把马铃薯装进袋里。她停了一下，只用表情而不出声地询问着"这样够了吗？"顾客把手像挥铲子般的动一动,模仿小贩之前所做的动作。释义:想象着这么做(照你刚刚那样);装啊(或"继续别停啊")。

例十:嘈杂的工地中,有个工人对十米远的另一个工人比划着,假装他在使用电锯。释义:想象我做的这个动作;把我需要的那个工具拿来。

例十一:电视上正转播足球比赛。有一颗球差一点就射进球门了。电视台的摄影机给了教练一个特写。教练把大拇指跟食指分开两寸左右,对着他的助手比着。释义:想象只差了这么一点距离;"只差这么多就进了"。

这里所涉及的基本行为,都是要引发一个动作。在最后一个例子里,则是引发一种空间关系,这个动作或关系不是目前能立刻感知的,因此要让接收者想象它所对应的一个真实动作或关系(有时是一件相关的物品)。基于共同的概念基础,接收者应能推论出对方的社会意图。所以我在奶酪店比撒东西的手势,表示我会把那个我需要的东西拿来这么做,而老板因为有共享的知识为前提,了解磨成粉的起司是这么撒的,所以知道我在干什么。这里很重要的一点是,我们能理解图像手势,基本上全靠我们晓得手势背后含有沟通的意图:老板若不知道我有沟通意图,便会觉得我撒东西的动作很怪,而不会认为我的动作是要告诉他什么讯息。关于这点莱斯利(Leslie 1987)曾说过"隔离"(quarantine)的必要,以便区分假装的手势与实际的动作。

既然图像手势都是以不在场的实体为目标(或以目前所能感知的实体可能、或应该从事的动作为目标),它们的运作方式与以手指物的手势稍微不同——这儿所谓的运作,指的是手势"里面"所象征的是什么,以及应当推论的是什么。比如,酒吧里的客人即使酒杯还没空，也可以对酒保比划示意，图像式地比出倒饮料或把玻璃杯拿近嘴唇的动作（这是他在模仿喝饮料时开始或结束的动作）。相反地，如果他比的是现场已经空了的酒杯（如例一），那他要表达的是杯子的空，但他需要的是装满酒的杯子，这样就能引导酒保去做客人希望的事。就我所知，目前还没有系统的研究，探讨当语言使用行不通时，某个情境的哪些方面会在哪些不同场合中通过不同手势表达出来，或探讨人什么时候以手指物，什么时候用图像手势。一个合理的解释是，人的第一选择，是用手去指在场的东西，如果这么做可行而且又足以沟通；只有当以手指物行不通时（例如所想指涉的情况不是当下可以感知的），才会运用图像手势。

也许又有人认为，一定是拥有语言的人，才会运用图像手势做这么复杂的沟通。但是就像以手指物一样，人类婴儿在开始积极学会说话前，就会开始以复杂的方法，使用图像式或约定俗成的手势，不过与他们运用以手指物比起来，仍有程度上的不同（参阅第四章）。同样地，听障的孩子即使没接触过任何惯例的口说语言或手语，在成长阶段初期，也会发明图像手势，用丰富且繁杂的方法沟通（Goldin-Meadow 2003b；亦可参阅第六章）。因此图像手势根本不需依赖语言。

我们要重申很重要的一点是，图像手势虽然常用来模拟动作，但其所涉及的指涉意图，也可能以某物为目标：可以代表"做这个动作的物品"，或"某人用来做这个动作的物品"（相当于语言中的关系子句），正如例十里的工人，可以比划一般人使用电锯时的动作，来跟同伴要锯子。所以并非以手指物一定只能表示物品，而图像手势一定只能代表动作。因此在第四章及第五章里，我们不会假定在语言发展演化的过程中,以手指物是名词的先驱,图像手势则是动词的先驱;不过我们会把以手指物与指示词(demonstratives)及其他直示词(deictics)(空间上的)相联系,而图像手势则与表实物的语言惯例有关,包括名词和动词。

3.1.3　小结

这些以手指物及比划示意的动作,并不是由交流双方预先制定的语言或通过其他代码所产生,因此我们想问的是:它们如何能以这么丰富的方式沟通?其中涉及的沟通功能种类众多且繁杂,能够指涉对某个实体不同的观点,也能指涉不在场的物件,这些情况我们又该怎么解释?接收者如何跨越推论的鸿沟,从指涉物做出揣测,而了解沟通者的社会意图是什么?要解决这些问题,涉及了一整套繁复的过程,我们得花些时间才说得明白,但我们终究会把这个问题的答案,与所谓的人类合作沟通整合。这些问题若想获得完整的解答,也的确需要解释其中牵涉的个体发展、群体发展过程(下两章会谈到)。现在,我们可以先把这个模式的基本要素罗列出来,这样我们就能清楚地看到人类曾经走过的这条路的终点,知道是怎么从猿类的手势,发展出人类的以手指物及比划示意。

3.2　合作模式

人类究竟怎么通过如此简单的手势,以如此复杂的方法彼此沟通,这个问题的终极答案在于,人类有独一无二的方法彼此社交。说得明确一点,人类以其独有的方法彼此合作,其中涉及共享的意图。

许多行为哲学家,把共享意图定义为有意的、不可避免的社会行为现象,因为这些意图与行为的主体,都是复数的主词"我们"。比方说,吉尔伯特(Gilbert 1989)曾经把非常单纯的集体活动,如一块儿散步,和在人行道上与不相识的人并排行走拿来做比较,他的结论是,社会活动的主体一定是"我们"。最容易见到这两者的差别之处,就在于当其中一人毫无预警就突然转弯离去时。如果两个人是偶然并行,其中一个人突然离开就无所谓;但如果我们两人一起走着,我突然转身离去就显得有悖常理,你可能还会因此责备我(因为我们彼此承诺了要一起散步,所以便有某种社会常规在此适用)。由此推演,"我们"还可能一起策划某些事情,以赋予这些事件特殊的力量,所以随便几张纸就能变成钞票,普通老百姓也能经由体制内某种现实而当选总统(Searle 1995)。由于人能够以共享意图的行为彼此共事(不管是一起散步,或一起参与政治,把某人选为体制内的官员),于是他们的社会互动有了新的特质。

能与他人一同参与有共享意图的行为,包括能运用人类的方式与人沟通,靠的都是一个基本的心理基础,就是有能力与他人从事人类方式的合作,这个特点瑟尔曾经如此说过:

> [共享的]意图先入为主地把对方视为能合作共事的伙伴……这是所有集体行为和所有对话的必备条件(Searle 1990:414-415)。

现在为了方便,我们可以把将对方视为能合作的伙伴的这种理解,分解为两部分:(i)制造共同意图及共同关注(或其他形式的共同概念基础)的认知技能;(ii)协助与分享的社会动机(对合作的动机产生相互的期待)。

3.2.1 认知技能:制造共同基础

以上那些以手指物及比划示意的例子,都涉及了一个人要把另一人的注意力或想象力,引导至某个指涉物上。接收讯息的人于是会往对方比出的指涉物看,或是想象它的存在,并由此来理解沟通者试图沟通些什么——也许是"你在等洗手间吗?"或是"我要磨成粉末的起司"。我们是如何办到的?这种复杂的沟通,如果不是"出自"我们伸长的、或做撒东西状的手指头,又会从何而来?

答案当然是靠"情境"(context)而定,但这样的解答对我们帮助不大。类人猿虽然也身处在复杂的社会环境下,但却无法用如此丰富的方法沟通。有可能成年的人类,比猿类更能领略复杂的情境,所以答案就是如此。但下一章里我们会谈到,即使还不会说话的婴儿,使用手势沟通的方法也比猿类繁复得多,虽然我们尚不清楚他们的概念技巧是否也比猿类好得多。在目前看来,人类之所以有独一无二的繁复手势沟通法,绝大部分是因为"情境"对人类的意义非凡。对人类来说,沟通情境不单只是周遭环境里的一切,如室内的温度、背景的鸟鸣声等,而是与社会互动"有关"的东西,换言之,每个参与互动的成员认为相关的,而且参与者也知道对方会视为相关的东西——而对方也知道自己会视此为相关,所以原则上可以无限推演下去。这种共享的人际之间的情境,就是克拉克(Clark 1996)所谓的共同基础,有时(特别是当我们要强调共享的感知情境时)也称作共同的关注框架。共同基础包括我们共同知道的一切(我们也都知道彼此皆知),如世界上属实的事、理性的人在特定情况下会采取的行动、或一般人通常觉得重要及有趣的事(Levinson 1995)。

接收者需要具备共同基础,才能决定沟通者要把他的注意力引到哪去(其指涉意图),并知道沟通者为什么这么做(其社会意图)。所以在前面所提的例—那种相当单纯的以手指物手势中(顾客对酒保指着空杯子,要求再来一杯),如果没有共同基础,酒保不会晓得客人指的是整个酒杯,还是杯子的颜色,甚至是杯上的小裂痕。的确,在真实情况里,顾客指的不是杯子,而是杯子已经空了(我们也可以想象如果所指的杯子已经满了,这时客人要表达的意思便会完全不同)。即使指涉物一模一样,随着共同基础不同,社会意图也会大相径庭。因此正常的情况下,顾客指着酒杯,是在要求酒保替他加满酒,酒保也了解这一点,因为如上所述,他们都知道,客人上酒吧就是为了喝酒,空的杯子不能再喝了,如果顾客愿意付钱,酒保就可以添酒等。但是如果客人和酒保是哥俩好,平常会定期一同参加戒酒无名会①的活动,那么顾客指着空酒杯,可能是在告诉他的好兄弟,他在酒吧里超过一个钟头了,竟然还能克制诱惑而滴酒不沾。

共同基础最关键的一点,在于它使人超越自我中心的观点来看事情。譬如,我们稍微修改一下施佩贝尔和威尔逊(Sperber and Wilson 1986)的例子,假设在公园里,我用手一指,把你的注意力导向几米远的某处去。那里有三个人:一个是卖冰淇淋的,一个是你从没见过的慢跑者,另一个是你的男友小伟。如果你很自

---

① Alcoholics Anonymous 是个由美国人发起的国际戒酒组织,以帮助酗酒者彻底戒酒为目的,成员对外皆保持匿名。——译注

我中心，你一定会先假定我在比小伟给你看，因为他对你至关重要，而其他两个不过是路人甲乙罢了。不过正常的情况下，你搜寻相关事物的标准不一定都以自我为中心，而是会在我们从一开始就共享的共同基础情境下，考虑我们是否都知道小伟是谁。要是我不认识小伟，你也知道我不认识他（他是你的*秘密*爱人），又假定你和我都知道我们最爱吃冰淇淋了（我们曾经公开谈过这一点）。如果现在我再把你的注意力导向那三个人，不管小伟对你个人而言多么重要，也不管你说爱吃冰淇淋其实是谎话（所以实际上冰淇淋对你根本不重要），那么你仍然会以为我在指冰淇淋小贩给你看，因为我们从先前的对话"知道"，我们两个都爱吃冰淇淋，而且你以为我不晓得你和小伟的关系。两者直接竞争的话，每次共享的共同基础都会胜过个人私下的相关性①。

当然你也可能会假设，我也许知道小伟的事，并继续往那方面想。那么基本上你会猜测，什么样的共同基础会让程序发展一切照旧。正常的情况是，你一开始就想了解，为什么我会认为你往那个方向看对你有关，而先决条件是我们都知道可能的指涉物为何，这个指涉物又对你有多重要。对于我以手指物的手势，即使有众多解读法（虽然你也可能有自己私下感兴趣的事），但你所能想到最自然的解释是，我在比我们共同基础上的东西。另一个不同的例子是，如果我们没有直接的个人共同基础，但我们都是某个文化

---

① 如果再反常一点，我们可以根据克拉克和马歇尔（Clark and Marshall 1981）所言，想象我偷偷知道小伟是你的秘密情人，但你却不知情。所以我们私底下都晓得他对你很重要，但既然你不晓得我知道这一点，你便不会认为我在指他。这种反复可以无限延伸下去，不管重复多少次，你都不可能猜到我真正在指谁。重点是我们两个必须都知道这件事，小伟对你很重要必须是你我之间的共识才行。——原注

背景或社会群体的一员,知道对方应该了解什么(或对方应该了解我知道些什么等)。因此,即使我们从未见过面,我照样可以指着机场窗户外面的风景给你看,因为我觉得你(应该)可以根据共享的预设立场,推论一般人会认为是重要、好看的东西。这两个例子里:一个是猜测,另一个则是有文化上的共同基础,接收者尝试借由想象或假设某种共同基础,来理解对方的沟通行为,她会试着找出与沟通者共享的事,才能让整件事合情合理。正常的情况(也就是小孩子都由此开始,而且成年人也会毫不犹豫就去做),就是我们彼此都确认了我们共同的基础,于是在此基础上,沟通行为立刻变得易于了解。

这让我们可以根据三种差异,把共同基础分类(参阅 Clark 1996 另一种稍有不同的分法)。首先,要看共同基础是否奠基于我们周遭立即可感知的环境,我把这个称为共同关注点(Clark 1996 则称为感知的并存(perceptual co-presence)),还是奠基于过去共享的经验。其次,我们可以区分共同基础是由上到下(top-down)的顺序创造出来,例如我们一起追求某个目标,所以彼此知道我们要着眼于跟目标有关的事;或是由下到上(bottom-up)的顺序创造出来,譬如我们都各自听到刺耳的噪音,然后互相知道对方也听见了这个声音。稍后我会阐明,由上到下的过程、在立即并存可以感知的环境里所创造的共同基础(特别是在集体合作活动中的共同关注点)是最主要的,因为它提供了最重要且稳固的共同基础。最后的第三种分法是,共同基础可能奠基于一般概括性的事物上,如共同的文化知识,这些知识是我们之间从来不曾公开承认过的(但有不同的文化标志来代表其意义),也可能奠基于公开明确认可的事物上,就好像我们心知肚明地看着对方时,表示我们承

第三章 人类的合作沟通

认彼此是熟识的朋友。明确认可的共同基础,在某些沟通情况下,或是对沟通新手如儿童来说,也可能特别突出且重要。

很重要的是,不管哪一种人类沟通,包括语言在内,外显的沟通行为及任何一种共同基础之间,都是互补的关系。换句话说,沟通者和接收者间共享的背景越多,彼此需要明确说出的话就越少。如果共同基础中多半是两人共享的,那么即使不明确地把动机和指涉物点出,也不会减损所要传递的讯息。譬如,在牙医诊所里,牙医师有时会对助理指着他需要的工具,不必明确说出他想要什么,因为在牙医和助理皆熟悉的情境下,他需要什么工具也是彼此都猜得到的(可以比较维根斯坦的建筑工人)。① 相反地,牙医可能伸出手,表示他需要某个工具,而助手基于有共同的知识并熟悉整个程序,即使医生没有明确指出他要的是什么,也会把正确的工具(桌上可能有许多工具)递给牙医师。下面的真实例子,正是指涉物没有明确被点出,但是基于彼此共享的共同基础却可以推断出来:

> 例十二:在飞机上,我的座位靠走道。我那一排有个女士坐在靠窗的位置。有个男士走到我们后面一排坐下,话讲得很大声,令人相当反感。我看看身旁的女士,转转眼睛,脸上一副"哎,这趟旅程一定很难熬"的表情。我不必指给她看我在生谁的气;我们两个都心知肚明。

---

① 维根斯坦在其著作《哲学探讨》(*Philosophical Investigations*)中提到一个语言游戏,一位建筑工人和他的助理在盖房子,工人每下一个命令,助理就把他所需使用的石块(block)、石柱(pillar)、石板(slab)或石梁(beam)递给他。维根斯坦的目的在强调,这个例子里的建筑工与助理,看似在用语言沟通,因为这四个词都有各自不同的意义,但这种语言面貌却是相当狭隘的。——译注

如果那个男的安安静静地坐下,而我现在想跟我身边的女士提到他,那么我就必须明确地把他指给她看,因为此时我们并没有共同的关注点。有趣的是,如果共同基础或共同的关注点够强,譬如,它已经成为惯例,甚至制度化了,那么要指涉不在场的东西也会很容易。比方说,每天早上我都要提醒孩子记得带背包,今天她刚好忘了带,所以在紧要关头我可以只是指指她的背或我的背,她就会晓得我的用意。如果不是我们有共享的惯例,我那样比的手势就无法代表她忘了的背包。即使图像手势和语言,都比指的信号"本身"更能表达所指涉的内容,但它们仍像以手指物一样,要依赖共同基础。所以,当机场的安检人员把手做绕圈的动作(例八)时,不管他比的手势多传神,仍旧暗示了大家都了解机场安检的程序,才能适当解读安检员的手势。如果大家没有共同基础(可以假想有个小朋友第一次到机场),他可能就不清楚什么东西会这样绕圈,或是什么东西应该像那个手势一样绕圈。当然,日常生活的语言充斥了许多有所指涉的表达方式,如代名词,因此彼此绝对要有共享的经验,才能了解对方用这些词时指的是什么。

总体来说,人类因为能够与他人建构不同形式的共同概念基础与共同关注点,所以异常简单的以手指物及图像手势,都能靠复杂的方式来沟通。这些方式,远超过类人猿用来沟通的改变意图和获取关注的手势。许多情况下,共同基础的定义如果特别明确,简单的手势也能像语言沟通一样有力。基本上,我们从很多例子可以得知,当指的手势所代表的东西随着共同基础而改变时(例如指着酒杯可以代表杯子本身、它的颜色、它的空或它的修理状况),通常也涉及了某种观点的改变。因此很可能这种手势上的指涉物转移(reference shifting)(借由不同方式与沟通者/接收者的共同基础有所接触而达成),便为群体发展及个体发展上不同观点的语言惯例铺了路。再者,虽然指涉时空上不在场的实体一直被视为语言独一无二的特性(无疑地,语言在这方面显然功力最到家),但在适当的共享背景下,我们仍然可以通过以手指物或图像手势,把注意力引到我们想指却不在现场的东西上(如忘了的背包),也可以用手势直接代表还不在场的物品(如例十的电锯),手势所具备的这些功能,也为语言中超越时空的指涉(displaced reference)这种特性铺了路。

这表示,一般人赋予语言的那些有力的特性(包括指引别人对事物或不在场的物品有所观点),其实在更简单的手势这种人类的合作沟通里就有了。这是因为沟通的双方之间,存在着各类的共同基础与共同关注点。

3.2.2 社会动机:协助与分享

除此之外,人类还特别具有合作的社会动机。葛赖斯(Grice 1975)在他影响深远的分析里强调,沟通者与接收者基本上靠着合作的方式交流,以传达讯息(让接收者明白沟通者的社会意图),这是两人一致的目标。这表示沟通者会尽量用接收者能理解的方式沟通,接收者也会尽量靠着明确的推论了解对方,必要时会请对方解释清楚(见克拉克(Clark 1996)针对指涉是一种联合活动所做的描述)。目前我们还不清楚,其他动物沟通时是否也以这种方法互相合作,例如,我们还不知道,哪种动物有能力请对方把事情解释清楚一点。

人之所以具备合作精神来传递讯息,首先当然是因为他们具有人类独有的合作沟通动机。这些动机是演化出来的,因此我们必须从群体发展的演化史来说明这些动机如何产生,又如何构建人类沟通,这也包括沟通者与接收者如何从这类互动中获益(我们在第五章会谈到这些问题)。现在我们要先说的是,沟通者在他的沟通行为里,通常会明确地在情绪上告知这些动机;除了指涉的动作外,他们会给接收者线索,让他们能推断出自己特定的社会动机。比方说,我可以指着笔给你看,脸上伴随着询问或恳求的表情,请你帮我拿笔来;或是伴随惊讶、兴奋的表情,以便与你分享我重拾失物的喜悦;也可以带着困惑的表情,问这是不是你丢了的笔;更可以是中立的表情,只为了告诉你笔在这里。社会动机可以有千百种,人类沟通的基本动机却只有三种。这三种动机在人类个体发展时,都是最早出现的(第四章),在人类一般的社会沟通里,也都能找到合理的演化根源(第五章)。

　　第一个人类最明显的沟通动机是请求——要别人去做自己想叫他们做的事。一般来讲,所有猿类有意的沟通信号都具备这项特征。差别在于,人类不命令别人去做什么,而是比较有礼貌地(向愿意帮助的人)请求协助。换句话说,不像猿类的命令请求方法,人类要求的方式从下令、客气地请求、建议、到暗示都有,主要依接收者合作的态度与意愿有多高而定。如果你擅入我的土地,我可以命令你滚蛋,但我若认为你会识相地听从,就可以只是告诉你我希望你离开(并告诉你这是*我*的地盘)。我们把这第一种方法叫作个人请求或要求——我是直接告诉你该怎么做。而第二种可称为合作式请求或要求——我只是告诉你我的希望,并假定你会帮我达成这个愿望(如果我只是告诉你我希望你走人,那么你就得在意我的希望,我的请求才会生效)①。黑猩猩对人类指着它想要的食物,可能不算合作的请求,因为它们直接叫人类去做某事,而不在告诉人类它们的愿望,即使它们真会告知自己的愿望,也不会期待人类(更别说是其他猩猩)会在意它们有什么希望,但人类通常会在意别人的愿望。只要别人的请求不太过分,出于自己的理由,他们常喜欢助人实现这些要求;人类因为知道这一点,在许多沟通情境下,就只需让对方了解自己有什么愿望。

人类第二个基本的沟通动机,来自人类即使没有被要求,也会主动帮助他人,这似乎也是人类独有的特点。他们会为别人提供讯息,即使这么做对自己并无多少好处。告知本身就是一种协助,因为我之所以告诉你,是因为我认为你(而不是我)会觉得这件事有用或有意思,因为我明白你有什么目标或爱好(即使我这么做,可能出于更高、个人层次的私心)。所以你手上的纸掉下来了,我会指给你看;老板今天心情不好,我会告诉你,这样做表示我是在帮你的忙,或说我会试着给你协助。把瑟尔(Searle 1999)的一个著名公式社会化,我们可以说请求反映了从你到我这一方向的配合,我希望你会如我所愿;而告知则反映了从我到你的配合,我想达成你的愿望和兴趣。显然,告诉别人他们会觉得有用或有趣的事,以及为有所求的人完成他们的要求,都涉及利他动机,需要通过特别的演化来解释(见第五章),但有时我告诉你事情(或配合你的请求),也可能是为了更高的私人动机,谈不上利他主义。

---

① 依照瑟尔(Searle 1969,1999)和其他人的说法,问问题也自然应归类为单纯的向别人要求讯息(我也可以严刑拷打向你逼供,威胁你说出讯息,或是简单地说我要什么,或只是问个大家都熟知的惯例问题)。另外我们也该特别注意,当你要求某件物品时,其实是在要求别人帮你把它拿过来。——原注

除了上述两种基本动机，我们还得再提出第三个基本的沟通动机。我们必须从个体演化及群体演化的观点予以考量，才能说明为什么要假定这也是个基本动机。人类喜欢与人分享对事物的情感和态度，我把这个称为表达或分享的动机。譬如，天气好的时候，你很可能会在同事一进办公室时，跟他说"今天天气多好啊！"这不是与帮助有关的请求或告知的动机，而完全是一种社交行为。这种沟通行为是在分享态度和情感，以便扩充与他人的共同基础。人们每天八卦地谈天南地北的事，表达自己的意见和态度，都以这种分享的动机为基础，希望别人也会与自己有同样的想法或感觉。个体发展上，还不会说话只会以手比划的婴儿，很早就发展出这种动机，例如他们会指着花花绿绿的小丑给父母看，而且高兴得尖叫。也许他们有时用手去指，只是在告诉爸妈小丑在那里，但是如果爸妈已经见到了小丑，而且还正盯着他看，他们还会继续咯咯笑地指着，因为他们的目的是要大人也分享他们的兴致。第四章谈个体演化时，我们会更详细地探讨这种动机，并提供实验证据来说明它的社会本质；第五章讲群体演化时，我也会强调，分享的动机，对于个体认同于某一个彼此思想相近的社群非常重要（以便排除其他那些不会用这种方式与他们闲谈或分享的社群）。

因此，我们可以假定，演化上发展出的沟通动机基本上有三种。三者皆取决于沟通者对接收者想产生什么影响，在此我们用协助与分享这种共同的意图动机来表示：

请求：我要你*帮助我*（要求协助或讯息）；

告知：我要你知道某事，因为我认为*对你有帮助或有意思*（提供协助或讯息）；

分享：我要你有某种感觉，这样我们可以*一起分享意见/情感*

(分享情绪或态度)。

这三种最基本的人类沟通动机,是特定情境下无数种社会意图的基础,当我们解释人类合作沟通在个体发展及群体发展上如何涌现(emergence)时,这些动机都扮演了核心的角色①。

3.2.3 彼此对帮助及合作推理的期待

沟通者若具备这些合作动机,接收者也会适当回应(如果其他条件都相同的话),这是人类沟通者之间共同基础的一部分。的确,这也是他们为什么想合作地把讯息传达清楚的原因。沟通的双方都假设,这么做对自己或他人都有好处。因为沟通者知道这一点,他会确保接收者知道自己试图沟通,好像是在说:"你会想知道这个"(我对你有个要求,我想告诉你某件事,我想和你分享我的态度)。另一个层次的意图:"我希望你知道我对你有所求",是沟通程序的关键,一般被称为葛赖斯沟通意图(Gricean communicative intention)。

葛赖斯(Grice 1957)观察到,人的沟通行为,都涉及一个与沟通特别相关的意图。换句话说,当我指着树给你看时,不仅要你注意那棵树,也要你知道我希望你注意那棵树(通常以眼神接触为信号,但也时常不把主题明确表达出来,只是暗示你这个动作是"为你"做的)。这一层额外的意图,能够引导你做相关的推论,让你了

---

① 理论学家如瑟尔(Searle 1999)所假设的基本的言语行为(speech act)功能,与此有点相似,但不是完全吻合。另外我们也要注意一些特殊场合里的特殊动机,这些在个体发展上很早就出现,而且很可能文化上也是普遍存在的:如打招呼/告别("你好"及"再见")、表示谢意("谢谢")、表示遗憾("对不起")。这些沟通之所以特别,是因为它们通常不具有指涉功能,所以运作方式稍有不同。它们适用于极少数社交上重要的场合,这些场合对人类的社会演化至关重要(见第五章)。——原注

解我在指涉什么，及我的社会意图何在（Sperber and Wilson 1986）。所以当你看见我指着树，一副希望你知道我是在指给你看的样子时，你自然会想知道我干吗要那样做：我要你对那棵树做什么、想什么、感觉什么。你会猜想我指着树给你瞧，是因为我相信你会对树感兴趣，或觉得树和你有关系；也许那是你最喜欢的树种，所以我要告诉你那种树这里也有；也可能我对那棵树有所要求，而我认为你能帮我实现愿望；又或许我只是要和你分享我对那棵树的热情。

说得更透彻一点，我们可以比较有无沟通意图的例子（取自 Sperber and Wilson 1986 而稍加修改）。假定我们徒步旅行时，一起坐在森林里的石头上，我因为累了便往后靠着，所以从你的视线刚好可以看到一棵大树。这时你没办法做出什么推论。但如果我往后靠时，指着那棵树给你看，脸上表情坚定，你自然会想了解我干吗这么做。换句话说，你注意到我费了些工夫指着树给你看，以表达我的坚持，于是便引发你去寻找（在我们共同的基础上）这棵树有何关系：他为什么要我注意树呢？既然我知道这些过程，我会确定你知道我对你比着树是有意的，你会因此找出我对你的有意行为理由何在：我要你知道什么、做什么、感觉什么。这是大多数人类沟通中很自然的一部分，因为多半情况下，我们需特别努力才能不这么沟通。所以如果客人想要杯子里有多点酒，又觉得直接开口跟主人要不礼貌，他可能会把空的酒杯放在明显的地方，让主人看得到并（进而希望主人）帮他添酒，可是主人可能不知道客人心里有这种想法。客人希望主人看到空杯子，可是不希望主人知道他想让主人看到空杯子。这种"隐没身份"（hidden authorship）（或有时是不在乎接收者是否注意到自己的身份），表示人类特别

第三章 人类的合作沟通

明了沟通意图如何在整体的沟通行为里运作。

这里的重点在于，这个沟通程序之所以产生，是因为参与的双方都知道、也彼此信任他们的沟通所涉及的合作动机。换言之，如果沟通的人类需要帮助（其他条件皆相等），一般说来接收者会愿意帮忙——沟通的双方都知道这点，也都相信这点。同样地，如果沟通者提供讯息，双方都会彼此假定，是沟通者认为这些消息对接收者有帮助或有意思（这一点通常也是"真的"），所以接收者会接受这个讯息。最后，如果沟通者意欲分享态度，那么沟通的双方会一同对分享的利社会动机（prosocial motive）有所期待，而沟通者也可能会期望接收者分享他的态度，除非有好的理由表示这样不妥。于是沟通者明确地把沟通意愿表达出来，双方便彼此合作，努力确保沟通行为能圆满达成。

明确地表达葛赖斯沟通意图，能将沟通行为本身（可以是手势或语言沟通）置入参与沟通的成员共同的基础中，或说置入双方正在进行沟通的共同关注框架中。所以，比较正确的说法是：我不仅要你知道我要你注意某物，我也要*我们都知道这件事*。我要我的沟通行为，成为我们感知上共存的共同关注点的一部分（如果以 Sperber and Wilson 1986 的话来说，就是我要我的沟通行为对彼此都明确表示出来，或说是"完全外显的"（wholly overt））。因为沟通的人类把他们的沟通意图对双方都明确表示出来，这便让意图公开化，于是就引发另外一整套的程序（Habermas 1987）。说得再明白些，当我明确、公开地跟你沟通时，我不仅创造了对彼此合作的期待，也创造了应有的社会规范，因此违背常规是不被接受的。

首先，就了解讯息的层次来说，如果我想和你沟通，当我说

"嗨，阿义"时，你就会看着我，然后我就可以开始比手势或说话，这时你就没办法忽略我、假装我不在跟你沟通般地不理我。如果你偶尔几次这么做，只会损害我们的友谊，但如果屡次都如此，可能会被送去做精神诊断，甚至可能被主流社会排挤。你有时也必须主动跟别人沟通，不然别人会以为你精神有问题，可能会立即送你进精神病院。其次，就了解讯息之后进而服从的层次来说，如果我做了小小的请求，比方在餐桌上时说"请把盐递过来"（不管是开口说或比手势都行），基本上你没办法回答"不行"，除非你提出解释，说明你在这个情况下为什么不能听从我的要求（知道这一点后，我就必须再提出其他合理的请求）。同样地，如果我告诉你某件我认为你会有兴趣的事，如"嘿，你有没有听说今晚鲍勃迪伦会来演唱？"①，你不太能回答说"我才不相信你"，除非你有正当理由，才能指明我在说谎。就我而言，如果我发现了我们都知道你会有兴趣的事（我们都知道迪伦是你的偶像，所以你当然有兴趣知道他要来演唱），我一定会把事情告诉你；如果我不说，而你事后自己知道了，我们的友谊将会严重受损。又比方如果你告诉我宗教在你生活里有多重要，我却回答你我认为信教很蠢，那么我也会损及我俩建立于对世界共同的态度的关系。

因此，从说话的一方来看，人类必须与他人沟通，才不会被怀疑你有病；我们必须只提出合理的要求，不然别人会认为我们鲁莽；我们要试着用相关的适当方法，告诉别人事情并与他们分享，不然我们有可能被别人以为不善社交而失去朋友。从听话的一方

---

① Bob Dylan，知名歌手、音乐人兼诗人，被认为是美国 20 世纪最有影响力的民谣歌手及 60 年代美国民权运动代言人。——译注

来看,我们要参与别人,不然别人会以为我们有病;我们要帮助别人,接受别人提供的帮助和讯息,与他人分享我们的感觉,不然我们有可能被社会所孤立。简单一句话就是,就像人类社会生活的许多其他方面,彼此的期待若被放置在公共领域中,会转变为可以强制的社会规范和义务。第五章里,我会从公共名声的观点,再详谈人类沟通里涉及常规这一方面的演化基础。

这里所涉及的合作动机,和彼此对合作动机与常规的认识,表示参与人类沟通的双方,不仅要合乎实际地推理,还要彼此合作地推理。因此,当猿类看到另一只猿对它们比手势时,它们会通过自己实际的推理,试着理解对方的目的与感觉。可是它们并非*因为*对方有所希望,才去试着了解它的讯息,这两方彼此并无共识,比手势的一方是在企图帮忙。所以沟通者没有特别指出或"宣告"(advertise)自己的意图,不像人类会把沟通意图表现出来。接受讯息的猿类在选择回应方式时,也不会*因为*对方有所希望或期待,就一定以某种特定方法回应,它们只会依照沟通者真正想要的东西,做出那个情况下对自己最好的反应。反过来讲,人类一旦看到别人试着与自己沟通,就会想知道对方试图沟通什么,这一部分是因为他们知道,对方的希望正是如此(他们也相信对方的合作动机),于是他们选择回应的方式,比如答应某个请求、接受别人提供的消息、分享对某事的热情,其中一部分原因是*因为*,这正是对方希望他们去做的。由于接受讯息的人能理解并回应对方的沟通指令,而这些反应正是沟通者所希望的(沟通者必须仰赖于此);也因为如果每件事都公开进行,这样的运作方式正是最符合常规的,我们便把这种人类沟通特有的实际推理,称为合作推理。

最后我再把这里涉及的反复性(recursivity)总结一下。首先，两人之间要建立共同基础或共同关注点，就必须双方都看到、知道或关心对方所看到、知道或关心的事，同时也知道对方会看到、知道或关心自己看到、知道或关心的事，这种反复可以无限推演下去。其次，葛赖斯沟通意图显然也是反复的（至少好几个层面上都是）。根据施佩贝尔和威尔逊（Sperber and Wilson 1986）的说法，宣示性的言语行为里，我希望你知道某事（比如你的朋友来了），但我的沟通意图是要你知道我希望你知道某事。以这种方法分析，沟通意图算是第三或第四层命令（看我们如何计算而定）：我希望$_1$你知道$_2$我要$_3$你知道$_4$你的朋友来了。再者，人类沟通的动机结构也是反复的，我们双方都知道对方会乐于助人——所以你期望我会期望你（必要时也可以再一层层地嵌入（embedding））伸出援手。说得清楚些，以合作的常规而言，这种反复绝对有必要，大家（包括自己）都必须期待别人会是个合作的沟通伙伴。

对于共同基础及其他相关的概念，如共同知识、共同彰显（mutual manifestness），目前还有很大的争议，因为这些观念本质上都是反复的。既然人类的沟通是即时的，在真正的沟通场合下，不可能做出这么多无限的演算来（Clark and Marshall 1981）。当然，实际沟通的心理现实，也不全然是这种不断往返地知道别人知道我知道什么，而只是简单地全都知道我们都一起看到、知道或关心某事：我们"共享"了这些知识，也具备各种启发性知识，能找出我们与他人之间有哪些共同基础。如果这种基础的反复性受到阻碍（breakdown），我们才会意识到它的存在，譬如，我以为我和某人共享某事，其实却不然。这种阻碍可能在反复的任何层次出现。比方，(1)如果你认为我在注意某个我不在注意的东西，(2)如果我认为你认为我在注意某个我不在注意的东西,(3)如果你认为我认为你认为我在注意某个我不在注意的东西,依此类推下去,那么我跟你说"多美啊!",就一定行不通。阻碍在任何层次都会发生,而弥补这种障碍的方法因人而异,这也正说明了在参与沟通的人的理解层次中,至少隐含了不同种类的反复。

整体来说,我们用来合理解释这一切的方法(至少这是我们目前所采取的方法),就是想提出反复的回旋并非无限,只是不确定;我们依需要或能力来演算,通常只有几个层次,但多半时候我们根本不会这样演算,只会通过某种启发性知识,注意到互动的伙伴是否与我们有共同点。我们也许对整个互动只有"鸟瞰观点"(bird's-eye view)的理解,因此必要时可以随意转换观点(详情请见第七章)。我们把这种能力(在众多共享意图中至为关键的技巧),称为反复读心术(recursive mindreading)或反复看穿意图(recursive intention-reading)。

3.2.4 小结

图3.1描绘了人类合作沟通的各个成分,以及不同成分之间相互的关系。从左上方开始顺着箭头往下,大致是:我身为沟通者,有许多我生命中所追求的目标与价值观:这些是我的个人*目标*。我感觉你应该可以帮我达到其中几个目标,你可以伸出援手,或接受我提供的信息(我是出于个人理由希望提供讯息),或与我分享态度:这是我的*社会意图*。在此情况下,得到你的帮助或帮助你、与你分享的最佳办法,就是通过沟通,所以我把沟通行为明显表示出来(在我们目前共同的关注框架中);这便是我的*沟通意图*(通过"给你"的信号表现出来,如眼神接触,或直接表达动机)。我

既然表达了沟通意图,便把你的注意力引到了外在环境的某个指涉场合去——这是我的*指涉意图*,目的是(另外也伴随着动机的表达)诱导你经由合作推理的程序,推断出我的社会意图,因为你自然会想明白我为何要跟你沟通(基于*彼此的期待*或*合作的常规*)。因此你会先认定在我们俩*共同基础*的空间里,我在指涉什么,由此你再试着推断我深层的社会意图,并把这个意图跟我们的共同基础联结起来。一旦你明了了我的社会意图,你便会决定是否与我合作。

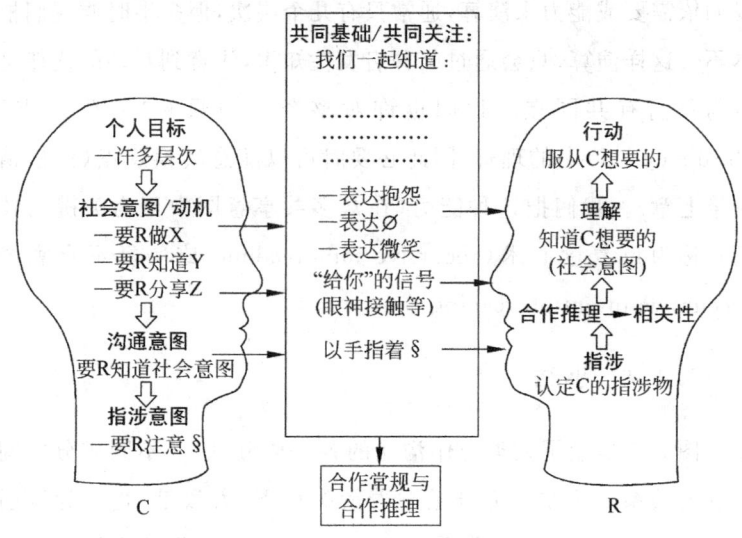

图 3.1　合作式人类沟通简图(C ＝ 沟通者;R ＝ 接收者)

这种以合作为基础的过程,使人类的沟通与其他动物的沟通截然不同。我们这儿所总结的这个沟通模式,里面的种种程序如果互相配合运作,会具有强大的沟通力,这一点可以从一段知名的言论中看出。瑟尔在强调语言比手势更具优势时,曾经说过:

　　某些非常单纯的施事行为(illocutionary act),可以在完全不使用任何惯例的机制下进行……①例如在某种特别的情境下，我们可以不用任何语言惯例就"要求"别人离开房间，但如果我们想要求某人从事某项研究计划，来调查美国大学生单核细胞增多症（mononucleosis）的诊断治疗问题，那么就非得靠语言的能力不可（Searle 1969:38）。

不过，我们其实不靠语言就能做这样的要求。换句话说，如果有些人正以语言谈论着"我们需要某人来从事这项研究计划，探讨美国大学生单核细胞增多症的诊断治疗问题"，那么在会话的适当时机，我可以指一指你，意思就是"*你应该从事美国大学生单核细胞增多症的诊断治疗这个研究计划*"。当然，如果没有讲话的个体建立这种语言环境，就办不到这一点，这是再清楚不过的。目前我们探讨这些问题的重点在于，不管通过什么方法，当情境（亦即共享的共同基础）的设立明确清晰时，以手指物的手势，能代表任何我们所想表达的复杂情况。

3.3 沟通惯例

至于不是"自然"的，而是"惯例"的沟通又如何呢？还有约定俗成的手势（如问候和告别、威胁和侮辱、同意和反对等，这些手势在许多文化中都有），以及口说语言和手语呢？这些"代码"是否就

---

① "施事行为"一词最早由英国语言哲学家 John L. Austin 所创，指的是在社会约定下使用某些句子来对别人施力的行为，如做承诺、问问题等。是一种在说话的当下所表现的行为（an act performed *in* saying something）。——译注

不需要这些复杂的心理基础？语言沟通完全是另一种运作方式吗？

3.3.1　语言沟通与共享的意图基础

一句话，非也。首先，很重要的一点是，语言和其他形式的惯例沟通，主要都是以沟通者和接收者之间的共同基础和当前的共同关注框架为基础，自然手势也是如此(Clark 1996)。因此日常生活的言语中，多数句子含有代名词(*他*、*她*、*它*、*他们*)，及其他许多由上下文决定的表达方式，双方必须有共同基础，才能适当地解读这些语词(如*另外一个*、*我们以前常去的地方*等)；就连最简单的指涉词如*小毕*或*那只猫*，也必须依靠共同基础，才能决定对方指的是哪个小毕、哪只猫。口说的语句基本上和自然手势一样，都得依赖共同的概念基础，彼此的共识越"强"，越能尽在不言中，就像前面所提牙医师和助理的沟通例子。

其次，手势及语言模式的沟通意图，基本上也大同小异，这两种沟通里，接收者都因为彼此假定对方会合作，而能设法找出相关性。比方说，如果我一走进你的办公室，就出乎意料地突然说："古巴真是世界上天气最好的国度"，你虽然明白我在说什么，但仍然不免困惑，为什么我觉得说这句话对你有用或有意思；不过如果先前我们刚讨论过今年夏天去哪里度假，那么我说这句话的用意就很清楚了。正如以手指物，因为你预先假定我会试着告知对你有用或有趣的事，所以这能够引导你去寻找沟通中的相关性。沟通的一般动机，在手势和语言上也差不多是相同的：不外乎是请求、告知、分享(不过语言沟通还涉及其他较不基本的动机，就如语言行为理论里所探讨的)。通过语言沟通，我们一起合作，建立共同的指涉,并让讯息传达清楚,而自然的手势沟通也是如此(Clark 1996)。一般说来,语言沟通跟以手指物、比划示意一样,都需依赖共享的意图基础,才拥有惊人的沟通力量。

就目前的情况下,自然手势和语言沟通惯例唯一明显的差异,在于指涉的意图,也就是信号"内部"用来引导注意力的东西。不过即使在这个情形下,就一般层次而言,相同的描述仍然适用于这两个例子。不管是手势或语言沟通,指涉都可分为旧的、已知的、彼此共享的部分(即所谓的话题(topic),经常是早已假定、只需简单点出的东西);以及新的、值得注意的部分(亦即焦点(focus),通常需详尽解释,因为彼此共识不够)。例如,我们一起看云时,云是我们的话题,我可以指着云,或在它改变形状时口头上谈论那朵云,来强调它新的面貌。不过语言的惯例可以用独一无二的方式指涉世界上的物品,这些是自然的手势永远办不到的。语言的沟通机制之所以具备这种能力,主要是因为它的"任意性"(arbitrariness),也就是说,我们可以创造一种机制,来代表我们概念里的许多经验,只要我们都知道这个约定俗成的惯例是大家彼此共享的。

3.3.2 惯例是共享的沟通机制

当每个人都利用相同的机制,作为协调注意力和行为的手段时,人类就能够创造沟通的惯例,虽然只要大家愿意,其他方式也可能行得通(Lewis 1969)。这些"任意"的惯例,必须在所有个体都具备相当严谨的文化学习技巧时才可行,这里所谓的文化学习,指的是针对有意的行为所做的模仿学习(Tomasello 1999),这种技巧是比划自然的手势时所不需要的。明确地说,以沟通惯例而言,最需要的是所谓的角色互换模仿,意思是个体理解了沟通者如何对她自己运用某种沟通机制后,她接着又复制那种方法来和其他人沟通(Tomasello 1999)。这就创造了索绪尔(Saussure 1916, 1959)所谓的意符的双向性(bidirectionality of the sign),意思是沟通机制的实际形式是惯例的、或说是使用者共享的,因为大家都知道每个人都晓得怎么因应特殊的沟通目的,去理解和产生这些机制。这里很重要的一点是,语言和手势惯例的共享,也取决于某种程度的反复性(也就是我们都知道彼此知道这个惯例),而这里指的是沟通媒介或沟通机制本身这个层次的反复性(Lewis 1969)。

语言惯例将社群里前人所一致认同的行为方式编码,以便通过特定方式控制他人的注意力或想象力。任意的声音或手势本身并非"自然地"带有讯息,但对于具备适当的认知技能和认知动机的人而言,观察它们如何运作,却能揭示那些共享惯例的人会如何用这些声音或手势,来引导别人的注意力及想象力。适当的认知技能和动机指的当然是:(i)相同的共享意图基础,人类的以手指物及比划示意都奠基于此;(ii)共享的学习经验,我们一起(暗中)知道我们共享相同的惯例,这项事实可由各种文化标记(包括以适当方法运用这套惯例)来显示。人类创造并运用共享的沟通惯例,意味着就连沟通形式本身,也依照共享意图的程序而定。

这里还有许多可以交代的事,我们在第四、五、六章会再详谈,届时我们将提出个体演化和群体演化的解释,来说明人类的沟通惯例或语法结构如何肇始于自然的手势。我在第五章会提到,演化上不可能从猿类的发声或手势,一下子直接跳到任意的语言惯例,而不经过中间阶段那个非惯例的、以动作为基础、自然地带有

第三章　人类的合作沟通

意义、合作的手势,这类手势才可能作为任意惯例的自然基础。就儿童成长的个体发展而言,我会在第四章阐明,只有在小孩子能够接触到某种类似共享意图的完整基础时,语言习得才可能成功,这种共享意图的基础,在人类演化史上一开始就建立了,以便辅助自然的手势。

3.3.3　小结

表 3.1

人类合作沟通的心理基础:(1)第一栏是猿类已有的,(2)第二栏是人类新发展的成分,(3)第三栏是人类版的沟通如何被反复性所转变。

	(1) 有意的沟通	(2) 合作沟通的第一道曙光	(3) 反复性⇒完全的合作沟通
(a) 沟通动机	请求	帮助、分享 →	合作的常规
(b) 沟通中的意向	理解目标 理解感知 实际推理	→ → →	共享的目标和沟通意图 共同关注点与共同基础 合作推理
(c) 沟通机制	仪式化的信号	模仿 →	沟通惯例

表 3.1 总结了目前为止我们谈论过的人类合作沟通的心理基础的各个层面,包括自然的与惯例的沟通,两者皆涉及共享意图。左边标示出的三个层面是:(a)沟通动机;(b)理解意图、理解注意力及实际推理所隐含的意向;(c)沟通机制的形式。第一栏(1)里是类人猿就这三个层面的应用状态:它们用仪式化的信号要求东

西,并能理解同伴的意图与感知,而做出实际的推理。第二栏(2)里是这儿特别强调的人类沟通的两个新成分:亦即帮助、分享这两个新的沟通动机,还有模仿行为的新能力(比猿类的模仿更高明,包括角色互换的能力),这使图像手势及后来的沟通惯例都得以实现。第三栏(3)描述了反复的看穿意图如何转化事情:它把帮助和分享转为彼此的期待或合作常规;把对目标和意图的理解,转为共同的目标和葛赖斯式的沟通意图;把对别人注意力的理解,转为共同的关注点和共同基础;把实际推理转为合作推理;把模仿的信号转为双向的、共享的惯例。这种依靠反复性的转变过程之所以可行,在个体演化和群体演化史上须借助不同的方法,我们很快就会论及这一点。

3.4 结论

此章旨在通过观察人类自然的手势及其运作方式,揭露人类沟通隐藏的心理基础。以手指物作为一个完整的沟通行为,看似简单(不过是一根伸长了的手指),却让我们不禁要问它如何能以那么丰富的方法沟通。在正确的情境下,以手指物能像语言沟通一样丰富,它把接收者的注意力引导至对事物的观点上,也能代表不在场的物品,这些功能通常是语言才独有的。图像手势则以特定的方式指涉东西,尤其是不在现场的东西,它们也可用来传递高度繁复的讯息。这两类自然的手势是所有人类都会运用的,而且只有人类才会。

以手指物及比划示意所含有的这些"附加价值",来自共享的意图基础,因此我们把这种人类的沟通模式称为合作式沟通。在

第三章 人类的合作沟通

这个模式中:(i)意欲沟通和接收讯息的人,创造了共同的意图要成功地沟通,并依需要彼此调整;(ii)人类的沟通行为,以共同关注点及对当前情势所掌握的共识为基础;(iii)人类基本上因为利社会动机而表现出沟通行为来,例如告知对他人有助益的事,并与他们自由分享情感和态度;(iv)沟通的人类之所以能如此运作,是因为参与沟通的人有共享的预设立场(或有共享的常规),会期待大家都彼此合作;(v)人类的语言惯例,如最高端的人类话语,基本上是共享的,因为我们都知道,大家都在以同样方式运用同一套惯例。

其他灵长类的沟通,不会这样以共同意图、共同关注点、彼此假定的合作动机、沟通惯例作为结构规划;它们只会企图直接预测或控制其他同伴的个别目标、感知与行为。我们下一章马上会谈到,人类婴儿在发展语言之前,就会以合作方式规划他们的手势沟通结构,他们这么做的时期,恰好也与成长阶段出现共享意图的时间约略相同,同时,共享意图也表现在其他的合作活动上。

第四章 个体演化发展的起源

  并非红这个颜色取代了红这个字,而是指着红色物体的那个手势取代了红这个字。
  ——维根斯坦《大打字稿》(*The Big Typescript*)

  如果我们研究婴儿早期的发展,往往最容易看出那些复杂的技巧是由哪些成分组成,它们彼此之间又如何运作。人类合作式沟通最重要的证据,来自个体发展上一切是怎么运作的。再者,手势作为完整的沟通行为(不靠语言),近来有深入的研究,尤其是以婴儿或年幼的孩子为对象的实验比成人研究还多。许多儿童的实验,直接跟我们所谈的沟通程序的几个关键成分有关,有些甚至能帮我们解决比较困难的理论争议,如共同关注点和共同基础所扮演的角色这些问题。

  对个体发展的一般兴趣,除了可以验证我们的模式及其成分外,我们在这一章里也要提出三个特别的问题,这些问题和第一章解释过的三个总体假说都有关系。第一个问题,不会说话的婴儿所使用的手势沟通,是否和成人完整的合作沟通结构相似?这个结构上一章我们刚讨论过。如果是的话,便可显出人类的合作沟通不需要直接仰赖语言(这一点无法从观察正常的成年人而得知),也会让人类合作沟通肇始于手势沟通的这个演化上的假设,显得更加合情合理。

第二个问题，人类个体成长时产生的合作沟通，是否与更一般技巧的产生及共享意图动机的产生都有关联？因为其他的社会与文化活动中，也都看得到共享意图，例如，一般的合作式社会互动，都与共享意图有关。如果是这样，便支持了上一章我们做过的分析，人类合作沟通的这种技能之所以行得通，归功于人类彼此都有共享的意图，让大家具备了社会认知和社会动机这些技能的基础。这一点也会让另一个演化论假说更加合理，那就是人类的合作沟通，是为了因应更大的调适，以顺应合作活动及一般的文化生活。

第三个问题跟语言有比较特别的关系，亦即人类个体成长时，在发展出语言能力前所依靠的手势沟通，如何过渡到语言的沟通。我们特别想知道，人类早期习得及使用语言惯例，是否也像婴儿一开始用手势沟通时一样，都得依赖相同的共享意图基础？如果答案是肯定的，便表示语言惯例的习得，也主要依靠社会认知技巧及动机，早期的手势沟通就已展现出这些技能了。我们也想知道小孩子两种不同的手势（以手指物及图像手势）是否跟早期的语言有不同的互动方法，这样我们便晓得，人类演化上都是先由比较自然的形式，再过渡到约定俗成的沟通方式。

4.1 儿童的以手指物

西方文化下大部分的婴儿在满了周岁，但还没有开始认真学得语言之前，就会开始以手指物，有的证据表示，这种现象即使不是全球共通，但在许多文化里都有（Butterworth 2003）。因此我们一开始的核心问题在于：婴儿以手指物的动作，有多大程度、又有哪些方面和成人版的沟通手势相同？它是否也像我们刚谈过的成人沟通，具备复杂的社会认知技能？另外我们也想了解婴儿的图像手势。可惜很少有研究，尤其是实验性的研究，专门调查婴儿在发展阶段早期如何习得并运用图像手势。因此我们的程序是探索婴儿以手指物的合作模式，特别是它的不同成分，以弥补这方面研究的不足。虽然所知有限，我稍后会先大略讲述婴儿怎么学会使用图像手势，并探索他们接着如何由此过渡到语言沟通。

4.1.1 儿童以手指物的情境

一般传统的解释里，儿童靠以手指物沟通有两个动机：一是请求（命令式）（imperatives），二是与人分享经验或感情（陈述式）（declaratives），这两类出现的时间并无年龄先后的分别（Bates, Camaioni and Volterra 1975; Carpenter, Nagell and Tomasello 1998）。奇怪的是，没有人能说明以手指物在个体发展上从何而来。讲得清楚一点，没有人知道以手指物是否为儿童从其他行为仪式化而来，或是孩子们借由模仿从他人学来。由于许多猿类有求于人时也会"以手指物"（它们当然不靠模仿而来），而且有些以手比划的动作，又好像是人类社会中放诸四海皆准的，因此目前最合理的假设是，婴儿以手指物的手势不是靠模仿别人学来；他们天生自然而然就会了，也许这是一种非社会的启蒙行为（nonsocial orienting action），经由与别人的互动而社会化了。不过直接相关的研究付之阙如，有可能连完全社会化的手势也不需依靠学习。或是一开始时虽然不必学习，模仿仍然扮演一定的角色，因为孩子日后会渐渐注意到，他比的手势和其他人比的有某种相似性。这点我们现在尚没有明确的解答。

目前针对儿童以手指物及语言发展前沟通的理论争议，都集中在一个问题上,那就是我们所需要最精确的诠释,到底该承认孩子在认知上是丰富的、还是不完备的。也就是说,关键问题是,还不会说话的婴儿在沟通时,是否会尝试着去影响他人的意图或心理状态(Golinkoff 1986; Liszkowski 2005; Tomasello, Carpenter and Liszkowski 2007)?或者他们只以对他人造成某种行为影响为目标(Shatz and O'Reilly 1990; Moore 1996 and D'Entremont 2001)。与此相关的另一个问题是,还不会说话的婴儿在沟通时,是否会试着告知对别人有益的事,并与他们分享情感上的经验?还是他们仅限于叫别人替他们做事?我想提出的诠释法,是证明婴儿有丰富的认知,动机上也是利他主义的。

令人讶异的是,针对儿童日常生活里怎么以手指物这方面,系统性的研究少之又少。目前已有的研究,主要与儿童的语言发展有关,因此都是经由这面透镜来看待以手指物和其他的手势(如 Bates 1979),而忽略了其他更有趣更重要的方面。卡彭特等人(Carpenter et al. 撰写中)曾让几位父母观察八个小孩,看他们每天如何在日常社会互动的情境中比划。有些例子特别有意思,也别有启发,这些比划的手势,多半出现在孩子正式开始说话前(那时他们只会说简单的"不要"和"那里"等词):

  例十三:J 11 个月大时,指着关上的窗户,表示希望打开那扇窗。释义:注意那扇窗;把它打开。

  例十四:J 11 个半月大,当爸爸准备出门时,他指着门。释义:注意那扇门;爸爸快出去了。

  例十五:J 11 个半月大,妈妈帮他把水倒进餐桌上的杯子里,几分钟后他又指指杯子,要妈妈再多倒一点。释义:注意我的杯子;把它装满。

例十六:A 12个月大,从屋子里指着窗外传来飞机声音的方向(但还看不到飞机)。释义:注意飞机(的声音);有飞机真棒啊!

例十七:J 13个月大时,看着爸爸布置圣诞树;后来爷爷进来了,所以他比着树给爷爷看,还发出了声音。释义:注意那棵圣诞树;不是很漂亮吗?

例十八:L 13个半月大时,吃过饭就指着厕所,她想进去洗手。释义:注意洗手间;我要准备去了。

例十九:L 13个月大时,有一次妈妈在找掉了的冰箱贴,她指着一篮水果比给妈妈看它在那儿(被压在水果底下)。释义:注意那篮水果;冰箱贴就在那里。

例二十:两个小孩J和L 14个月大时,在家长不留意时出了个小意外;当家长来调查情况时,其中一个指着攻击的东西(可能是他撞到头的物品,或掉下来的东西)。释义:注意那东西;它打到我了/掉下来了。

例二十一:L 14个半月大时,妈妈正要把她坐的婴儿椅搬到餐桌旁,她就比着椅子该放那里。释义:注意那地方;就放那里好了。

从这些观察里,我们主要应留意的是:虽然细节各不相同,他们比的手势却跟成人的没什么两样。(尤其是J指着杯子要求妈妈加水,就像前一章里成人在酒吧的例一)。正如上一章那些成人的例子一样,孩子们每个人的社会意图皆不同。如果是跟请求有关,这些小孩不仅会指着他们要的东西(典型的命令式),也会指着当成年人要帮他们做事时可能用到的东西,譬如,他们会指着该开的窗子,或该添水的杯子。他们若要妈妈把椅子放在某处,也会指着餐桌旁的某个位置。这些显然都是要求，但却没有一个手势与典型原始的以命令方式取得物品有关，他们的比划本身，可以代表涉及的物品（如窗户），此时该做的动作（打开）就不必比划出来，不过有时比划也代表地方（餐桌旁的老位置），这时所涉及的物品及该做的行为（如椅子和推），不必明确比出来对方也知道。

此外，这些孩子也会因其他种种社会意图而以手指物，这些动机都与请求无关。例如，他们会指着爸爸准备走出去的那扇门、或是他们马上要去的厕所，也会指着飞机的声音、或是指给爷爷看对爷爷（而不是对孩子自己）新鲜有趣的东西，他们还会指着可以找回失物的地方、或之前发生过好玩的事的地点。这些手势都可以归类为陈述式的，因为孩子意欲引导或分享对某物的注意力，不过在这么多例子里，他们所要引导或分享注意力到什么事件上，却是南辕北辙；有的是声音，有的是别人没注意到的地方，甚至是以前发生过某事的地点。他们比手势的原因也大不相同，可以是期待某件事，或回忆目前不在眼前发生的事。这些与典型的陈述完全不同，因为陈述的内容通常是周遭环境里刺激新奇的事物。小孩子能够以手势表达不在场的事物（空的杯子、不见了的冰箱贴、听得到声音的飞机、过去的事件），特别值得我们关注，因为这证明了沟通不仅是在可感知的层面上进行，而且是在认知表达的实体这个心理层面上进行（下面会有更详尽的说明）。

以上这些沟通，多半都出现在孩子们开始认真习得语言之前。不过，表面上他们以手指物虽然和成人的手势颇类似（亦即不管在何种情境下，即使有共同基础，社会意图和指涉意图之间仍然差距很大），我们还是无法只凭自然的观察，洞悉这些有趣的沟通行为涉及哪些社会认知过程。所以我们必须辅以实验，调查其中涉及的社会认知和社会动机过程,可以直接研究以手指物的手势,或间接研究相关的发展现象。因此现在我们要看看新的实验证据,了解这些手势的主要成分,就像我们解释人类合作沟通的模式那样,来探究婴儿早期以手指物的比划手势结构如何。

4.1.2 沟通动机

文献上一般假设,儿童以手指物来自两个沟通动机:陈述与命令。我们却认为情况比这个更复杂。我们认为陈述的动机可以再细分为两类,而命令的动机则是一个连续体(continuum),包括下令(强迫)或建议(影响决定)。此外,为了把沟通和儿童其他的认知活动整合在一起,我们觉得最好应该由共享意图的观点看待这些不同的动机,也就是说,我们要理解儿童帮助别人并与人分享的技能和动机。

贝茨等人(Bates,Camaioni and Volterra 1975)最早提出陈述式手势时,说明它就像一般的陈述句,如"猫咪在垫子上"。这类的叙述具有真值(truth-value),可以拿来验证它们是否符合现状。可是后来的许多分析里,典型的陈述手势指的是,比如孩子指着远方有趣的动物,表现出他的情感,又和成人互相交换眼神。孩子对新的动物感兴趣而兴奋不已,他想和大人分享这种喜悦,所以他用手比着,希望大人能够分享他的反应。这不太像一般所谓具有真值的陈述句,因为动机非常不一样。因此我们应该区分:(i)表达式的陈述(declaratives as expressives),指的是孩子要与大人分享对某物的态度;(ii)告知式的陈述(declaratives as informatives),指的是孩子提供成人需要的关于某物的讯息(因为大人目前正缺乏这些信息)。实验研究表明,在儿童过头几年生日时,这些动机都是各自独立的。

李思科斯基等人（Liszkowski et al. 2004）设计过一组实验，诱发12个月大的儿童比出以手指物的陈述动机手势，而且是属于表达式的（例如新奇有趣的物品突然出现在眼前）。他们也在实验上控制大人的反应，以证实小孩的社会意图是与大人分享对新鲜事物的态度，而不只是让大人看着某个物品。大人回应小孩的手势方法有：(i)看着他比的事物，但不看着孩子。此假设表示，小孩只想把大人的注意力导向某事，而不在分享注意力和兴趣（事件条件）。(ii)对孩子有正面的情绪反应，但不去看他比的事物。此假设表示，小孩只想要大人注意他自己（Moore and Corkum 1994；Moore and D'Entremont 2001）（面子条件）。(iii)什么也不做。这是假设孩子只是自顾自比着，一点也没有沟通的企图（忽视条件）。(iv)一边看看孩子，一边又看看他比的事物，并给予情感上正面的回应。这里假设孩子希望大人去看他指的东西，以便他们一同分享对此事件的注意力和兴趣（共同关注/分享条件）。

研究者记录了小孩对大人的回应有何反应，以便理解他们以手指物的动机。结果显示，如果大人看着小孩所比的事物却忽略了孩子（事件条件），或是如果只给予正面情感回应而忽略了他比的事物（面子条件），婴儿会显得不满足。再拿来和共同关注条件做比较，也就是当孩子通常会持续地比着某个事物久一点时，前几个条件下（包括忽视条件下）的孩子，多半会在尝试中把以手指物的手势重复好几次，显然他们在表达自己坚持建立共同关注和兴趣的努力。另外，这些条件下（包括忽视条件）的小孩，在不同尝试中比划的次数，比共同关注条件下的还少。这显然在表达，他们对沟通伙伴越来越不满，因为那些大人竟然不晓得共享孩子对事物的态度。更直接的证据是,李思科斯基等人(Liszkowski, Carpenter and Tomasello 2007a)利用相同的实验设计,让成人看着小孩所要指涉的东西,但随着条件不同,大人对那物品的反应有:(i)表达感兴趣("好酷!")或(ii)表达不感兴趣("嗯……")。如果大人表现出兴趣缺乏,儿童就不会把手势比久一点,或多比几次,可能是因为他们了解大人并不共享他们的热情,重复几次试验后,他们比给那个大人看的次数越来越少,这与当大人显出感兴趣时的情况比较起来非常不同。这些实验结果,把儿童与大人分享态度的这种动机,从陈述式动机中独立出来,自成一个表达式陈述的子类,儿童希望大人不仅看着东西,也能对那个东西有和他们一样的态度。

第二类告知式的陈述,发生在孩子想要帮助大人(不带感情地),因此提供他需要或有兴趣的讯息时。此时比划的动机,最接近语言里多数的陈述句。要具备这种动机,儿童首先必须理解:别人对某事可能知情或不知情(证据请见 4.2.2),其次必须有利他的动机,愿意提供别人需要或想知道的信息。为了验证 12 个月大的婴儿以手指物时是否出于这样的动机,李思科斯基等人(Liszkowski, Carpenter, Striano and Tomasello 2006)把孩子放在不同情境中,让他们观察大人把东西放错位置了,或找不到某物了,所以开始东翻西找。这些情况下,婴儿会指着那个大人需要的东西(而不是指着那些用来分散注意力的东西,虽然那些东西也放错地方了,却不是大人所要的),他们这么指的时候,会表现出自己并不需要那件东西(他们不会哭着要,更不会想伸手去拿),也会显出并不愿意分享对那东西有何感情或想法。这些结果显示,当以手指物具备陈述性质时,孩子们不是像其他典型的陈述例子一样,只想和大人分享他们对某物的兴奋；他们的出发点只是想帮忙，所以提供了大人需要或想知道的讯息——因此这两种动机并不相同。

我们再回到命令式手势，有的研究员表示，借由以手指物表达的命令其实都很单纯，是基于儿童了解别人是因果关系的主体（causal agents）（而不是有意的或心灵上的），能促成某件事（如 Bates, Camaioni and Volterra 1975; Camaioni 1993）。这种观点的一部分基础在于，大家都晓得，有自闭症的孩子只会比命令式手势，而不会使用陈述式的，就像有的猿类与人互动时也这样。可是各种不同的命令式手势，其实形成了一个连续体。有些基于个人动机，目的在诱导或强迫某个因果关系的主体，去做自己想要的事：比方小孩可能指着玩具，希望大人帮他拿，因为大人是一种社会-因果的工具。其他的命令则基于合作动机，是为了告诉别人他想要什么，正如间接要求，目的在希望对方这个有意/合作的主体，会愿意帮助自己。

显然，人类儿童有时候比的手势是比较个人主义的命令，把成人当作社会工具，叫他们来替自己做事。但他们也有合作的命令手势，希望能看透接收者的意图/心理状态（知道他的了解有多少，有没有动机），比较个人主义的命令手势就不会如此了。我们还不清楚要拿出什么证据来才够说服力，能证明儿童偶尔也用合作的命令手势。有个间接证据是，即使孩子小小年纪时，就会比出明显具有合作意愿的手势，能够洞悉对方的意图/心理状态。也就是说，他们开始运用表达式及告知式陈述手势（如上所述）的时间，跟他们开始运用命令手势的时候一样早（Carpenter, Nagell and Tomasello 1998）。至于直接的证据则是（虽然这些例子都来自年纪较大、差不多30个月大的小孩),当孩子向大人要东西、而大人误解了他们要什么,但是孩子却阴错阳差地拿到了他们想要的东西时,他们仍会试着澄清误会(Shwe and Markman 1997)。这暗示着儿童在成长阶段初期,就理解他们的要求之所以奏效,并非靠着强迫大人去做什么,而是靠着告诉大人他们想要什么,那么大人知道了以后,就会同意合作、愿意帮忙。不过孩子究竟在发育的哪个阶段才出现这种认知,我们还不清楚。

因此我们的论点是,近来针对儿童以手指物的研究,把社会意图或动机分成三大类,就像大人的一样:(1)分享(与他人分享感情或态度);(2)告知(借由告知对别人有用或有趣的事来帮助他们);(3)请求(希望别人帮自己达到目标)。与成人相同,这三个动机都涉及帮助与分享的合作动机——这两种动机是共享意图中最主要的两类动机。出于不同动机的以手指物,被用来表达无数多特定的社会意图,前一小节里父母观察孩子所记的日志中那些例子,就是最佳的证明。

4.1.3 指涉意图

当儿童以手指物时,我们有很好的证据证明,他们希望对方注意到某个双方共同基础上相关的物品。这不是一个老掉牙的结论。穆尔和他的同事曾经怀疑,才12个月大的孩子是否就会比手势,把别人的注意力导向某个外界物品。因此穆尔和科克姆(Moore and Corkum 1994)评论道,早期的陈述手势多半以获取成人对自己的正面情感为目的,而穆尔和董特蒙(Moore and D'Entremont 2001)则表示,大人对小孩的反应,而非大人对外界实体的反应,可作为以手指物这个动作的增强物。这个持怀疑论点的证据在于，婴儿有时会指着大人已经在看的东西，因此不能说指的动作都是要引导别人去看新的事物，不然双方都已经盯着看的东西何必再指。

李思科斯基等人（Liszkowski et al. 2004）直接检验穆尔和同事们提出的假设，以确定 12 个月大的小孩的陈述手势，是否真的在引导成人去看某物，并借此来与大人分享他们对那个东西的态度。他们设计了几个情境，诱导婴儿在陈述的动机下比出手势，并用实验控制成人的反应。对于指涉物的主要发现是，当大人直接以情感回应儿童的手势，而忽略了他所指的东西时，孩子会表现出不满的样子，并重复指着相同的东西，似乎要把讯息修复过来，但是尝试几次后他们就不那么常指了，这再一次显示他们不满大人的回应，因为他竟然不看他们指的东西。利用同样的方法，李思科斯基等人（Liszkowski, Carpenter and Tomasello 2007a）更直接设计实验，让大人正确地辨识出小孩所指的物品，或是错误地辨识旁边另外一件东西（但两种条件都伴随着正面的情绪表现或眼神交流）。如果大人能正确选出孩子所比之物，孩子会继续与他分享注意力和兴趣，但如果大人挑错物品了，孩子会重复指着他们要代表的东西，让大人能理解他们在比什么。如果那个东西不是他们有意指给大人看的，孩子是不会满足于分享对这件物品的感情的。

非常有趣且重要的一点是，12 个月大的幼儿也会用以手指物的方法代表不在场的东西。上述的日志观察里有不少这类的例子，那些 12 或 13 个月大的小孩，会想以手势表示过去刚发生或将来快要发生的事。李思科斯基等人（Liszkowski, Carpenter and Tomasello 2007b）做过系统性的实验，让儿童接触某种提示物，诱发他们比陈述式手势，一段时间过后就把提示物移除。多数的孩子会指给大人看刚刚东西出现过的位置(不管他们对看得到的提示物有没有做出比划的动作),特别是当大人早先没有看到那东西的话。指着不在现场的东西这种能力相当重要,因为这表示,比划的婴儿所做的并非仅是低层次、行为主义式的事,他们不是要引导对方在肢体上关注那些可感知的实体,而是要引导对方在心理上注意某个他们心里明白、现在却无法感知的东西(亦请参阅 Saylor 2004)。

当儿童成长到 12 至 14 个月大时,他们便表现出能够理解指涉的行为是一种有意的行为,可以诱发他人注意某个外在实体,或注意这个物品的面貌,甚至是注意某个不在场的东西,这种有意的行为,是某种更大规模的社会行为的一部分。这个过程涉及的不只是简单的眼神追踪、手势追踪、获取注意力到自己身上。还涉及了沟通者要把接收者的注意力引导到特定物品上的意愿,以便接收者在根据两人的共同基础辨识出他所指之物及他的动机后,能做出所需的相关推论,而理解整个社会意图。

4.1.4 共同基础

从日常的观察中,我们可以假定,共同基础一开始就在儿童的以手指物中扮演了关键的角色,因为这些观察涉及了多种情境,儿童的手势也随之有不同的解读方式。不过要证实共同基础的角色,就必须证明这些情境真的是"共享"的或彼此知道的,这一点从他们的理解程度最能证明。不管是社会意图或指涉意图皆如此。

从社会意图来看,利霸等人(Liebal et al. 2009)让 14 和 18 个月大的孩子与成人一起收拾东西,把散落一地的玩具捡起来放进篮子里。实验中成人会停下来，指着其中一个玩具，儿童便把它捡起来摆进篮子里。不过当小孩与大人以这种方式收拾到一半时，第二个大人在不了解这种情况之下就突然走进房间，而且也像第一个大人那样指着某个玩具，这时孩子就不会把那个玩具放进篮子去，这可能是因为那个后来才进来的人，并没有参与他们之前共同的收拾活动。既然孩子没有与第二个大人互动过，他们便以为，他指着某个玩具只是为了请他们注意那个玩具（是一种表达式陈述）。两个例子里的儿童，都被引导着去看某样玩具；这两个情况下，他们也都了解大人的指涉意图，但是他们解读其中隐含的社会意图的方法却各不相同。很重要的一点是，他们解读的方法，不是依靠自己当前私人的兴趣，而是依靠最近与这些比手势的大人共享的经验（共同关注点、共同基础）。

至于指涉意图，莫尔等人（Moll et al. 2008）曾让一个大人对几个 14 个月大的孩子模糊地比着同一方向的三个东西（一个是目标物，两个是分散注意力用的），并叫小孩把"它"拿过来。在不同的实验条件下，这些孩子与那个大人之间先前共有的经验都不同，因此他们的共同基础也不同，所以孩子必须依靠不同的背景知识，才能明了大人指的是什么。实验进行中，在大人做出他的要求之前，目标物会出乎意料地突然出现、消失但又在别处重新出现，大人则和孩子兴奋地分享对这个东西的看法（至于另外两个分散注意力的东西，他们就只是以平常方式接触到）。这种情况下，孩子多半会把目标物交给大人，因为那是他们与大人共享过的东西，不像其他两个无关紧要的物品——他们是基于先前的共同基础而做出这种回应。在另外两个对照组实验条件下，他们就不会这么做了。其中一个对照实验是，一位新的大人做出要求，因为孩子与他并无共同基础,于是就随便拿个东西交给大人。另一个对照实验中,做出要求的大人之前曾经(以同样的方法)独自跟那物品有过经验,但小孩只是看着,好像没有太注意;这时双方同样欠缺共同基础,孩子依然会乱选东西。因此,如果孩子遇到大人要求某个不特别明确的东西,他们不会以为提出要求的人所想要的,是孩子本身十分感兴趣的那个东西(否则换作是别的大人做出请求,他们照样会把目标物挑出来)。他们也不会以为做出请求的人,是在要求他自己感兴趣的东西(不然他们也就会去拿目标物了,因为他们曾经看到提出请求的人对那个目标物非常感兴趣)。相反地,孩子会假定大人所要的,是那个他们两人在最近的共同基础上,曾经一起感到兴奋的东西。

4.1.5 彼此对帮助及合作推理的期待

一般说来,即使才一岁大的小孩,都会期待别人以试着理解来回应他们的沟通行为,他们也期望自己有所要求时,别人会提供协助,并接受他们所提供的讯息,或适时与他们分享。这算不算是双方相互的期待,目前还没有研究直接调查过。不过小孩似乎可以根据合作推理及共同基础,做出相关的推论——例如,贝内等人(Behne et al. 2005)的选物品实验,还有上述利霸等人(Liebal et al. 2009)及莫尔等人(Moll et al. 2008)的研究,都证实了这一点:孩子之所以愿意沟通地合作,至少一部分是因为他们知道,大人期望他们这么做。在困难的情境下,孩子会通过对讯息本身的查询及修正,来与大人合作"协调"欲表达的讯息(Golinkoff 1986)。

另外有证据显示,一岁的孩子就了解葛赖斯沟通意图的本质,这让前面我们刚探讨过的诠释方式显得更可信了。所谓的葛赖斯沟通意图,是指"我们一起知道"或大家"彼此清楚"我对你有所求,这是基于双方对助人一事有彼此的期待。首先,满周岁的孩子在自然的社会互动中,就能明确地"为"他人做出沟通行为,他们会确定对方正在注意着,才把手势比出来,也会依靠眼神接触等(Liszkowski et al. 2008)。他们也能辨认别人明示的线索,知道对方的那些行为是特别"针对"他们的(参阅 Csibra 2003 论儿童能辨识别人对他们的沟通/教育动机)。不过最强有力的证据,来自下面两项实验。

第一个实验是贝内等人(Behne et al. 2005)的选物品实验,第二章曾介绍过,实验组的条件下,儿童须依据告知的手势推断出玩具所在,而对照组的条件下,大人把伸出的食指对着篮子无心地比着,好像在细看自己的手腕似的。然后他抬起头来看着孩子,表面上他的动作跟实验组相似,因为他也对着正确的篮子伸长手指,并把眼神在孩子身上及正确的篮子之间交替着。唯一不同的是,对照组里的大人,不像实验组一样直接看着孩子,表达出他希望孩子晓得这是一种沟通行为;对照组里的大人只是不经意地看着,仿佛只想知道孩子在干什么——这时大人没有表现出以手指物是个明示的行为。14 个月大的儿童,并不把成人这种偶然伸出手指及不经意看着的动作视为是"针对"他们的沟通行为,因此不会做出适当的相关推论。换句话说,儿童不认为大人在告诉他们玩具藏在哪里,所以不像实验组那样找得出玩具来。不管这个实验里特定的提示是什么,一般公认的事实是,年纪小的儿童看到伸出的手指时反应如何,取决于大人是否希望他们把这根手指看成有意的沟通行为。

第二个是徐伟和马科文(Shwe and Markman 1997)的研究,

实验对象是年纪稍大，约 30 个月大的孩子。实验里的小孩向大人要一个他想要的东西。在两种不同条件下，孩子都会得到他们要的物品，不过其中一组条件是，大人表示他完全理解孩子的需求，而另一组条件下的大人却表示，他以为孩子要的，是旁边的另外一件（错的）东西——所以大人告诉他不能给他那个，而把小孩其实真正想要的（阴错阳差地）给了他。在这个特别有趣的条件下，孩子想要的东西的确到手了，可是他的讯息却没有被大人清楚地理解。这个情况下，孩子仍然会更正大人的误会。这暗示了儿童不但有得到东西的目标（社会意图），也有与大人成功沟通以达成目标的意愿——他们希望正确无误地完成这两项目标。

不过我们还得承认，儿童对这些情境的理解，并非完全像大人那样。年纪更大的孩子及成人，才对葛赖斯沟通意图有全盘了解，这种理解最明显地包括，他们知道隐没身份和隐瞒是怎么回事——譬如故意把自己的空酒杯放在主人看得到的地方（以便再添酒），却又不透露他做了这件事。成人出于礼貌或其他的隐瞒需要，常会如此隐没身份，但一两岁大的幼儿似乎还不会这么做。因此我们认为，儿童能够理解比较原始的沟通意图，也就是说他们了解沟通者的行为是"为了"某人好，但他们不晓得成人那种全面的、包括隐没身份和隐瞒的沟通意图结构，他们要等到三四岁大时才能理解。这种理解的基础，也许在于他们能够明白并控制特定的手法，让原本并无区分的沟通意图借此表达出来，被人所理解。所以要等到儿童发展了其他更成熟的技巧，能辨别一般共同关注的互动中涉及的不同观点才行（Moll and Tomasello 2007b）。

我们也还不太清楚，儿童对帮助的期待是否真的是相互的或共享的，也就是他们是否真的知道，他们的沟通伙伴对自己也有一样的期待，而且也知道某甲对某乙有这些期待，如此依此类推。有个可能是，孩子生来就如施佩贝尔（Sperber 1994）所说，行事皆以天真的乐观主义为准则——他们基于某种启发，一开始就假设会有个合作环境，并假设人人皆如此。但是过了一段时间，儿童就越来越理解这个程序。最重要的是，他们会慢慢知道别人*理应*沟通地做事，*理应*依照要求帮助他人，如果对方不按照应该做的去行事，自己可能会被冒犯，这时他们开始出于礼貌行事，因为符合礼节的常规才能规范一切。幼儿在其他领域的活动中，通常不会遵循这些礼貌的常规，一直要到学龄前的儿童才会（Kagan 1981），因此一开始他们依循的，应该是比成人更单纯的常规。不过目前我们对这一切，所知实在有限。

4.1.6 小结

此处所呈现的资料，强烈地道出儿童从一开始会以手指物时，就知道最重要的人类合作沟通是如何运作的——他们从心灵的层面、在共同的概念基础下沟通，有合作的动机，因此展现出一种以完整的社会认知为基础的，接近成熟的合作沟通。大部分的幼儿满周岁左右虽还不会说话，就会以手指物了，这表示以人类个体发展来说，合作沟通的基础一开始不是靠语言来支持，而是靠手势来辅助。正常条件下成长的孩子，通常一出生就处于语言丰富的环境，因此很重要的是，我们也该注意到，听力正常的父母所生的听障儿童，虽然基本上一生下来就没有接触过惯例的语言（口说的语言或手语），也会正常地在大约相同的年龄，开始使用指的手势（Lederberg and Everhart 1998；Spencer 1993）。

虽然儿童似乎了解，沟通者怎么借由将沟通意图对彼此表明而达到社会意图,他们却不会刻意隐没身份或欺骗,因此他们很可能不明白成人世界里这种复杂意图的内部结构。同样地,也没有证据表示儿童一开始就了解,整个沟通程序是否由任何常规所操控。关于这两个话题,都还需要深入地研究。

4.2 儿童以手指物的来源

所有关于成长的研究分析里最基本的一个问题是,为什么有的能力会在个体发展的某个阶段出现？就儿童以手指物来说,是在11到12个月大的年纪时。能够回答这个问题,就能提供其中涉及的认知和动机技巧等重要讯息,并知道这些技能彼此有何关系。所以现在我们想知道的是,儿童借由以手指物的手势所体现的合作沟通技巧,在个体发展上从何而来。我们的答案,形式上是一种动力学系统的模式,上一章里提出的各个成分其实是独立发展的,然后才在新的合作沟通功能中,协调一致地综合在一起。这样的解释,支持了一个假设,就是共享意图的技巧与动机对沟通程序至关重要,因为在个体发展上,要等这些技能和动机都齐备了,合作沟通才会涌现,从儿童与他人合作的一般活动中,就可说明这一点。

4.2.1 三个月大的婴儿为什么不会指？

令人讶异的是,人类以手指物这种明确外显的行为模式,差不多在三个月大时就出现在婴儿的感觉运动行为里(Hannan and Fogel 1987)。这么稚嫩年纪的幼儿,常会把手做成特定形状,并把食指伸长,有时还会伸好久,其他灵长类动物却似乎不会这样

(Povinelli and Davis 1994)。婴儿以手指物的动作，应该是在发育三个月大时就完备了。不过显然，这个年龄的孩子还不会用那些手势来达成社会或沟通功能。

也许有人要辩称，这么小的婴儿根本不具备沟通所需的社会动机。但这么说其实不对。上一章里我们已经说过，现在我要再重申这一套解释，我们假定的基本沟通动机有三种：请求、分享与告知。这些代表了自然的人类沟通动机，每一种都有各自的演化源头（见第五章）。它们在个体发展上也各自有不同的起源，其中至少有两种的出现，比任何的有意沟通都还早。

首先，婴儿才几个月大，通常就会开始要大人帮他们做事了。他们想吃东西或想要别人哄时，就会哇哇大哭，大人这时通常会以帮忙做回应。婴儿于是学会，只要他哭大人就会有反应，于是哭就仪式化为一种起头的哭诉或抱怨（incipient crying or whining）：一种以声音改变意图的行为。抱怨代表了命令式要求的根源，但那时孩子其实还不知道这一切在意向上如何运作（成人必须先理解孩子哭了，才能决定如何行动）。年幼的孩子用手势或语言做要求时，会诉诸于特别的要求式语调，而他们以起头的哭诉作为抱怨的手法，正是日后发展出这种语调的自然基础。

其次，几个月大的婴儿，就能和别人在社交上互动，并与他们以面对面二元交流的方法分享感情，这种交流有时可称为原始会话（protoconversation，Trevarthen 1979；Rochat 2001）。斯特恩（Stern 1985）曾描述过一种情感调整（affective attunement）的过程，大人和小孩会彼此配合对方的情感，而且是以多重模式同时进行。这些丰富的情感交流，是表达式陈述手势的基础，但这时的婴儿也一样还不明白这些交流如何在意向上运作。这些交流里所表现的情感,如兴奋、惊讶,也正是再过几个月后,那些儿童笑着指着某物时,用表达式陈述手势所表现出来的情绪。

第三种告知动机,与请求、分享的沟通动机不同,因为它在早期的幼儿身上是看不见踪迹的。如果像我们所议论的,告知的基本动机在于提供他人所需的信息以帮助别人,那么它最基本的先决条件是,我们得理解别人的目标,并对知识和讯息有所了解。就目前的研究来看,儿童最早具备这两项先决条件的年纪,是在 12 个月大时。所以他们差不多是在 12 至 14 个月大左右,第一次明白帮助别人是怎么一回事,他们看出别人有目标,知道自己可能帮得上忙(Kuhlmeier, Wynn and Bloom 2002;Warneken and Tomasello 2007),他们也大约在这个年龄,知道人对事物有知和无知之分(Tomasello and Haberl 2003)。因此与前两种动机恰恰相反,告知动机的出现,要等到孩子能理解别人是有意的主体,而这些主体既能助人也需人助时——这里的帮助,也包括提供信息给无知的人。对他人提供协助通常不会伴随着丰富的情感表现,所以告知式的手势和语言,通常也都不会伴以强烈的情感表达。

如果婴儿才三个月大,就能把手弄成适当的形状,而且在同样年纪时就至少具备两种适当的动机,那他们为什么不能沟通式地为别人以手指物呢?答案是,要开始有原因地把别人的注意力引到某物上,婴儿必须具备完整的社会认知、社会动机基础,这两者是成熟的人类沟通的一大特色,但是这么小的婴儿,却还没有个人意图或共享意图这些必备的技能。

4.2.2 两阶段的九月革命

9 个月大时,儿童开始展现一连串新的社会行为,因为他们已经有能力理解别人跟自己一样,是有意、理性的主体,他们也有能力和别人从事涉及共同目标、共同意图及共同关注焦点的互动(共享意图)。以下是几个最佳例证,说明儿童最早要能开始理解个人意图,主要的先决条件有:

- 至少在 9 个月大时,儿童就知道别人有目标,也就是说知道别人会有想要的东西(如 Csibra et al. 1999; Behne, Carpenter, Call and Tomasello 2005),甚至更小的孩子就可能知道这一点了(Woodward 1998)。
- 至少在满周岁时,儿童理解行动者要主动选择方法追求目标,也就是他们要先有意图,此时儿童也能感觉某种合理的原因,知道对方为何选择某个特定手段而不选别的(Gergely, Bekkering and Király 2002; Schwier et al. 2006)。
- 如果不是更早,那么至少在满周岁时(Woodward 1999),儿童就能了解别人看得见东西(Moll and Tomasello 2004),满周岁时,他们也了解行动者会有意地只选择事情的一小部分来关注(Tomasello and Haberl 2003; Moll et al. 2006)。
- 至少在 12 至 15 个月大时,儿童能够晓得别人知道什么,或是说他们晓得别人"熟悉"什么(如 Tomasello and Haberl 2003; Onishi and Baillargeon 2005)。

儿童一旦对他人有这些理解,就会开始对他人的行为做实际的推理;说得明白些,就是他们可能会开始推论为什么某某人会做某某事,而不做另外一件事,他们会思索,这是不是意味着那人将来还可能做些什么事。

这些还不足以发展为合作沟通。第三章我们强调过，合作沟通要能运作，儿童必须能与他人建立共享的概念空间或共同基础——这是共享意图的一个基本技巧。正常情况下，它有助于提供一个有限的范畴，让指涉意图所能代表的事物范围缩小，也会降低社会意图所可能包含的各种动机，这样接收讯息的人才能做适当的相关推论（沟通者也才能划定一个沟通行为，让对方的推论更为容易）。以下是几个绝佳的例证，说明共享意图首次出现时，所需要的几个关键条件：

- 至少在 9 至 12 个月大时，儿童开始和别人参与三元的共同关注事件，建立合作沟通所需的共同基础（Bakeman and Adamson 1984；Carpenter, Nagell and Tomasello 1998）。

- 与此相关地，至少在 12 至 14 个月大时，儿童已经知道，哪些东西是他们先前与别人共同关注、彼此经验过的，哪些又是没有的。换句话说，他们不仅知道我们一起看到什么（共同关注点），也了解我们从早先的经验中一同知道了什么（Tomasello and Haberl 2003；Moll and Tomasello 2007a；Moll et al. 2008）。

- 至少在 14 个月大时，儿童已经能与他人建立共享的目标和意愿，譬如他们会一起合作从事问题解决的活动（Warneken, Chen and Tomasello 2006；Warneken and Tomasello 2007），而更早的具备共同意图的互动，也许可以证明他们满周岁前，已经可以与人形成共享的目标（如 Ross and Lollis 1987；Ratner and Bruner 1978；Bakeman and Adamson 1984；Carpenter, Nagell and Tomasello 1998）。

所以才几个月大的幼儿,已经具备了些许以手指物所需的能力,如适当的手形,至少两种适当的动机。但是接下来好几个月,他们还是无法开始比划沟通,因为他们还不了解他人是理性的主体,他们也还没开始建构共同的关注框架及共同基础,来帮他们以三元方式,运用有意义的方法,为他人指涉周遭环境里的事物。然而,在 9 至 12 个月大左右,儿童一旦开始以这种方式了解他人,与人互动,就会开始知道如何以手指物与人沟通。再加上成人式的以手指物也在周岁时涌现(如上一节所述),这种发展上的同步显示,儿童早期的沟通手势,正如我们在此所提出的合作式人类沟通,都要依赖这些个人与共享意图的技巧和动机。

只可惜我们还没办法靠观察儿童自然的发展,来确定他们一岁左右出现了沟通手势,是因为那时个人或共享意图技巧其中之一也首度出现了,或是因为两者都出现了,因为这两者在个体发展上本来就会一起出现。不过比较人类和黑猩猩的资料显示,共享意图的技巧在此尤其重要,因为独特的人类合作式沟通全靠它支持,没有这些技巧,那些理解别人是有意的主体的人类幼儿,就只会有意地沟通,而不会合作地沟通。其他的例证则来自患有自闭症的儿童,他们只会命令而不会陈述式地以手指物(表达式陈述是一定不会的,告知式可能也不会,因为还未试验过)。自闭症儿童具有某些技巧,能够理解有意行为的基本原则,他们知道别人有目标,而且看得见事物,这些技巧能支援命令式手势,至少比较个人化的那种以手指物应该不成问题(Carpenter, Pennington and Rogers 2001)。相反地,自闭症儿童共同关注的技巧就很差(参阅 Mundy and Sigman 2006 的评论),合作的技巧也是(Liebal et al. 2008),也许正因为如此,他们才不会陈述性手势。对于自闭症患者,共同关注的技巧与沟通能力间的相互关系十分重要,自闭症儿童如能学会从事共同关注的行为(就协调视觉注意力来说,通常是那些操作化行为),之后就能学会其他更复杂的手势和语言沟通技巧(参阅 Mundy and Burnette 2005 的评论)。

4.2.3 小结

图 4.1 简单描绘了儿童成长的过程——这是个很粗略的动力系统模式。我们这方面的知识仍然很原始,因此还无法提供详细的答案,来解答儿童如何学得各种沟通活动,这个问题有待将来更多的研究调查来厘清,并通过实验来决定前因后果,才能了解人类个体发展中所涉及的众多技巧、动机,如何在时间上运作。现在我们要强调的要点只有两个。一、儿童以手指物的三个动机必须分开来看,以个别的发展加以解释,因为每个动机都代表了基本的社

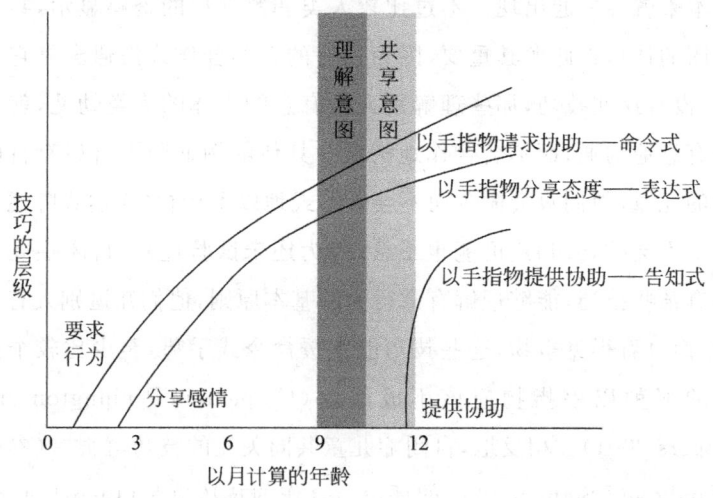

图 4.1 以手指物的合作沟通在发展上首次出现的时程表

会互动模式,有各自的演化基础,对沟通与接收者双方都有利(见第五章)。二、虽然在发展上许多其他成分可能完备了,儿童还是要等到他们的共享意图技巧在满周岁时首次出现后,才会开始以手指物合作地沟通(因此这些技巧是"控制参数"(control parameter),可以制约涌现的年龄)。

另外很重要的一点是,目前的解释中,我们不认为满周岁的幼儿具备成熟的合作沟通的完整结构。他们似乎还没有完全掌握葛赖斯沟通意图或合作常规的所有方面。共享意图的这些方面,在孩子认知发展的其他领域里,也都要等到三四岁时才会涌现,因此这一点进一步证实了,儿童合作沟通的技巧非得依赖他们更一般的共享意图技巧稳固了才会出现。

4.3 早期的比划示意

目前为止,我们一直避免谈论儿童以手指物以外的其他手势,因为这方面相关的研究较少,对于其本质和习得方式,我们所知也比较有限。不过其他手势对我们的论述仍然很重要,尤其是怎么由它过渡到语言。其中尤其重要的,当然是图像手势(比划示意),因为这些手势可算是象征或表象性的,而以手指物却不是。此外,图像手势是绝对明确的(categorical)——沟通者要接收者去想象某个"像这个样子"的东西,而以手指物的功能则通常不在此。

4.3.1 惯例的和图像的手势

上一章我们探讨过,除了以直示法(deictically)引导他人的注意力到某物上,譬如用手指着东西之外,我们还可以借由图像法比手势，让别人去想象是什么东西，换言之，我们可以比划示意。但是我们还需要有创意才行。人的许多手势都是惯例而来，比方，"OK"、打招呼、告别、表达不雅讯息的手势等，这些手势在图像上跟它们所代表的内容没有明显的关系（也许历史上这些手势曾经一度与内容有关）。有些研究专门观察满周岁后的幼儿最早如何使用手势沟通，这些研究把非直示法的手势分门别类，发现那些手势几乎都是约定俗成、从大人模仿而来。例如，艾弗森等人 (Iverson, Capirci and Caselli 1994)的报告指出，摇头代表"不要"、挥手代表"再见"、举起手掌代表"都不见了"、手臂举高代表"好高"、吹气代表"太热了"、挥动两只手臂代表"小鸟"、喘气代表"小狗"等。艾奎朵和古德温(Acredolo and Goodwyn 1988)也系统性地研究过周岁后开始出现的"幼儿手势"(baby signs)，但是其中个别差异比较大。一般来说，使用约定俗成的手势，其实比单独使用以手指物的手势少见得多(Iverson, Capirci and Caselli 1994; Camaioni et al. 2003)。

　　许多证据显示，儿童习得并使用约定俗成的手势，基本上与他们习得并使用语言惯例的方法相同。首先，儿童差不多在同样年龄习得这两种惯例(Acredolo and Goodwyn 1988)，这表示两者所需的社会认知基础相同；另外学习约定俗成的手语的儿童，如美国手语，也差不多在一样的年纪习得最早的几个惯例的手势(Schick 2005)。其次，实验中，代表物体、新的、任意的手势，跟代表物体的新词汇一样容易学得(Namy and Waxman 1998; Woodward and Hoyne 1999)。第三，孩子接触这些手势的频率，以及大人在叫名字游戏里把这些手势介绍给小孩的方法，都会影响他们习得手势的成效，正如这些因素会影响到儿童如何习得语言惯例一样

(Namy, Acredolo and Goodwyn 2000; Namy and Waxman 2000)——这证明手势和语言的学习过程非常类似。

约定俗成的手势中,有一大部分是图像的,但我们不清楚儿童是否注意到这点,或会去使用这些手势,因此这些手势就更像任意的语言惯例了(Tomasello, Striano and Rochat 1999)。所以学习惯例手语的儿童,既接触到图像手势,也接触到任意的手势(或符号),但是他们并不特别偏好学习图像手势,学这类手势也不具有年龄上的优势(Folven and Bonvillian 1991; Orlansky and Bonvillian 1984)。另外在实验中,18个月大的儿童对于学习图像手势来代表物体的爱好,并不特别胜过学习任意的手势(Namy, Campbell and Tomasello 2004)。目前还没有说服力十足的研究可以证明,年纪非常小的幼儿就能理解手势或其他沟通媒介里的图像性。

至于发展早期真正有创意的图像手势呢?这方面的研究几乎没有。但卡彭特等人(Carpenter et al. 撰写中)曾经报告过,他们从每日的观察中发现,儿童在满周岁的几个月后,立即会开始比划几乎是自发创造的图像手势。这些虽然罕见,但那些被观察的幼儿,在不同的场合下都曾经比过一次以上的这类手势。

例二十二:13个月大时,A嬉闹地做出咬东西的动作,来表示他不应该对某物做出这个动作。释义:注意我咬的动作;我想对那个东西这么做。

例二十三:14个月大时,A把头侧向一边,告诉妈妈她应该怎么把篮子从头上甩下来。释义:注意我的动作;跟着做吧!

例二十四:14个月大时,A"拨弄"(finger)自己的胸部，看着妈妈并对她笑，因为她身上的衬衫有一丝丝的线，让他手痒想去玩玩。释义：注意我的动作；我喜欢你那几条线（我想这么玩你衣服上的线）。

例二十五：17个月大时，A比划着把一团纸弄皱，希望对方照着他这么做。释义：注意我的动作；跟着做吧！

听障儿童如果没接触过任何惯例的口说语言或手语，也时常会运用图像手势，可是他们怎么学会比这些手势（如，有多大程度是从成人学来），却一直没有被广泛地研究过（Goldin-Meadow 2003b）。无论如何，要比划这些创意的图像手势，孩子必须具备模仿、模拟、象征性表象（symbolic representation）或伪装等技巧，也就是说他们要能执行一个熟悉却不真实的动作，才能带出它正常的效果，但这只是假装的，目的在于沟通跟现在看不到的那个动作有关的事。很重要的一点是，儿童在比图像手势时，要能把在正常情况之外（模拟、伪装、表象）执行某个动作的能力，与对葛赖斯沟通意图的了解结合在一起。这是因为，第三章我们谈过，手势若不能把模拟的动作与它代表的某个沟通意图联系在一起，那么对方可能只会以为他的行径怪异，是在假装玩乐，而不是在试图沟通某个不在场的情境（参阅莱斯利（Leslie 1987）所说的论点：有必要将伪装的动作与真实行为"隔离"开来）。创意的图像手势涉及了象征性表象，是为了人际沟通的目的而产生，但是以手指物的手势则是代表在场的实体，因此两者的功能不同。

目前几乎没有相关的研究，探讨刚开始学语言的幼儿是否理解图像手势，但我们可以假设，要理解这些手势，必须具备解读以手指物的手势时所需的所有基础，如共同关注框架、三个层次的意图和实际推理、彼此对合作的期待、葛赖斯沟通意图等，此外还需具备象征性配对(symbolic mapping)的能力。在我们持续进行的研究中发现,年纪太小的幼儿对理解这些创意图像手势感到困难,不只是当这些手势被用来要求物品时(如上所引的 Tomasello, Striano and Rochat 1999),就连模拟这些手势给小孩看,告诉他们应该跟着这么做以解决问题时,他们都不太容易明白大人在干什么(Haimerl et al. 撰写中)。德洛旭(DeLoache 2004)的研究也指出,如果媒介物是物理自然界的,幼儿对象征表现会特别感到困难,例如一个房间空间分布的模型图。

虽然目前的研究付之阙如,很清楚的一点是儿童在一岁过后,使用约定俗成手势的频率远低于以手指物的手势,自发运用的图像手势就更少了。这意味着以手指物(亦即把注意力导向周遭环境的某物上)对幼儿来说,是比较简单、自然的沟通方法,比运用图像手势容易多了,况且早期约定俗成的手势,在许多方面都较类似语言的惯例,而较不像图像手势。从人类演化来看这些事实,我们可以得到一种启发,最原始的人类合作沟通方法(所谓最原始,指的是最早或最先的),是通过以手指物的手势,至于图像手势及约定俗成的手势,就必须有额外的技巧才行,其中最主要的是模仿及象征表象的技能。

4.3.2 图像手势、伪装和语言

个体发展上很重要的一个事实是:儿童进入生命的第二个年头后,非直示手势(亦即约定俗成、图像的)出现的频率,与以手指物比起来其实减低了(Iverson, Capirci and Caselli 1994; Acredolo and Goodwyn 1988)。最常见的解释为,儿童在这时候开始学语言,约定俗成、图像的手势,便跟语言惯例一起竞争,但以手指物却

不跟语言冲突。也许这是因为图像和约定俗成的手势及语言,都涉及象征性表象与指涉物的归类,但以手指物却与此无关。

好几个实验研究的结果,都得到了这个结论。首先,布雷瑟顿等人(Bretherton et al. 1981)发现,早在满周岁开始,幼儿就开始喜欢以手势比着某物,之后年纪渐大,学会语言以后,就比较喜欢运用语言了。其次,奈密和韦克斯曼(Namy and Waxman 1998)发现,满周岁的孩子学习任意的手势及词汇时,两者成效一样好,但后来在两岁左右,认识的词汇越来越多,所学的任意手势也就越来越少,这是因为他们开始专注地学习语言。随着图像、约定俗成手势的使用率越来越低,儿童两岁以后使用以手指物手势的频率却增加,当他们开始学语言时,以手指物也融入语言学习的过程中,譬如,许多儿童最早出现的复杂沟通,都是结合了惯例的词汇与以手指物的动作,词汇和手势各自代表了指涉情境不同的方面(Ozcaliskan and Goldin-Meadow 2005)。

这些资料暗示着,以手指物手势的基本功能和语言沟通不同,但图像手势及约定俗成的手势因为和语言的功能一样,所以彼此竞争。有趣的是,儿童在同样的发展阶段里,仍会继续比划图像手势,只是目的不在沟通:这时他们开始经常会假装或象征性地玩乐。因此当儿童假装从空杯子喝水时,他其实是在以图像表示喝这个真的动作,但他这么做的目的不是为了沟通。也许人类在正常的个体发展中,天生具备这种能力,以图像方式表现不在场的东西或行为,来与人沟通,但这种手势模式沟通,后来便由口说的语言所取代,于是这个能力便体现在儿童伪装的行为里,他们出于嬉闹的目的,会借此象征的方式表达不在场的物品或行为。当孩子假装从空杯子喝水,并且嬉闹地看着大人的脸时,我们其实也可以说，儿童除了自己假装给自己看外，也在借着图像手势与大人分享这种表象性，因此也算是沟通。

儿童在整个童年阶段，都会持续这种假装嬉闹的玩乐，因此长大成人后，更能投入其他的艺术表现形式，如戏剧或表象艺术。但就沟通而言，年纪比较大的孩子和大人的非直示手势，似乎会渐渐转变运作方式，以便和语言互补，发挥语言所不能的功能。麦尼尔（McNeill 2005）和高美朵（Goldin-Meadow 2003a）都表示，面对面的语言沟通里，语言被用来表达沟通讯息中有关主张及建议等命题的一面（propositional），而伴随的手势则是表达意象的一面（imagistic），例如用来描绘所提及的物品的轮廓，或是假想自己正穿越一条刚刚提到的小径。有趣的是，年纪很小的儿童（不满三岁）讲话的时候，通常不像成人那样会以手势辅助，不过这方面的研究目前还不够多。

也许我们可以说，人类演化出一种能力，会以手势图像性地代表外在世界而达到人际沟通的目的，这种能力在今日的个体发展上，因为顺应口说语言的出现，而以不同的方法显现出来。儿童很早就会比图像手势来沟通，但随着语言出现后，这些能力的运用就被"转移"到嬉闹的假装玩乐上，主要是跟自己玩，但有时也会比给别人看。面对面的沟通中，运用手势以辅助语言经历了渐进的漫长发展，儿童必须学会把要沟通的讯息，以彼此辅助的方法平均分配在口说语言和手势上（不同语言可能伴随着不同的手势；McNeill 2005）。这些都是演化史上极端重要的事实，这些事实也为我们暗示着，当人类开始运用口说的惯例时，它们取而代之的，是比划示意的手势，而不是以手指物的手势。

4.4 共享意图与早期语言

第三章里,我曾提出我们每天运用的语言,取决于共享意图基础,就像以手指物和其他自然的手势,基本上也都依赖共享意图。其中沟通者与接收者的共同关注或共同基础尤其重要,因为它可以作为彼此共识的背景,双方便依此选择和理解所用的语言惯例。共同基础的必要性,在语言习得的例子中更为明显:如果大人贸然说了"Gavagai"这个字,儿童在没有共同基础的情况下怎么可能明白?共享意图的基础结构在语言学习、运用上的关键角色,包括共同关注、共同基础的重要性,是从社会-语用学理论来探讨语言习得时最中心的前提,主张这一论点的有布鲁纳(Bruner 1983),纳尔逊(Nelson 1885,1996)和托马塞洛(Tomasello 1992b,2003)。

4.4.1 习得语言惯例

儿童在满周岁左右,开始以手指物并使用图像及约定俗成的手势后,很快地也开始了解和使用语言。我们也许会感到诧异,但现今的语言习得理论都没有系统地解释,为什么孩子会刚好在那个年纪开始习得语言?用布卢姆(Bloom 2000:45)的话来说:"最终还是没有人知道,为什么词汇的学习差不多始于周岁时,而不是在六个月大或三岁的时候开始。"对于把语言学习仅仅视为是把字与物品或概念相结合,而不考虑共享意图的合作基础的理论家来说,这句话也许是对的(Tomasello 2004)。如果孩子学习语言或单字时所需要的,不过是精准地把一个声音与某个经验联结在一起,也就是我们常用的比喻"配对"(mapping),那么儿童的确应该在六个月大时习得语言,因为这个年纪的幼儿,已经可以把这种结合掌握得很好了(Haith and Benson 1997)。不过如果以社会-语用学理论来看语言习得,那么发育上手势和语言沟通是同时进行的,就应该是预料中的事,因为不管我们学习或运用的是手势或语言,都要在相同的共享意图的人际结合下才能进行,而文献中记载共享意图出现的年龄,正好是在9到12个月左右。

奎因(Quine 1960)那个知名的寓言,最能尖锐地捕捉这个问题(虽然奎因是用那个例子,来解释另一个本质不太相同的哲学议题):有个陌生人去拜访某个未知的地方,突然刚好有只兔子跑过去,当地人于是说了一句话"Gavagai"。即使那个异乡人知道这是种沟通行为,但还是有个问题:她怎么知道那位本地人叫她注意的,是整只兔子、还是它的脚、它的颜色、它的毛或是它在跑,甚至是在说一顿美味的晚餐就在眼前?答案很简单,如果异乡人与本地人之间,不存在任何形式的共同经验与基础(就这个寓言的目的来说,这种共同经验和基础是不可能存在的),那么两人只能鸡同鸭讲。奎因(1960:ix)自己说过:"语言是种社会艺术。习得语言必须完全依靠人际之间所有可获得的线索,知道什么时候该说什么。"

就语言习得来说,儿童有两种基本方法可以达到必需的共同基础。第一是通过与他人的合作互动,双方于是有了共同目标,便能由上而下产生共同基础。我们可以把奎因的寓言稍加修正来打个比方。让我们假设,当地人的文化中,村里的人有特定的方法捕捉小鱼来当作晚餐:首先,要拿个篮子(通常在特定的茅草屋里可以找到),然后还需要一根棍子(通常是放在茅草屋外),两项工具齐全了,就可以到溪边去,两人要分站在溪的两岸各自握住棍子的两端，然后让篮子刚好位在棍子中间，所以水可以流进去。我们可以假定，那个异乡人因为曾多次参与当地的文化活动，已经慢慢适应这种方式了。所以某一天晚餐时间到了，大伙儿开始准备，当地人从茅草屋外拿了棍子，并用手跟异乡人指指屋内的东西——假设他说了"Gavagai"这个字。异乡人因为了解了当地人的习惯，会知道对方要她去拿屋内的篮子，所以他们可以一起去钓鱼。因此当地人说的gavagai那个字若不是指"篮子"，就是指"拿"，要不然就是"那个"或"那里"的意思。可是如果他们一到溪边，当地人又开始跟异乡人比划，要她去拿别的东西，而且仍然用了"gavagai"这个字，又如果当地人从来不用那个字来表示他们钓鱼时不需要拿的某些东西，那么异乡人这时就可以慢慢开始破解这个语言谜题了。

　　儿童早期的语言习得皆是如此。布鲁纳（Bruner 1983）的研究结果证实，几乎所有儿童的早期语言，都是经由日常生活中与语言成熟的大人合作互动而习得。在西方文化中，这些活动包括坐在婴儿椅上吃饭、坐车出去兜风、换尿布、在池塘边喂鸭子、用积木堆出高塔、洗澡、收拾玩具、喂小狗、去杂货店买东西等。在这些活动中，儿童和故事里的异乡人一样，先学着参与并和他人形成共同的目标，这让他能了解对方在做什么（对方的目标与意图），以及为什么他要这么做（为什么对方在目前的状况下选定某个计划，而不采用其他方案）。这样共同关注点的范围确定后，就能大致知道，对方在活动中的某一刻会把注意力的焦点放在哪里，并猜测他用了新词时可能在讲什么东西。下次别的情境中，如果大人又用了同一个字，那么该字所可能代表的意思的范围就会渐渐缩小，讯息也会变得更明确。

很快地小孩在所有的互助活动中都能学到新词。例如托马塞洛等人(Tomasello, Strosberg and Akhtar 1996)曾让一个大人与一个18个月大的孩子玩找东西的游戏。在游戏的情境中，大人在某一刻会宣布她想"找兜马"(find the toma)。于是她在一整排装满新东西的篮子里搜寻(有的东西她拿到手后皱着眉头就放下了)，直到找到为止(这时她笑了笑就不再继续翻找了)。于是不管游戏过程中大人曾经放下多少不相关的东西，小孩都能学会，*兜马*这个新词，指的是大人对着微笑的物品。孩子根据当下时空里最接近的，把不相关的联结一一排除。托马塞洛等人(Tomasello, Strosberg and Akhtar 1996)发现，在另一个类似的找东西实验里，即使孩子们从未见过那东西，18个月大的幼儿仍能识别大人要的是什么，因为他们知道那是一个锁在玩具箱里、大人现在想打开去拿的东西(参阅 Tomasello 2001 所做其他类似的研究)。要在这些情况下学得新词，孩子基本上必须理解他和大人共同参与的游戏的意图结构，并能实际地以合作角度去推理大人的行为。

学习词汇时，第二个建立共同关注的方法是由下往上的，譬如，一对父子在公园散步时，可能突然遇到一只奇怪的动物，然后爸爸便跟孩子解释那叫什么。也许有人以为，儿童都是在以自我为中心的情况下学会动物的名称，他们自己会把某个名字，与跟他们最有关的动物连在一起。但实际情况并非如此。从发育很早期的阶段开始，儿童就晓得每次大人教他们一个新词时，也是在邀请他们一同分享大人所关注的焦点。所以包德温(Baldwin 1991)会等18个月大的孩子已经注视着某物，才把眼神移到另一个东西上并说出它的名字。孩子学会一个能代表物品的新词时，这个物品通常不是他们自己眼睛正注意看着的那个东西，而是大人邀请他们注意的那个东西。同样地,甚至更令人惊讶的是,亚克塔等人(Akhtar, Carpenter and Tomasello 1996)的实验中,让孩子、妈妈与实验者一起玩三个新玩具。之后妈妈就离开房间,然后又有了第四个新玩具,所以孩子和实验者一起玩它。当妈妈再回到房间时,她看着第四个玩具,对孩子说:"噢,喔!有个莫迪(modi)啊!有个莫迪啊!"两岁大的孩子们知道,妈妈一定是对她第一次见的新玩具感到兴奋,因此就能学会那个玩具叫什么(虽然他们对这四个玩具一样熟悉)。在这些情境下学会新词,孩子不仅必须了解什么东西对大人重要,也要知道大人认为什么东西对孩子重要——或是说,大人认为孩子认为大人认为会对孩子重要的东西,依此类推。他们必须能想象彼此需要的共同基础是什么。

如果把共同关注点,概略地视为双方对可能的指涉物的联合视觉焦点,我们发现这个焦点与儿童一开始学得词汇有密切的相关性(Tomasello and Farrar 1986; Carpenter, Nagell and Tomasello 1998;请参阅 Tomasello 1988 及 2003 对相关发现的评论)。妈妈若在共同关注的框架下使用语言,就能让孩子更快学会新词,但若在框架外使用语言,则没有特别的效果。我们可以把共同关注框架看作是语言习得的"热点"(hot spots)。有趣的是,这种相关性在儿童满周岁后似乎就开始减低(Carpenter, Nagell and Tomasello 1998)。原因可能有两个。第一,这时候孩子开始会"偷听"(eavesdropping)第三者之间的彼此交谈,而能较灵活地学得新词汇(Akhtar, Jipson and Callanan 2001)。也许他们会幻想自己也在互动,因为从"鸟瞰观点",不管自己是否真正参与其中,他们都知道别人在说什么(Tomasello 1999)。第二,随着儿童能运用语言本身来建立共同的关注点,共同的视觉焦点在语言习得上可能就不那么重要了。因此，慢慢地孩子不必知道，当大人对他们说"把你在玩的那个莫迪给我"时，大人的眼睛盯着哪里看，他们已经晓得那个未知的词上下文是什么意思，这便建立了共同的关注框架，他们就能在框架之内理解新词所代表的意思。

总之，无论是理论的考量或实证的发现，均能获得相同的结论。儿童并非以个别的方式，靠着把任意的声音与反复出现的经验相结合或配对，就能学到最早的语言惯例。他们会试着了解，别人怎么在现有的共同基础范围内，用特定的声音引导他们的注意力到某个空间里去，借此才学得最早的语言。有时双方目前正在参与的共同合作的活动，能提供由上而下的讯息，有时是靠其他形式由下而上的共同基础所提供。正是这种相同的基本过程，支援了儿童对以手指物和其他手势最初的理解。如果不靠与成人从事有意义的社交活动而使用新语言，孩子们从别人口中所听到的只是噪音而已；他们不会体验到别人是在通过有意义的方式，引导他们的注意力。那么他们就必须靠角色互换模仿，依样画葫芦地学得语言，然后再把学到的语言运用到跟别人的互动中，就好像当初别人也把学到的语言惯例用来跟他们互动一样。

4.4.2 使用语言惯例

儿童通常在14至18个月大时，开始运用他们最早期的指涉语言。多数情况下，他们在前几周或几个月，就已经懂得运用手势和人沟通了。在卡彭特等人（Carpenter, Nagell and Tomasello 1998）的研究中，24个孩子都是先用手势沟通，通常是以手指物，然后才开始出现指涉的语言。虽然理论上，儿童在开始会运用手势前，可能已经能在某些共同基础的情境下使用语言，但很重要的一点是，多半的孩子是先会比手势，奠定了语言所需的共享意图基础后，才能开始不靠说话而以手势沟通。

儿童最早靠语言来沟通的动机，其实跟以手指物的动机相同：告知、请求（包括要求讯息）、分享态度①。有时儿童会在相同或类似的情境下，与大人调转角色，因此能跟大人一样地使用语言。例如：拉特纳和布鲁纳（Ratner and Bruner 1978）观察一个刚满周岁的孩子和妈妈玩"藏布偶"的游戏。在反复玩了几回合后，妈妈会在相同的时候，也就是布偶一消失时，突然说"都不见了"。很自然地，孩子第一次说"都不见了"的时候，正是他学妈妈在同样那个时候会讲的话。在叫名字的游戏里，如果一开始是大人们先起头教他们说东西的名字，孩子之后也会与大人互换角色，把东西的名字说给大人听。不过孩子也会从大人在指称外界物品时，学得片段的语言，但他们是在与大人的目的不同的情况下运用这些词语。比方，很多父母会指着食物问孩子"你还要再多一点吗？"，当孩子自己开始讲话时，却只用了其中一小部分"再多一点！"（More!）作为要求。儿童从大人身上学会指涉的作用，却把那句话拿来做别的用途。

儿童早期使用手势和语言，都呈现了两种情况之间的互补性，一边是指涉行为所应尽量表达出来的；一边是基于共同基础而不必明确说出来的。换句话说，以手指物及语言具备相同的"讯息结构"（information structure）。多数情况下，以手指物预设了彼此

---

① 另有三个特定的功能，也是孩子在语言发展的早期阶段很快就能学会的，但它们通常不跟以手指物一起出现。这三个功能是表达谢意（"谢谢！"）、打招呼（"你好"与"再见"）、道歉（"对不起"），儿童在不完全理解这些功能的情况下，也学得会这些用法。——原注

关注的共同基础是"话题"(旧的或共享的讯息),而指的动作则是描述(predication)或焦点,告诉接收者新的、值得注意的信息。有些情况下,以手指物可以建立新的话题,然后双方则必须针对此再多做沟通。这些都是语言沟通里,完整句子所扮演的功能(参阅 Lambrecht 1994 所说的谓语焦点和句子焦点句型(predicate focus and sentence focus constructions))。① 当孩子首次开口说话时(虽然他们还只能说单或双音节的词),通常会用最能"授以情报"(informative)的词来描述复杂的情境。例如,如果有新物品出现在眼前、或是某个在场的物品开始有新的动作时,刚开始学讲话的孩子,会特别指出那个环境中的新物品或新动作(Greenfield and Smith 1976)。最近的研究也证实,孩子满两岁后,会根据听话者而不是根据自己的想法,来判断事物的新旧(Campbell, Brooks and Tomasello 2000; Wittek and Tomasello 2005; Matthews et al. 2006)②。此外,儿童早期的许多句子,都是手势(多半是以手指物)和词汇相结合,以不同的方法区分话题和焦点的功能(Tomasello 1988; Ozcaliskan and Goldin-Meadow 2005; Iverson and Goldin-Meadow 2005),这也暗示了手势及语言具备共同的基础结构。

---

① 语法上把句子分为主语、谓语两部分,谓语的作用在陈述主语,所以通常是出现在主语后的形容词或动词组。但有时为了强调谓语,会把它前置或重复,这就是谓语焦点的句型。如汉语"来是来了,可是没发言"中的"来",就是句子里的谓语焦点。——译注

② 有趣的是,当孩子选择了不适当的指涉词而导致误解时,如果大人很明确地表示他不懂,最能有效地帮孩子挑选出对接收者来说比较恰当的表达方式。如果大人亲自示范恰当的指涉行为是什么,反而帮助不大,因为这些错误的指涉,与孩子们的误解一点关联都没有(Matthews, Lieven and Tomasello 2007)。——原注

4.4.3 小结

许多动物能把声音与经验相结合,人类的幼儿也在几个月大时,就已经具备这种能力。如果语言习得所涉及的,不过是结合或"配对",那么动物界里的语言应该无所不在,人类婴儿在三个月大时也应该就会说话了。但实际上,其他动物或几个月大的婴儿还未能习得、也根本不会运用语言。原因在于,"任意"的语言惯例,一定要在与成熟的语言使用者具备共同概念基础的情境下才能习得,通常是在两者合作的活动中,双方有共同目标、共同关注点的条件下,而人类在个体演化上,要等到满周岁左右,发展出共享意图这种人类独有的技巧和动机,才会出现语言。

4.5 结论

我在此章里特别强调,婴儿的手势沟通,尤其是以手指物,已经差不多接近成人沟通的完整结构,只有少数地方还需进一步精密化。我提出了实验的证明,来支持人类合作模式的许多成分,并提出了三个特定的假说。

首先,在语言习得开始迅速发展前,完整的合作基础架构基本上已经就位了,本章里我们提到几份以 12 个月大的儿童做实验的研究,都能证实这点。当然,儿童从一出生就沉浸在语言中,即使自己还不会说话,我们也都会假定他们多少会受周遭语言的影响。不过虽然听障儿童从来没有接触过任何系统性的口说语言及手语,但他们早期的以手指物,也跟听力正常的孩子一样(Lederberg and Everhart 1998; Spencer 1993)。所以我们主张,个体发展时,人类独有的合作沟通最早的迹象首度出现在学话前的手势沟通中，特别是以手指物的手势。而这些迹象，并不需要依赖对语言的使用或理解。

其次，虽然以手指物和其他手势，通常在孩子会讲话前就出现了，但这些手势还是要等到组成个别意图、共享意图的技巧成熟了才会出现。我们注意到儿童从很小的年纪起就会开始比划，他们至少有两个动机：一是向大人要求东西；二是与他们分享感情。那个年纪的孩子，就已经能控制手的形状来指着东西了。但是最早的以手指物手势，仍要等孩子们开始理解别人是有意的主体，并能在共同关注下参与他人的互动，才会出现。这种个体演化形态，加上若干实验结果，对我们所假定的合作式人类沟通的多项组成要素，都提供了有力的支持，其中包括共同关注框架及其他形式的共同基础所扮演的关键角色等。

第三，儿童首度习得并使用语言的方法，也支持了这套合作模式。语言习得通常发生于共享意图的环境中，所以如果指涉的行为被抽离出原本双方共享的意图情境，那么就会产生指涉的不确定性（referential indeterminancy）。孩子若经历到大人在没有共享意图的情况下就运用语言，便不可能学到什么。但如果孩子是在本来就有意义的情境下听到大人运用语言，不管是什么语言，他们都能很快地理解大人所沟通的内容，然后渐渐地就能学会自发运用这些语言惯例。此后他们使用语言的方法，就功能来说，跟使用以手指物和图像手势的差别不大，因为早期的语言和手势总是相辅相成的。早期学得的语言不会取代以手指物，而以手指物却经常能辅助语言，因此语言所取代是图像手势，因为它们和语言运作的方式雷同，都是象征性且绝对明确的。

第五章　群体演化发展的起源

> 如果我要指点某人路该怎么走,我会用手比着他应该看的方向,而不是相反的方向……人类天生就能理解比着东西的手指用意何在。所以人的手势语言,从心理的层面上来说是最主要的。
>
> ——维根斯坦《大打字稿》(*The Big Typescript*)

如果要宣称人类沟通基本上是合作型的,我们会碰上一个问题。明确地说,就是我们没办法解释这种合作式沟通如何演化出来,因为众所皆知,在现代生物学里讲合作的演化,如果暗示的是人类会委屈地以利他主义为出发点,把自己的利益附属在别人的利益下,主动去帮助别人,那更是需要特别解释才行。因此我们必须要说明,为什么接收讯息的人,会有动机想依从向他们请求帮助的沟通者。而沟通的人又为什么有主动提供协助、为他人着想地告诉接收者某些讯息的动机。那些本着利他主义行事的人,又为什么会留下更多的子孙。

我们提出的想法是,人类合作沟通最早是因应环境适应而来,因为在互利共生的合作活动中,那些帮助他人的人同时也是在帮助自己。这个论点乍听之下好像不太合理,因为今天的人类合作沟通,可能涉及各式自私、欺骗、竞争或其他个人主义的目的。所以理论上,这些也可能是人类式的沟通肇始的情境。不过我们目前的观点是,一开始合作沟通的技巧先出现,而且只被用在互助的活动中(所以由共同目标与共同关注点所架构,提供了双方所需的共同概念基础),之后合作沟通才被拿来用在互助活动以外,也用来完成非合作的目的,如说谎。

互助活动及合作沟通之间的亲密关系,最明显的在于两者都依赖相同的基础结构,亦即反复出现的共同目标、共同关注、动机、与帮助和分享有关的常规,甚至还有其他共享意图的呈现方式。这个共同的基础结构,也可从下列事实清楚地证实:类人猿只具有非合作式的团体活动及有意的沟通,两者都以理解个别的意图为基础;而人类婴儿却(在说话以前)发展出合作式的互助与沟通,两者都以共享意图的技巧与动机为基础。因此我们相信,这个从演化观点所做的解释,不只是个"如此而已的故事",如果当代人类的互助合作与沟通活动,都奠基于共享意图的基础结构,我们便有具体的证据可以说,互助合作与沟通活动,两者在演化上的起源也是相同的。

如果要跨越互利共生的合作沟通情境,我们也必须提到间接互惠的过程,也就是人会关心自己在社群里的名声如何,因为如果能让大家公认他们乐于助人,又能虚心合作,会让他们在社交上非常成功。我们特别需要这种看法,才能解释人类为什么会倾向于告知对别人有益的事,即使他们这么做自己可能没有好处。之后我们还需要提到社会认同、附属、服从等过程,以便解释我们在目前的假设下所说的分享动机,这种动机的功能,在于增加与他人的共同基础,并增强社会归属感,这两者提供了团体内部的同质性,而这种同质性正是自然选择在文化团体的层次上产生作用所必需的。如此才能解释人类沟通如何受到社会常规的管理,告诉我们该做哪些事（如提出合理的要求、不说谎等），才算得上是社会团体里运作良好的一分子。

最后，我们会在这一章开始、并在下一章继续解释，人类语言沟通的技能，在演化上如何建立于一个早已存在的合作沟通平台上，让人类具备世上最灵活、开放、强而有力的沟通形式。为了达到这个目标，除了共享意图的基本结构，我们也必须具备文化学习及模仿的技巧，包括角色互换的模仿，才能促成团体内部共享的沟通惯例。我们会声明，任意的沟通惯例——先靠手势，再靠声音，其中有重叠的时候——之所以产生，是因为奠基于以动作为基础的手势上（如以手指物和比划示意），这类手势"自然而然"原本就具有意义了。

5.1 互助合作的出现

我们目前的假设是：人类合作沟通的出现，是人类演化出独有的互助合作形式的一部分。我们无法在此解释人类一般的超合作（hyper-cooperativeness）如何演化出来（见 Richerson and Boyd 2005 独到的概述），但我们可以说明的是，人类的互助合作，与类人猿的团体活动有所不同，就像人类的合作沟通与类人猿的有意沟通也有所不同。讲得明白些，人类的互助活动与合作沟通，都要依靠反复看穿意图，也要依靠人类有提供协助、自主地告知他人讯息的这种倾向，但类人猿的团体活动和有意沟通，却不需要这些条件。

5.1.1 黑猩猩的团体活动

黑猩猩是类人猿的代表动物(也是目前研究最多的猿类),它们是非常社会性的生物,从事的团体活动也相当复杂,例如它们会群体一起猎食。可是我们的问题在于,它们是否也从事合作的活动?我们在此把互助合作的定义窄化,专指多个个体追求共同的目标,而且它们也都知道大家有一致的目标,所以大伙之间的角色是彼此相关且互补的。在我们的分析里,这类合作需要具备共享意图的技巧和动机,包括基本的社会认知技能和反复的读心术。

黑猩猩在它们天然的栖息地里,有时会一小群一小群地猎食,捕捉猴子一类的小动物。令人特别印象深刻的是,泰伊森林[①]里的公猩猩,会组成小团体一起捕猎红疣猴(red colobus monkeys; Boesch and Boesch 1989; Boesch and Boesch-Achermann 2000; Boesch 2005)。根据伯施(Boesch)的解释,这些动物目标一致,在打猎时彼此的角色互补。依照这种说法,其中一只是驱逐者(driver),会把猎物赶往某个方向,其他猩猩则是围堵者(blockers),会爬到树上阻止猴子改变方向——另有一只伏击者(ambusher)会跑到猎物前面,让猎物无法逃脱。当然,若用这些互补角色的词汇来描述猩猩猎食的行动,看起来它是不折不扣的合作活动:彼此互补的角色,暗示了大家的目标相同,只是每个个体扮演的角色不同。可是问题就在于这些用词是否恰当。

以我们的观点来看,猩猩这种猎食的活动,可以用下列更合理的方法描绘(见 Tomasello et al. 2005)。某只猩猩开始追猴子,

---

① Taï forest,位于西非的科特迪瓦。——译注

因为它看到其他猩猩也在附近（它知道这样成功的几率更大），于是其他猩猩轮流占据猎捕猴子时的最佳位置。在这个过程中，每只参与的猩猩都尽量让自己猎取猴子的机会增大，它们并非先前曾一起计划过要共同猎捕猴子，也没有彼此先协议好一致的目标或谁该扮演什么角色。这样的猎食的确是复杂的团体活动，每个个体在包围猎物时，得彼此关照对方的空间位置。狼与狮子也有类似的活动，但多数的研究员却不认为也该把它们的猎食活动看作具有共同的目标/计划（Cheney and Seyfarth 1990a；Tomasello and Call 1997）。其他地方的黑猩猩社群里，集体猎食的活动就没有那么协调了（如乌干达的渥沟区（Ngogo：Watts and Mitani 2002）；坦桑尼亚的贡贝区（Gombe：Stanford 1998）），或许因为当地生态环境迥异，猩猩的行动也因此有所不同，一切取决于单独狩猎是否容易成功，以及其他的食物来源是否丰富等。

这种认为黑猩猩的认知力较为薄弱的诠释方法，还是有不少研究支持，这些研究调查了黑猩猩在实验环境中合作的能力。结果发现：

- 克劳福德（Crawford 1937，1941）的经典实验，常被引用来作为合作的证据。实验中的一对猩猩行动上并不一致，但经过人类特别训练后就会同时行动。这些训练包括把猩猩分开，分别教它们依照命令行事，之后再把猩猩放回一起，这时它们立刻就能同时行动，一起听指令去拉东西，但它们的同时行动似乎是偶然出现的。之后这些猩猩又被指派稍有不同的搬运工作，于是一对对的猩猩又都恢复了原本不合作的行为（参阅 Savage-Rumbaugh, Rumbaugh and Boysen 1978 的研究，他们有更广泛的人为训练方法）。

第五章 群体演化发展的起源

- 在训练较少、甚至不经过训练,但较成功的实验里,黑猩猩之间的协调工作,多半涉及了个体学会抑制自己不去行动(如学会等待),直到同伴就位、准备行动,它们才有所动作(Chalmeau 1994;Chalmeau and Gallo 1996;Melis, Hare and Tomasello 2006a, b)。

- 目前还没有已出版的实验研究(却有几份未出版的负面实验结果,其中两份是我和同事做的),证实黑猩猩会扮演不同的互补角色彼此合作;唯一成功的实验是两只猩猩能扮演相同的、目标一致的角色(parallel roles),譬如它们可以同时拉东西。

- 跟目标一致的角色有关的成功实验中,都无法观察到参与的猩猩之间会彼此沟通(Povinelli and O'Neill 2000; Melis, Hare and Tomasello 2006a, b; Hirata and Fuwa 2006)——不过在克劳福德(Crawford 1937)的实验中,猩猩会拉扯顽强反抗的同伴。另外从黑猩猩野外的集体狩猎中,也观察不到它们彼此间有意的沟通(亦即没有任何一只猩猩的决定,能够发挥协调大伙儿的功能)。

这些结果显示,像人类那样的合作活动(亦即在有意的结构下,彼此有一致的目标及互补的角色),不属于类人猿所有。一般来讲,我们很难想象两只黑猩猩会自发地一起搬重物或造工具。

为什么黑猩猩及其他猿类不会像人类那样彼此合作?一个可能的解释是,它们无法理解同伴的目标与感觉,不晓得它们的拍档在该情境下是个别的行动者(Povinelli and O'Neill 2000)。由于无法直接观察别人的目标与感知,要靠推论才会知道,我们一度以为只有人类才能理解这些事,知道它们如何在目标导向的行动中一起运作（Tomasello and Call 1997）。但最近的研究（其中多半于2.4.1节引述过）却改变了这种想法。猿类也知道同伴有目标、有感知，知道这些与有意的行为、甚至是理性的行为之间的关系。所以这不是它们不像人类一样合作的原因。我们相信，猿类虽然晓得有行动力的对方是个别有意的主体，它们却不具备与其他的猿类形成共同目标或共同关注点的技能与动机，因而不能在共享意图下与同伴共事。

最近一项实验也支持了这种看法。瓦内根等人（Warneken, Chen and Tomasello 2006；亦可参阅 Warneken and Tomasello 2007）让14到24个月大的儿童及三只人类养大的小黑猩猩，参与四个合作任务：两个跟工具有关，有具体的目标，另外两个是社会游戏，没有具体的目标，只需合作地参与游戏（如两位参与者要一起用像跳床的东西，把球弹到空中）。实验设计是，一同参与游戏的成年人会在中途突然停止，以便测试大伙儿对继续完成这项共同活动的承诺。实验结果非常清楚且前后一致。在解决问题的任务中，黑猩猩能很有技巧地与人类伙伴同时活动，因此能达到所要的成果。不过它们对社会游戏就提不起兴趣了，根本就是拒绝参与。最重要的是，当人类伙伴不再参与游戏时，没有黑猩猩会试图沟通要他再继续，即使它们看起来有强烈的动机完成这个目标，这表示它们无法与人形成共同的目标。相反地，人类的儿童就能合作参与社会游戏及工具性任务。其实他们有时还会把工具任务当作社会游戏来玩，将拿到的奖赏又放回机器中，再继续之前的活动；这表示合作的活动本身，比工具性目标更有报偿。还有很重要的是，当成年人不再参与活动时，孩子会通过某种方式沟通，积极鼓励他继续，这表示小孩能和大人一起形成共同的目标，所以他们才会要大人不要放弃。整体来说，儿童似乎完全是为了合作而合作，但黑猩猩却比较是为了自己而行动。

最近另有一份长期研究，也进一步支持了这种论述，实验人员测试了同样那三只人类养大的黑猩猩的多种社会认知技巧（Tomasello and Carpenter 2005；亦见 Tomonaga et al. 2004）。这三只猩猩在比较个人化的社会认知技能上的表现，如理解目标与感知方面，与人类幼儿非常相似。但是在其他简单的合作任务里（通常是人类在该任务中扮演一个角色，而猩猩则要扮演互补的角色：例如人把盘子举起来，猩猩就把玩具放在上面），当人类强迫要互换角色时，猩猩基本上不会照做，不然就是自顾自地不理人类，继续它们的行为。在类似的一连串实验里，人类幼儿不仅愿意互换角色，当他们与大人对调身份时，还会有所期待地看着大人，希望他在两人共有的任务中继续扮演新的角色（Carpenter, Tomasello and Striano 2005）。我们的解释是，人类幼儿可以从"鸟瞰观点"理解共同的活动，知道大家目标一致，角色互补，必须齐心完成这项单一代表形式的工作，所以他们可以在必要时互换角色。相反地，黑猩猩是从第一人称的观点来理解自己的行为，并用第三人称的观点来看同伴的行为，它们对互动的全貌不具备鸟瞰的宏观视野，所以并无角色可言，更别提它们会在"相同"的活动中互换角色了。

就共同关注来说，最具系统的比较研究来自卡彭特等人（Carpenter, Tomasello and Savage-Rumbaugh 1995；亦见 Bard and Vauclair 1984 类似的观察结果）。他们观察 18 个月大的幼儿、黑猩猩和倭黑猩猩如何与成人和几项物品互动，并把重点放在客观定义的视觉模式上。在此情形下，这三种生物与物品互动时，都会同时经常注意大人的行为。不过,人类幼儿会花更多时间,让眼神来回穿梭于物品与大人之间,而且他们看着大人的脸的时间,也比猿类平均长了两倍。孩子看着大人时,偶尔会面带微笑,但黑猩猩却不会。这些差异让人觉得,猩猩看着成人是"检查"的神情(checking looks),以便了解大人在做什么,下一步又会怎么做;而儿童看着大人是"分享"的神情(sharing looks),为了分享兴趣。猩猩知道别人有目标也有所感知,它们却没能力或没意愿与人分享。这些猩猩纯粹是为了东西才与人互动,它们不会和人共同努力达成一致的目标。托马塞洛和卡彭特(Tomasello and Carpenter 2005)也有类似的发现,他们让实验者与三只人类养大的猩猩一起玩东西,并在过程中让这个人试着鼓励猩猩和她分享它们的注意力。猩猩有时会看着与自己互动的人,以确定她在干什么,可是它们看人的眼神,不是在分享对外界物品的兴趣或注意力。它们也不会借着手势沟通,引导别人共同注意什么,在其中一项实验里,它们不会运用与人共有的经验,来决定什么东西会令大人感到新奇,但是人类儿童却会这么做(Moll et al. 2006)。

根据这些实验结果(参阅 Tomasello et al. 2005 的评论),很显然地,人类儿童能在合作活动中,与他人形成一致的目标并分配互补的角色,但我们的近亲灵长类却不行。合作行为的必要条件,是参与者之间共同的目标与共同的承诺,他们一起追求目标,彼此也都知道他们的目标一致,且有共同的承诺(Bratman 1992; Gilbert 1989)。共同的目标也能架构出共同的关注点,因为与人共事追求目标,彼此知道我们同舟共济,自然会导致大家互相观察对方是否全神贯注。人类以外的灵长类,不能像人一样参与合作的活动,也不能像人一样参与共同关注焦点的互动,其中一个重要的原因是，它们虽具备像人类一样的理解个别意图的技巧，却不具备人类那种共享意图的技能和动机。

我们要提出很重要的一点是，当黑猩猩集体狩猎时，它们彼此不会刻意地沟通目前正在进行的活动，不会设定目标，也不会协调彼此的角色。黑猩猩在其他情况下，会用有意的手势信号，叫别的猩猩去做它们想要它做的事，它们也会命令式地以手指物，让愿意帮忙的人类替它们拿东西，它们或多或少了解别人的要求。要能提出要求或解读别人的要求，就得具备理解个人意图的技巧，换句话说，具备进行实际推理的技巧，知道对方能感知事物，是拥有目标的有意的主体。同样地，当一群黑猩猩同时尝试围捕猴子时，它们理解大伙儿都是有意的主体，彼此之间有所互动。不过因为它们也有相互竞赛的意思——或说它们行事都以自我为出发点——于是便不会彼此刻意沟通。既然我立即的目标是在你不注意时捉到猴子，我才不愿跟你多交谈。

黑猩猩（其他猿类应该也是）竞争的本性，让它们捉到猴子后不会彼此分享美食。如果大家知道最后要抢食物，又怎么会有一起抓猴子的共同目标呢？的确，当一群黑猩猩捉到猴子并杀了它时，一起参与猎食的每只猩猩通常都能分一杯羹，可是后来才到的猩猩因为没有参与猎食，就别妄想分到太多肉了（Boesch and Boesch-Achermann 2000）。不过吉尔比（Gilby 2006）最近的研究，阐明了这种"分享"基本上仍涉及许多个人主义的机制。吉尔比首先注意到，杀了猴子后分到食物的黑猩猩，常会借着把肉偷偷搬离杀戮地点，或爬到树枝末端让其他猩猩不容易接近，或直接把乞食者赶走，以避免同伴抢食（亦见 Goodall 1986；Wrangham 1975）。然而，分到肉的猩猩通常会被乞食的同伴包围，它们会故意抢肉,或用手遮住有肉可食的同伴的嘴巴。有肉吃的猩猩通常也会任凭同伴抢走一些食物,但是吉尔比的文献里大量记载了,这些都是猩猩被乞食的同伴烦得不堪其扰的直接结果:它们乞讨、骚扰得越厉害,就越能分到多一点食物。逻辑在于,如果拥有食物的猩猩积极跟骚扰的同伴争食物,它的一顿好饭就可能落入骚扰者或附近其他猩猩的手中——所以上上之策是它能吃多少尽量吃,别人要抢就给它们抢点去,好让它们也开心,这就是所谓的可容忍的偷窃式或骚扰式食物分享(tolerated theft, or harassment, model of food sharing)。托马塞洛等人(Tomasello et al. 2005)也提出另一种可能性,狩猎的猩猩分到的肉比晚到的猩猩多,因为它们离猎物的尸体最近又积极乞食,而晚来的就只能等下一轮了。

以这种方法解释黑猩猩集体狩猎,也得到最近的实验研究所支持。梅利斯等人(Melis, Hare and Tomasello 2006a)给一对黑猩猩看某个够不到的食物,可是如果两只猩猩同时拉两条绳子中的一条(绳子连接到摆着食物的平台上),就能拿到食物。实验中的两个发现特别重要。首先,如果恰好有两堆食物,而且每只猩猩面前各有一堆,那么它们差不多可以同时拉绳。可是若只有一堆食物在平台中央,不容易两边都分到,那么猩猩之间的协调就会完全瓦解。其次,梅利斯等人在测试前先找出特别能彼此容忍、进食时也和平共处的一对猩猩,它们同时拉绳子的频率就比其他容忍度低的猩猩高得多。这些发现清楚地证实,如果最后分食物时不会有争端,黑猩猩才能和同伴协调好同时行动。

另外我也要提出相关的一点是,虽然黑猩猩有时会帮助人类或彼此帮忙(Warneken, Chen, and Tomasello 2006; Warneken et al. 2007),但如果它们自己有机会取得食物,就不会愿意伸出援手了,即使它们可以不费吹灰之力地帮上忙(Silk et al. 2005; Jensen et al. 2006)。这可能表示,黑猩猩只有在不涉及食物的活动中才会相互合作。到底哪些活动与食物无关,也很难说,因为合作的意义,正在于有些事是自己的力量办不到的。一个可能是,不同的黑猩猩打群架时,会组成联盟或盟友,不过多半情况下,打架都是先由两只黑猩猩所引发,然后各自的伙伴才再加入(参见Tomasello and Call 1997 的评论)。要解释这种活动,最佳的词汇应该是帮助,而不是合作,因为目前还没有证据可以说明,这些团队的战友之间具有共同的目标(虽然我们可以说它们各自具有"相同"的目标),或具备为了达成那个共同目标彼此协调好的计划与角色。

所以黑猩猩的集体狩猎,不太像是会促成合作沟通的情境,因为就我们狭隘的定义来说,合作必须有共同的目标,及相互协调的计划与角色,然而集体狩猎根本算不上是大伙儿合作的事业(见Boesch 2005 所说它的确是合作的反面意见)。如果某只猩猩在猎食时,真的会告诉另一只猩猩,猴子正往它的方向来,以帮助同伴扮演好它的"角色",那么这个沟通者其实是在减少自己最后分得多一点肉的机会,因为获得讯息的猩猩很可能因此可以多吃到一点肉。另外很重要的一点是,野生的倭黑猩猩不会集体猎食,这表示黑猩猩和人类的集体活动,可能是根据不同的心理程序独立出现(因为如果这三个物种的共同祖先会一起合作猎食——如果集体猎食在黑猩猩属(Pan)与人类身上是一致的——那倭黑猩猩应该也会才对)。[1]

---

[1] 以生物学的分类而言,人类、黑猩猩(chimpanzee)与倭黑猩猩(bonobo)同属于哺乳纲灵长目人科,但人类是人属(Homo),而黑猩猩属(Pan)则包括黑猩猩(Pan troglodytes)与倭黑猩猩(Pan paniscus)两个种。——译注

5.1.2　人类的合作活动

跟其他灵长类比起来，人类从事的合作活动范围广得多，许多大规模的合作活动不限于跟亲族的人一起完成，但会在象征符号与正式组织的环境下，受到社会常规的庇护。不同的文化团体会一同从事不同的活动：有的打猎、有的捕鱼、有的盖房子、有的表演音乐、有的管理等，这些活动涉及了不同的认知技能，这代表人的认知技巧相当有弹性。因此多数灵长类虽然也是群居在一起，并参与集体活动，但人类所居住的文化圈，却期待每个成员都能在共同的目标下，参与各种不同的合作活动，彼此分工，大家都贡献一己之力，最终所有付出心力的参与者也都能共享成果。人类甚至会自行创造文化活动与体制，其存在不过是因为所有成员集体同意应当如此。这些活动和体制由社会常规所约束，具备真正的惩处力量。例如，人类以外的灵长类虽然大概知道家庭是怎么一回事，人类却进一步分派"配偶"及"父母"等社会角色，大家一致认同这些角色，所以它们具备社会和法律义务，人人都要以特定方式合作遵守，不然就会受到惩治。

提到打猎，另外也有许多研究以狩猎-采集的团体为对象，记录了他们如何一起掠夺猎物或采集植物，因为个人不容易单靠自己的力量取得这些食物（如大型猎物、某些难捕的鱼或地面下的植物等；见 Hill and Hurtado 1996 的评论）。通常在这些活动中，小团体会建立共同目标，捕食某种猎物或拔除某株植物，然后他们计划彼此该扮演的角色，以及大伙儿如何事先协调好。有时因为他们之前曾经共同从事过相同的活动，所以谁该负责什么大家都有共识。参与者几乎总会把猎物与众人分享，不仅是家里的人，还包括整个社群的人,而他们这么做完全受制于严格的社会常规,如果有人不愿与人分享,就会被严惩。

这种"公平"分享劳力合作成果的倾向,在人类身上相当强烈;任何文化团体的成员,几乎都有内化的分享及公平原则(见 Fehr and Fischbacher 2003 的评论)。比方说,工业社会和狩猎-采集社会的人,都曾在实验的条件下玩过一种所谓的最后通牒游戏(ultimatum game)(见 Henrich et al. 2005),游戏在匿名的情况下进行,只能玩一次。简单地说,方法如下:某人得到了一大笔钱(有的实验中钱数将近一个月的薪资),然后被告知他可以将一部分钱交给团体中某位不知名者,而那个人可以选择接受他的钱(这样两人有福同享),或拒收他的钱(这样大家都拿不到钱)。[①] 人们的反应通常是把一半的钱给另一个人。他们这么做至少一部分是为了"公平",但也因为他们推测别人会拒绝不公平的施舍(一般是少于三或四成)。关于这种分享究竟如何运作,每个文化有所不同,可是所有文化里,都至少存在与人分享重要物品的义务(有些文化中,拿到钱的人甚至愿意拨一半以上的款出来,但仍会被对方拒绝,也许因为这让接受者欠了一份人情,日后还需归还)。当受试者被告知他们在跟计算机玩游戏时,他们就不愿意分享,也不会拒绝不公平的施舍,而会尽量让自己大捞一笔。

至于合作活动所涉及的社会协调,谢林(Schelling 1960)和刘易斯(Lewis 1969)等思想家都注意到,人类的合作协调,时常特别要依赖彼此反复理解的共同基础。所以如果你和我在大型的聚会

[①] 最后通牒游戏是经济学里常用的实验,为一种博弈论(game theory)。博弈论原为应用数学的分支,现也广泛运用在社会科学、生物学等学科上。——译注

里走散了，我们很可能还会找到彼此，因为我们可以想象对方可能会去哪里会合，譬如到车子那儿去。要让整件事圆满成功，我必须假设你最可能去的地方，而你也要假设我最可能去的地方，所以我必须假想你会以为我去哪里，如此依此类推下去。换句话说，如果要达成找到彼此的共同目标，我们都必须知道，另一个人的思想取决于我们自己的思想。以这种方法来解释时，很重要的一点是，我们一旦有了一致的目标，就表示我们之间存在某种协商，而这种协商自然涉及了心理的协调：我会想跟你合作，是因为你愿意合作（你对我的感觉亦然），所以我们都得评估对方的性情，而这种评估又得依赖对方对我们性情的评估。还有许多其他的社会互动，包括竞争性的交流，都涉及这种看穿意图或读心术的能力，可是那些互动本身不具有这类纯粹协调的反复结构。

前面我们提过，人类儿童满周岁后，就能与人有共同的目标及协调的计划而彼此合作，那刚好也是他们开始与人合作式地沟通的时候。在瓦内根和托马塞洛（Warneken and Tomasello 2007）的研究中，才14个月大的小孩似乎就能形成共同的目标了（亦见Ross and Lollis 1987），而卡彭特等人（Carpenter, Tomasello and Striano 2005）的研究里，12个月大的幼儿在简单的合作活动中，有时能与人互换角色。葛分汉等人（Graefenhein, Behne, Carpenter and Tomasello 2009）则发现，年纪大一点的孩子（三岁左右），甚至能敏感地察觉整个合作过程是否合乎规范。这些孩子一旦和大人彼此承诺了要开始合作（"我们现在开始玩游戏了，好吗？"），在大人停止合作时，他们的反应会强烈得多，但如果大人是未受邀请就自愿加入孩子已经开始玩的游戏，他们的反应则通常不那么激烈。在所有这些研究中，儿童都会试着以沟通来规范整个合作活动。

那么合作沟通又是怎样的呢？如果如我所述，人类合作沟通"注定"要在互利共生的合作活动中运作，而且还能促进合作顺畅，那它到底是什么模样？它具备哪些特征？其中一个特征必定是，当参与合作的人，在共同概念基础上有了共同目标、共同关注点后，合作沟通会充分利用这种局面——事实的确如此。另一个特点应该是，合作沟通常被运用在告诉别人有趣或有用的事上，以便助人（因为这样也是帮我自己）——这也是事实。大家合作活动时，既然有了共同关注点及共同基础（包括反复的读心术），参与者就应该期待对方会乐于助人，并期待对方也会希望自己乐于助人——这还是事实。相反地，类人猿的有意沟通几乎只由请求所组成，这些要求是基于个人的目标，别人都只是完成目标的社会工具，这说明了它们的集体活动如猎食，基本上也都基于个人动机。我这么讲，并不表示现代人就不会拿合作沟通的技巧，来达成其个人、竞争、自私的目的；他们有这个本事，也常这么做。可是即使说谎，也需要合作，才能传达欺骗的讯息，让接收讯息的人感觉自己被人信任（否则说谎就不会奏效了），因此就连欺骗都有合作式的基础结构。有趣且相当重要的一点是，黑猩猩虽然能对同伴有所隐瞒（Melis, Call and Tomasello 2006），但目前却还没有实验证据指出，它们能主动地误导别的猩猩——因为我再强调一次，连说谎都需要合作沟通才行得通。

5.1.3 小结

我们目前对合作沟通的起源所提出的假设，不只是另一个人类行为"擅长"的"如此而已的故事"。这个假设没有那么简单，因为合作沟通与合作活动都拥有共享意图的基础结构，因此我们的确很难想象,如果大家都只顾自己利益行事或彼此竞争,那么何来共同目标与共同关注点,更别提双方之间会互相假设对方有帮忙及沟通的意愿了。如果最初人类出现合作沟通,是为了促成更复杂的竞争及欺骗,那么我们就不可能发现它与合作活动具备同样的认知基础结构,也不会期待它最基本的动机,是出于乐于助人的愿望而希望提供他人所需的讯息(我再重申一次,即使连说谎骗人,先决条件也需要有这种告诉别人他们想听的事的欲望)。

5.2 合作沟通的出现

我们无法在此讲述特定、详尽的演化理论,但根据之前所谈到的人类沟通的组成部分,大致可以勾勒出符合逻辑、至少是合理的顺序关系。因此现在我想做的,是提出事件的先后顺序,看看到底我们怎么从类人猿那种以个人意图为基础的有意沟通,跨越到以共享意图的技巧、动机为基础的人类合作沟通——我会运用合作演化所涉及的进化过程来说明。我们所提出的顺序,是由围绕着三个基本过程演化为合作所构成,并与人类合作沟通的三个基本动机密切相关:

- 为了解释人类会回应要求,并会主动告知以助人,我们必须借助互利共生(mutualism)理论:我答应你的要求,或我告诉你消息,是因为我们两个都能从中得利;
- 为了解释人在互利的情境外也会告知讯息提供协助,我们要借助互惠(reciprocity)和间接互惠的理论:我帮你是为了增加我合作的好名声,这样大家才愿意找我当合作伙伴,将来也会愿意回报我;

- 为了解释人类分享感情与态度，我们要借助文化团体选择（cultural group selection）理论：我和你分享感情与态度，是为了增进我们彼此的共识，巩固团体归属感。

根据这种说法，演化上这些程序多半肇始于合作活动的情境下，其种种原因我们在前一节已经谈过，至于手势沟通，我们在第二、三章也谈过其种种原因了，不过之后我们仍需脱离合作的情境来解释合作沟通，并解释如何从手势跨越到声音沟通的模式。

5.2.1 互利共生的合作与提供协助

我们的出发点是类人猿的集体活动，我刚说过，那种集体活动不算是真正的合作，因为团体里的成员没有一致的目标，另外，类人猿有意的手势信号，虽然可以用来刺激别的猿类去做某件事，却通常不是在集体活动的范围内。我们所提出的进化过程是个两阶段的模式，由类人猿渐渐往人类的互助合作及合作沟通方向移动（Hare and Tomasello 2005）——这个模式与动物驯化的过程非常类似。

首先，因为我们的猿类近亲不善于与同伴分享集体活动的战利品，也不会在其他情境下与同伴自由地分享食物，因此向人类合作沟通发展的第一步，应该是个体先变得比较容忍、大方、比较没有竞争性，尤其是在找东西吃的情况下。有个可能是，这个第一步，可以由现代猿类与合作的人类互动来代表。在平田和不破（Hirata and Fuwa 2006）的研究中，那些黑猩猩不找自己的同伴参与团体活动，却会找比较愿意帮忙的人类。记得我们说过，人类养大的猿类能自发地对着人类以手指物（以及做其他的事），以便命令式地向人类要求东西，可是它们对其他猿类却不会如此（见2.3

节)。即使在同类之间,它们从事团体活动时,也会挑选比较愿意帮忙且较为宽容的同伴(Melis, Hare and Tomasello 2006a)。这些都表示,人类演化时,对同胞更宽大就足够促成往真正合作的方向进展,正如命令式的以手指物一样——所以其实不需要现代类人猿所拥有的认知技巧以外的其他技能。

第二个步骤是,这些能够比较规律、宽容地与同伴协调行为的个体,将有机会经由天择来筛选(如果一切生态条件适当的话),那么认知、动机技巧上比较发达,能支援复杂的合作互动的个体,就具有生存的优势。如贝特森所说:

> 一旦演化上的合作行为已经稳定了……能够维持并强化这种高性能合作行为的特征,也会随之演化出来。可以用来预测别人下一步要做什么的信号,以及回应这些信号的适当机制,也会变得对彼此都有助益(Bateson 1988:12)。

在这些宽容、和平共食的个体身上,创造共同目标与共同关注点的能力,是最有可能被选择保留下来的。因此,如果集体猎食的黑猩猩突然变得更宽容,对最后的食物分享也不那么彼此竞争,那么到底是谁捉到猴子就不要紧了,因为最终每只猩猩都分得到食物。如果我们都期待最后可以共享食物,而且大家对此都有共识,那么我们(如果必要的认知技能也已经演化出来)就会有彼此都知道的一致目标,也就是"我们"得捉到猴子。当大伙儿追求的目标一致,每个成员就知道,对自己相关的事,也同时会对别人有关系(至少有这个可能)。共同的关注也可以由下而上产生,当陌生的动物出现在面前时,我们都看到了,于是彼此交换眼色以确定我们共同的兴趣。这时的共同兴趣,不是来自目前我们正在合作的活动(不过许多情况下,是来自过去共享的活动或经历)。我们现在提出的看法是,共同关注在具有共同目标的合作活动中,是由上而下产生的(在今日的人类幼儿亦然)[①]。所以互利共生的合作,是诞生共同概念基础的温床,之后才能发展出富于推论的人类合作式沟通。

至于沟通本身,当我们朝着互利共生合作的共同目标努力时,我们帮助他人对自己也是有利的;这时我们就比较容易理解别人为何会提出请求,也会愿意沟通地提供协助,因为大家都在合作活动的共同基础下。在这种情境下,沟通者要求协助的倾向,和接收者提供协助的倾向,都会自然而然兴起,以便加速完成共同目标。值得注意的是,黑猩猩偶尔也会对同类提供援助,这表示演化过程中,应该先有一个初级阶段,先演化出向别人请求协助的能力,作为基本的沟通动机。可是,黑猩猩在多数的团体活动中不会主动提供协助,也不会在其他活动中告知对同伴有用的讯息,这表示在演化上还有一段路要走。另外我们也该注意,互利共生的合作活动中,请求协助和告知讯息以提供协助这两者的差异非常小。换句话说,如果我们一致的目标是一起搬木柴,碰到路上有障碍物时,我可以要你把它搬开,我也可以告诉你小心有障碍物,那么我假设你听了之后,就会去把它移开。但如果我们不在互利共生的

---

① 有趣的是,如果只在听觉的范畴内,要有反复出现的过程并不容易,因为听觉的刺激是一次同时传播出去的,大家都听得到。在视觉的范畴内,我看到某物,为了知道你是否也看到了,我必须看着你(不像听觉)。我也要看着你才晓得你是否看到我看到东西了,依此类推。所以根据这种思考方式,没有视觉的夜行动物,永远无法演化出共同的关注点。

情境下,请求协助(我要你搬开石头,因为这可以助我达成目标)和告知以提供协助(我要你注意前面有石头,因为它会阻碍你达成目标)之间的差别就大多了。

这里有个很具启发性的类比(analogy)。就体态结构而言,所有的灵长类动物中,只有人的眼神方向非常容易观察(因为白色的巩膜比较明显,Kobayashi and Koshima 2001),就连小孩子都懂得注意别人眼睛所看的方向,而非头所转的方向,但是类人猿却是注意头的方向多于眼睛的方向(亦见 Tomasello et al. 2007)。为什么会如此呢?人类可以向别人"宣告"他们眼睛的方向,一定有某种优势,它似乎暗示着,人类合作地、有益地依靠别人的目光来提供讯息的情境,一定远多于他们竞争地、剥削地运用那些讯息的情境。我们也可以把沟通行为,想成是以同样的方法在宣告个体的内在状态。譬如,我们可以把合作式的请求,想成是我在"宣告"我内心想要的东西,这种宣告只可能是适应性的(adaptive),因为在此情况下,让别人知道我想要什么会对我有利。这种情境下,别人通常也是出于自己的理由,才会想帮我满足我的欲望,正如互利共生的合作关系。就是在这些情境下,人类可能会发展出告诉别人他们自己的欲望,或告诉别人对他们有利的事的倾向与技巧。

至于沟通机制本身,在互利共生的合作活动里,以手指物是最明显能用来请求、提供协助的方法。互利共生的合作活动发生在此时此地,由上而下地由共同目标、共同关注所架构,结构划分强而有力。因此多半情况下,以手指物就足以把任务完成。就算是我们要提到某个目前不在场的工具,只要比比它现在可能落到哪个方向,还是能成功达到沟通的目的。图像手势在这个初级阶段可能还派不上用场,因为它们需要葛赖斯沟通意图,才能显出这些手势不是空洞错置的(见下文)。不过如果这时的个体具备了模仿的技巧,那么自然产生的改变意图手势(如把某人"推"向他们应该身处的地方),不仅会如猿类的手势那样,经由个体发展的仪式化过程而被创造出来,还可以被模仿。

我们所提的人类合作最初出于互利共生的这一看法,是相对来讲较没争议性的。这种互利共生,必须依赖参与者跨出宽容、对食物更大方的第一步。这个论点比较新颖的地方在于:互利共生的合作活动,会自然孕育出合作沟通。说得明确点,反复读心术的技巧,最初是在形成共同目标时产生,接着又发展出与共同目标有关的共同关注点(由上而下),最后并形成其他形式的共同概念基础。类人猿在沟通之外,已经具备某些帮助的动机,这种动机在互利共生的合作中更能蓬勃发展,因为帮助你也等于在帮助我。所以沟通式的请求协助(不管是要求行动或讯息),以及依从这些请求(甚至是借由告知来提供协助),很可能都诞生于互利共生的活动中。截至目前,在这段近乎是演化奇谈的论述中,我们至少把请求协助和愿意回应这种请求的趋势(还包括以有用的讯息来提供协助),放在互利共生的合作互动中直接的共同基础里来解释。

5.2.2　间接互惠及告知以提供协助

除了互利共生的合作活动外,人类在许多场合也会互相帮助(包括告知),并彼此请求协助。所以我们必须解释从最初适应性的情况,如何概括地衍生到一般的情境。不过,人类在互利共生的情境之外,还愿意提供协助,并积极回应他人的协助请求,这多少已经涉及了利他主义,也就是个人愿意把自己的利益屈就于他人的利益,因此这一点需要特别的解释。我再次重申,要解释完整的人类利他主义的演化是不可能的,因此我仅提供一些浅见,谈谈利他主义如何在合作沟通的例子里运作。

　　黑猩猩就某种程度上来说会提供协助(Warneken and Tomasello 2006；Warneken et al. 2007)。它们的协助以什么为基础,我们尚不清楚,不过有些资料显示,黑猩猩与同伴自然的互动中,的确存在着直接互惠,亦即帮助曾经帮过你的同胞(de Waal and Lutrell 1988)。不过这种直接互惠,范围不太可能太广,也不会太稳固,而且在跟食物有关的条件下绝对不可能存在。吉尔比等人(Gilby et al. 2006)在田野调查时发现,接受食物者虽会互惠地以性交"回报"赠食者,或在打架时援助赠食者,但这与打猎后的食物分享都没有关系(亦可参阅 Watts and Mitani 2002)。另外,在西尔克等人(Silk et al. 2005)和詹森等人(Jensen et al. 2006)的研究中(虽然他们并非直接测试互惠),即使猩猩之间曾有父子或同盟的关系,它们也不会帮对方取得食物。

　　无论如何,合作互动之外的相互帮助,似乎需要某种互惠性。既然直接互惠的限制比较多,一个可能的选择是间接互惠,就是个体会挑选那些具备好名声,乐于助人、合作的同伴来帮助,并与他们合作(Nowak and Sigmund 1998；Panchanathan and Boyd 2003)。黑猩猩对其他猩猩的名声如何,的确会形成某种价值判断,这些证据来自梅利斯等人(Melis, Hare and Tomasello 2006b)的实验。在他们的研究中,黑猩猩必须找个同伴帮自己取得食物,它们可以选择的伙伴有两个(两者对它们都是新的搭档)。其中一只刚好是比较差劲的伙伴(是霸道、喜欢控制局面的雄猩猩),另一只则是比较善良的好伙伴。在跟两只猩猩有短暂接触的经验后,它们几乎都只会挑选那个好伙伴。这表示不合作的伙伴,必须为自己的自私与好斗付出代价,它们会被剥夺许多互利共生的合作活动的绝佳机会(但是那些避免与它们打交道的猩猩,基本上却不需付出什么代价,它们不会面临什么严重的惩罚,所以这里不涉及第二层次的利他主义的问题)。

个体在互利共生的合作活动中,会依据别人名声好坏来挑选伙伴,这意味着能对此有所理解的个体,也会寻求借由协助、合作的公共行为,增进自己的好名声,因为他们会假定别人也在观察、评估他们。因此在非互利共生的活动中,个体虽没有利益可得,却也会协助他人,告诉他们他觉得对他们有用或相关的讯息,以便强化自己乐于助人的好名誉,这样将来别人才愿意与他合作。另一个通过告知讯息来帮助别人的可能原因,是所谓的(借由高代价的适应度(fitness)[①]信号)炫耀(Zahavi and Zahavi 1997),亦即在性选择(sexual selection)时,借着展现我的知识丰富,可以显示我的社会力量。这方面特别重要的是,告诉别人与团体中其他人的名声有关的事(亦即说闲话(gossiping);参阅 Desalles 2006)。告知的另一个适应性情境,是为了教育(pedagogy, Gergely and Csibra 2006),尤其是教育自己的下一代,因为这连带会对告知行为,带来整体的适应度(inclusive fitness)[②](亦即亲属选择(kin selection))。不过,虽然这些衍生的功能可能也很重要,人类合作与人类沟通共同的合作基础结构,却暗示着合作活动才是最初孕育人类合作沟通的地方。

---

① 适应度又译为生殖成就,是演化论里核心的概念,指的是拥有某种基因型的个体,在繁殖上的成功率或能力。——译注

② 整体适应度指的是个体本身的适应度(亦即他能产生多少自己的后代)加上其他同伴的适应度(他借着帮助同伴,能为群体增加多少后代)。——译注

一旦我们跨越了请求,到了告知这一步,沟通时空上有所距离的事物就变得越来越有需要。虽然人类以手指物所能沟通的讯息,已经远比猿类获取注意力的手势所能沟通的内容来得复杂,但是显然仍有不少限制。最关键的一点是,即使共同概念基础是以手指物的沟通力的基本来源,但它本身也是一种限制。因此,如果你和我有过多次在喷水的洞口附近看到瞪羚的经验,今天你又看到我从那个方向回来,而且兴奋地用手往回指着,你大概会猜瞪羚又在那里出现了;我这时便成功地借由以手指物,来代表某个不在场的实体。可是,如果我们没有先前共同的经验,我便没办法用手表示出那个不在场的动物;如果参与沟通的人之间的共同基础太少或欠缺,那么以手指物根本就不能发挥什么作用,尤其是当你还得花费许多时间推论时。因此,以手指物不是个有效教导新手或幼儿如何做事的好方法。如果我正在从事一件复杂的工作,要用棍子从地下把块茎挖起来,而我需要你帮忙把土移开,如果你以前和我一起做过同样的事,我只需简单指着挡到我的那些土壤就够了;可是如果你从来没跟我做过这件事,我比着地上某一点就不太可能会让你明白下一步该做什么。基于同样的基本原因,以手指物也不是陌生人之间有效的沟通办法。所以以手指物完全要依靠沟通者和接收者的共识,其实是有利也有弊的。

图像手势基本上也一样依赖共同基础,可是程度上比较轻,因为手势本身所涵盖的讯息应该更多。所以即使我的新伙伴从来没有在上述情况下跟我合作过,我还是可以图像地比给他看,告诉他怎么把土挖开(不过他也要看懂我的手势是为了沟通,知道手势跟我们目前的活动有关)。又或是即使我们两个从未一起在喷水的洞口旁看过羚羊,我还是可以描绘羚羊的动作给那位朋友看,并模

第五章 群体演化发展的起源

仿它的声音,来代表那里有只羚羊(或许也可以比比那个方向)。在许多情况下,对陌生人来说,图像手势应该比以手指物有效得多。可是为什么图像手势在人类个体演化上比较晚出现,而且猿类根本没有图像手势?原因在于,要运用图像手势,我们必须能在正常的工具情境外,以模拟的形式比划动作,于是这便需要模仿的技巧,如果还不需用到伪装的话。但是更重要地,要理解图像动作是种沟通手势,我们必须稍微理解葛赖斯沟通意图;不然接收者会以为沟通者举止怪异,为什么在不太恰当的场合中,要学羚羊跑步,或作势在挖洞。也就是说动作本身必须受到"隔离",才不会被解读为实际的行为,这一点类似莱斯利(Leslie 1987)所提出的伪装。因此,图像手势理应来自猿类改变意图的手势,其目的在诱发真的行动,可是却加上了一种表象层次,以模拟/模仿及接收者对沟通意图的理解为基础。掌握图像手势的好处是,即使彼此共有的经验较少,我们还是能更有效地与人沟通更多的情境(Donald 1991)。

就功能的观点而言,当人类开始想帮助别人,以增加自己的好名声,且他们可以仰赖其他也愿意提供帮助的人时,他们就会开始自由地告诉别人讯息。这时,即使是个人主义式的命令,也可以转为合作的命令:我不告诉你该怎么做,但我只告诉你我的希望,因为我知道你会帮我实现愿望。重要的是,葛赖斯沟通意图正是在这些超协助的情境下产生。整个程序可以如下表示(C=沟通者,R=接收者):

- C 的目标是让 R 知道某事:可以是有用或有趣的信息(告知式的),或是他自己的内在状况(合作式的请求)。
- R 了解 C 要她知道某事,她也想合作并接受这些讯息,因为她相信那会是直接对自己有益的事（如果是告知式的），或是可以提供她机会，使自己变得更有帮助（如果是合作式命令），因此她以回应 C 的请求来强化自己的好名声。
- C 理解 R 愿意了解和回应他要她知道某事的愿望，这一部分至少是因为她信任他愿意合作；所以现在除了让她知道他要她知道某事，他也对她强调他要她知道他要她知道某事——他期待如果她态度上愿意合作，那么知道他要什么后，会让她更努力去了解并配合。

这种推理（亦即我所谓的合作推理），跟对自己或他人的行为所做的个别实际推理，基本上非常不一样。用莱文森的话来说：

> 当我们开始行动，并希望我们的行为应该协调妥当时，我们的思想也随之有了巨大的转变——接着我们必须规划我们的行为，让它们不证自明地清楚明确（Levinson 1995:411）。

我们很容易想象，上述沟通行为的第一步（主要是 Sperber and Wilson 1986 所提的"告知意图"（informative intention））在人类演化史早期的某个阶段的确存在过，特别是在互利共生的情况下。我要你看到食物，然后你会去拿，因为最后我们就能一起分享那美食（而我并不太在乎你是否知道我要你看到那食物）；例如，我可以抓着树枝，让一串果子垂到你面前。一旦沟通者晓得接收者真的在意他要什么，沟通者就可以利用这点，确定她也知道他要告诉她有趣的事或他的内在状态；譬如，要是你没注意到面前的果子，我可能会出声，或用其他方法引你注意我，让你知道我之所以故意把果子拉到你面前，是有原因的（双方彼此期待是为了合作，所以你应该试着理解原因何在)。除非沟通的双方都知道他们想彼此帮忙,否则这一切便行不通。另外我们也该注意很有趣的一点,如上所述,这些过程最初不太可能在图像手势出现。我很容易就能把你的注意力引到周遭环境的某物上,而不必刻意强调我在这么做,就像猿类会用以手指物来引导注意力,然后我静观其变,看你如何看到那东西,并如我所预期的对它有所反应。可是当我比手势给你时,比方我可能比划一只羚羊,我在告知你的同时,没办法不让你知道我有告知你的意愿(凡有告知意图,必有沟通意图),除非你对我的沟通意图有所了解,否则就会觉得我行为古怪,并非试图沟通。

因此,服从别人的请求协助并确实对人提供协助,可能肇始于互利共生的合作中,服从本身总是适应性的,因为它对自己有利,然后它又对提供协助者的名声有正面的影响,所以才概括化(generalized)地推演到非互利共生的情境中。另外有两个彼此相关的有趣现象。首先,人类时常(在某些情境下几乎总会如此)对帮助过自己的人表达谢意。这个特殊的沟通功能之所以演化出来,是因为它对双方的名声都有好处。当我感谢你的恩惠时,我是在向附近的人宣告你是个乐于助人的人,而且我也让大家明白,只要帮过我的人,都可能被我这么公开赞扬。人们总想帮助会感恩的人,因为这些受惠者,能把他们的利他行为宣扬出去。其次,礼貌的另一个重要方面,不在于命令别人去做事(个人主义式的命令),而在于表达自己的愿望(合作式命令),甚至是间接地表达,让别人主动提议帮忙,之后就可以好好感谢他们,因为他们自发地提供协助,而不是被人命令这么做(Brown and Levinson 1978)。这种行为可以这么解读,在请求你帮忙时,我也提供你一个动机,就是你可以自由决定是否帮我的忙（所以你会因为自愿帮忙而获得嘉许），那么我就会公开答谢你作为回报。当我们在表达谢意和间接请求协助时，就是我们在确认，提供协助的人会因为主动帮忙，而获得名誉上的好处。这些过程结合起来，加上社会常规，就导致当我们不去帮助应该帮助的人时，会产生罪恶感的情绪，并以道歉的方式公开表达出来。

在我们近乎演化论的故事里，现在有了能回应要求，并能自由地提供有用或有趣的讯息给他人的人类，即使在互利共生的情境之外亦然。这主要是靠以手指物和图像手势完成。现在一个关键的问题是：这些行为如何产生带有制裁意义的社会常规，以约束这种协助？这个问题很难回答，可以说超出了我的能力与视界。但目前，我至少可以指出一个事实，就是一个团体里的成员，如果具备了反复读心术的能力，而且很在意自己的名声（所以大家彼此都知道，每个人都担心自己名誉受损），这时希望对方能帮助自己的彼此期待就会自然产生。彼此的期待并不算是规范，因为不具惩处效力，可是它们已经往那个方向发展了。所以目前我们可以假定，希望别人帮助自己的这种彼此期待，是展现自己的沟通意图、让对方做了适当的相关推论后就能看出这个意图的关键步骤，可是规范性效力则来自另外一个方向，这就是下一节要探讨的。

5.2.3　文化团体选择与分享态度

所有关于类人猿社会学习和模仿、并以人类幼儿做比较的研究，都发现孩子从别人身上学东西，学得比猿类更彻底，即使这些实验性质上差异不大，却有量化的多种例证支持（参阅 Whiten et al. 2004 的评论）。一个可能的原因是，比起猿类，人类更能把注意力放在实际所从事的行为上(而不是放在环境中的结果、或希望发生的结果上)。这种更多地以行动为基础的方式,可能来自人类在特殊场合中,需要从他人身上模仿学习,例如制作复杂的工具,而这种方式,也可能有助于创造模拟真实事件的图像手势。

不过模仿还有另外一面,通常在实验研究中不会被特别强调,那就是所谓模仿的社会功能(Uzgiris 1981；Carpenter 2006)。举个社会心理学里很有名的例子,在团体中表达团结的一个方法是,跟别人做一样的事,穿得跟他们一样,讲话要像他们,表达态度也要像他们,大致说来,就是凡事都学他们。ET[①]的电影里,当那些儿童在房里面对跟他们一样大小的外星人时,有个小女孩盯着那外星人看,并慢慢伸起她的食指,这一幕把我们刚才所说的观点表达得非常好。当那只友善的怪兽回看小女孩一眼,也慢慢伸出食指时,那些孩子(还有观众)激动地说：他跟我们是同类(所以应该跟我们一样)！反过来讲,人类团体会歧视跟自己不同的人,他们甚至大费周章地设计方法,来辨别自己人与他人。最明显的是,不会说我们的话的,穿着打扮跟我们不一样的,吃的跟我们不一样的,脸画得不像我们的,不跟我们拜一样的神,或是种种与我们不一样的,都不是我们的人。人类群体前所未有地标示自己,以确定团体归属,甚至有团体特别的聚会(一种独一无二的言语行为),其部分目的就在巩固团体的向心力。从心理的角度来看,人类幼儿接触到这种团体内/团体外的生活方式,是靠着模仿周遭的人、服从他们、进而变得跟他们一样,这也造成了语言上不同地域的口音不同。不过除了像他人一样以外,人类也希望被别人所喜欢,而

---

① ET,即《外星人》,美国的一部科学幻想影片。——译注

培养归属感与被喜欢的一个方法,就是在社会团体内,借由闲谈、叙事(narrative)和表达式的言语行为,分享对世界的情感与态度。不管是希望"像"(be like)别人或是被别人"喜欢"(be liked by),如果不能如愿,都会导致负面的情绪:如果我行为逾矩,违反社会常规,可能会产生羞愧或罪恶感;如果没人喜欢我,则会觉得寂寞与孤立。这些情绪之所以产生,可能正是要帮助确保每个人都注意并遵循协助/互惠以及服从/团结/归属等社会常规。

这种模仿/服从/团结/归属,对人类合作沟通的演化有两个重要的结果,而这两个结果分别跟演化过程的不同层面有关。首先,与人培养归属感的愿望,形成了人类合作沟通三个基础动机中的一个基础:亦即与人分享感情/态度的这种愿望。虽然它与一般的告知动机似乎没有太多的区别(我们可以说,当我对一幅画表达热切的情绪时,我也是在告诉你我的态度),以人类儿童做实验的研究显示(上一章已经评论过),我表达热情的目的,不同于告知,不在于提供你想要或所需的讯息,而是想诱发你表达与我相同的态度。当我们对共同的经验有同样感觉时,我们就更能心有灵犀。为了理解这个过程的重要,我们只需想想,要是某天你的另一半开始对你的好友、你最爱的物品和活动表达不屑,那会有什么后果。同样地,当人们被问及,没有面对面接触的网络恋情如何开始时,很常见的一个回答是"我们有很多共通点","我们志同道合"等等。社会心理学上一个大家公认的发现是:人们通常跟与自己的观点、态度一致的人结为同党(Schachter 1959)。分开一阵子的家人、朋友再相聚时,总会互相闲聊回忆过往,这也能凝聚彼此之间的关系,其中特别重要的一部分,是当他们叙旧时,对那些往事共同的评价("我们一起……的时候真是太棒了","很遗憾他……";Bruner

1986)。因此分享感情与态度对人类来说，可能具备了团体认同的功能，这个功能是人类独有的。所以我们提出的看法是，对儿童早期沟通、培养归属感非常重要的表达式陈述，代表了一种独特的分享情绪的社会意图，我们甚至可以把表达式陈述，看作是特别积极主动与人建立共识的努力，也是进一步与人结盟的方法。

沟通上这种模仿/服从/团结/归属的第二个结果，是能确立常规。来自团体要求个人服从的压力，是社会常规的本质；最终的威胁是被排斥，甚至被团体驱逐出境。所以我们先前提过，可能就是靠着团体内彼此理解每个人都需要帮助，而且每个人都关心乐于助人的好名声，人类才演化出在沟通情境下彼此对互助的期待。可是如果我们把服从的压力和团体的期待加在一起（如果有人要我把盐递过去，那么我非做不可），便发展出了完整的规范，就如在沟通的情境下，我们有助人的规范要遵守，违反常规时就免不了要受社会制裁（如：名誉扫地，遭人排挤）。因此我们针对沟通情境所提出的常规公式是，它由彼此对行为的期待、对名声的在意、及来自团体的服从压力所组成，或者可能还有其他要素！在这方面，很有意思的是，人类虽有沟通时要互相帮助的规范——例如某些情况下，我们有告知的义务（比方我发现你的车灯是开的时，我有义务要告诉你），这些规范却不能约束表达式的陈述。如果有人不愿向他人表达自己，或是不同意这样的表达方式，并不会受到社会制裁，他顶多是自己丧失了与人增进友谊、形成归属的机会罢了。

有趣且重要的是，类人猿似乎不具备这些特性。目前还没有很好的证据，说明它们会因社会服从/团结而模仿别的猿类；它们的沟通中没有表达式陈述（与人沟通时亦无）；它们的沟通不受任何社会常规所约束（它们生活里的其他方面也是）。所以，类人猿虽然跟人类一样,具有社交上从其他伙伴学会使用工具的能力,有时甚至是通过模仿学得,但是模仿的社会功能,以及它所带来的服从团体规范的压力,却是人类所独有的。当然这些方面可能是正常演化出来的,只对个体起作用。不过我自己深信(其中缘由因偏离主题,我就不详述了),人类之所以演化出"希望像别人一样"的愿望,是为了尽量增大团体内部的服从与团体之间的差异,这是一种对整个群体所做的多层次选择:也就是所谓的文化团体选择(Richerson and Boyd 2005)。这个备受争议的过程,可能不是我们的故事中最关键的,可是如果团体真的是演化上选择的单位(尤其是在团体内服从与团体间分化的文化过程中),它便有助于解释为什么人类,而且只有人类能发展出语言沟通的系统,这种系统不像其他生物的沟通,*并非*对他们族类里的所有成员都有效,而是只对在相同文化团体里成长的成员有效。

最后我们再回到葛赖斯沟通意图。前面我们看过,只有在沟通双方彼此了解、彼此有所期待下,才能理解葛赖斯沟通意图的功能,换言之,也就是当每个人都知道大家对帮助与合作有所期待,而且都知道大家关心名声时。但是不只有期待,还有实际的规范掌管这个过程。除了沟通者跟接收者宣告他希望她怎么做以外,葛赖斯沟通意图的一个重要功能在于它让凡事公开,也就是有些理论家所谓的"完全外显的"。这表示,常规在此适用,无法避免。如果我们把事情搬离公共空间,不明确表达出沟通的意图,那么常规就不能适用。我们可以再想想第三章里提到的隐没身份。如果我把空酒杯放在明显的地方,希望主人自己看到并将它添满,但(出于礼貌)我得确定不让主人看到我这么做,所以他不会觉得我在明确地请求,那么此处就没有什么常规适用。可是如果主人看到了我的空酒杯，我也注意到他看到了（也许他在看镜子，所以也从镜中注意到我注意到他看到了），这时常规还是不适用。可是我若明确地对着他的方向挥动酒杯，那么这个动作便能引发出常规来：这时我们一起知道主人看到了空酒杯，也知道主人从我对他挥动酒杯的动作，猜到了我想再喝一杯，那么他就必须有所表示，不然就要装作他没看到我的动作。再想一个类似的例子：我和同事都知道她每天五点半要去接小孩，某日时间快到时我们正在大堂聊天，她不着痕迹地往下瞥了一眼手表，我看到了，如果我没有公开我看到了，我可以继续讲话不管她看表，可是如果她明确地把头低下去看表（希望我们一起注意到这点），我就不能装作没看到，必须有所回应。

所以，葛赖斯沟通意图的一个主要功能，就是把我的沟通行为置于公共场合中，让所有的常规都能适用。当我和你说话时，如果你认可我在对你说话，你就必须与我交谈。如果我不在跟你说话，只是希望你注意到某件事并采取某种行动，那么你就不需要主动与我交谈。如果你主动与我交谈，而我请你帮个忙，或公开告诉你某事，你就必须服从或接受，不然也得给个理由，说明你为什么帮不上忙或不接受我的讯息。当然，你可以假装不明白我的意思，不过一旦理解本身成了公开的事，那么助人的常规就适用。从好的方面来看，事情一旦摊在阳光下，就跟我正面的名声有关。因此我若跟你互动而你也接受了，就表示你准许自己跟我玩同一个游戏。我请你帮忙而且你答应了，对你的名声会有好处。我提供有用的讯息给你，对我的名声也有好处。所以，借由将沟通行为公开，葛赖斯沟通意图便能架构人类的沟通，让所有的常规与惩罚同时生效。如果有人对这种公开表达的沟通形式所衍生的复杂度有所质疑，不妨想想在合作沟通时，因为礼貌的考虑会衍生出多少令人难以置信的复杂关系来(见 Brown and Levinson 1978 等)。

所有这一切无疑地都只在人类身上才见得到。目前尚未有证据显示,人以外的灵长类会创造出类似的公共空间,让名声或规范制裁这些考量得以运作。规范本身还具备一个有趣的特点,当合作沟通这个强大新颖的工具被拿来做反社会的事时,它可以发挥制裁惩罚的作用。换句话说,合作沟通的技巧,以及这些技巧所奠基的种种对合作行为的假设,都让人类得以说谎。说谎之所以奏效,是因为接收讯息的人假定沟通者乐于助人、真实可靠,除非有特殊原因让他觉得对方不是如此。社会团体于是企图更正这种"不想要的结果"(unintended consequence),沟通虽是美妙的工具,却也有缺失,因此只有让强势的社会常规众所皆知,以抵制说谎,这样那些(没有正当理由)说谎的人才能名誉扫地。虽然类人猿能对同伴隐瞒事情(Melis, Call and Tomasello 2006),却没有证据表示它们会主动误导同伴或说谎,因为它们不是本着合作而沟通,不会彼此期望对方要尽量帮助自己或尽量坦诚。

5.2.4 小结

截至目前,我们所做的是把演化生物学家所用的三个基本程序,拿来解释合作如何产生(除了亲属选择),并把它们应用在人类合作沟通的三个基本动机上。为了解释人类对请求有所回应,我们提到了互利共生主义;为了解释人类主动以告知来提供协助,提到了间接互惠;为了解释人类彼此分享情感态度,提到了文化团体选择。我们试着解释,人类沟通时助人与分享的动机(亦即共享意图的基本动机),一部分可能是为了适应一般性的合作活动而诞生。因此我们提出,共享意图最基本的认知技巧(亦即反复的读心术),是为了适应特殊的合作活动而诞生(因为有了最初变得对食物越来越宽容、越来越大方的调适),于是便创造了共同关注与共同基础。主动助人与反复读心术两相结合,便导致双方对帮助这件事有了共同的期待,那么葛赖斯沟通意图就可引导人对相关事物做出推断,这个过程受到社会常规的约束,而这些规范,是由人类独有的另一个特性所创造出来,这种特性就是,人在一个社群里都会想和别人一样,也会希望别人喜欢自己,以求和其他社群做区别。这种情况下,最初的沟通机制几乎都是以手指物(及其他改变意图的手势),至于图像手势,则一直要等到葛赖斯沟通意图涌现后才会出现,因为这种沟通意图能把手势"隔离",而不使人误解。这个过程中,人类究竟在哪一步开始将他们的沟通机制约定俗成,我们目前还不清楚。

5.3 惯例沟通的出现

我在此所提出的这种复杂、但仍稍嫌简略的叙述,主要是想说明人类合作沟通的社会认知及社会动机的基础结构,以及它如何演化。可是距离我们理解今日的人类如何运用世界上六千多种语言彼此沟通,似乎还有很长一段路要走。不过我们其实也离目的地不远了。这几次演讲的主要论点在于,人的沟通如此强而有力,是因为有一层心理基础结构,在人类特有的手势,如以手指物和比划示意中,都可看出这层心理基础,而语言更是奠基于、并完全仰赖这个基础。没有这个基础结构,像"gavagai"这样的沟通惯例,也只是一堆没有意义的声音罢了。

以手指物和比划示意都可看作是"自然"的沟通,因为它们能用所有人类得以相互理解的方法,来引导注意力与想象力,即使这些人先前从没有接触过,但"惯例"式的沟通却运用任意的符号,这些符号,就需要团体里所有成员都有共同的社会学习经验(他们原则上都知道,团体里的每个人都共享这些学习经验)。这一点强调了一个很关键的理论:沟通惯例是由两个分开的特色所定义的(Lewis 1969)。第一个,也是最关键的,我们做事的方法大体一致,因为大家都是这么做的(我们大家也都知道这回事):这是所有人共享的。第二,如果我们愿意,也可以换个方式做:至少在某一方面来说,这么做完全是任意的。可是任意本身是个相对的概念,而且可看作是一个连续体。很多不雅的手势难道是"任意"的？或它们仅是用图像法代表真正的行为？许多这类手势都曾经是图像式的,可是随着时间演变就越来越任意了,但它们彻头彻尾是一种惯例,是大家共享的。无论如何,我们的论点是,先有共享的惯例,然后才随着历史进展"趋于任意"(drift to the arbitrary)。换言之,最任意的惯例沟通形式(亦即以声音为渠道的语言沟通),绝不会无中生有演化出来,而是从比较自然有意义的手势惯例中演化出来。

5.3.1　趋于任意

我们提出的这个模式,在沟通惯例出现前,有点像现在12至14个月大,还不会说话的幼儿:他们一般靠以手指物沟通,偶尔不能指着东西时,则使用图像手势。某个阶段他们也可能结合两者,例如一边比划羚羊的模样,一边指着看不到的远处,表示它可能正在吃草的地方。

图像手势在语言演化上特别重要,因为它们涉及象征表象,以代表不在当下时空的物品。前一章里，我们提供过一些例证，在小孩成长的过程中，语言的象征符号取代的不是以手指物，而是图像手势。不过，图像手势跟以手指物一样，也有沟通上的限制，尤其是跟语言比较起来。如果我对你比划挖地的动作，是在暗示先前没有经验的你，现在应该跟着这么做（假设你明白我的动作是一种沟通行为），你明不明白我的动作，多少取决于你对挖地这件事有多么熟悉，以及你是否能评断在当前情况下该怎么做。如果我能直截了当用语言告诉你做什么，你可能还是得要靠过去的经验，以及目前你对状况的评估，但是程度上会少得多。当然，沟通式的惯例都要仰赖先前共同的社会学习经验，因此如果我们和他人并没有共同的社会学习经历（例如当两个讲不同语言的人企图沟通时），图像手势就优于惯例的沟通方式，因为语言在这个情境下根本起不了作用。

无论如何，人类团体在某个阶段脱离了图像手势，因为每次碰上新的场合，都得发明新的手势，人于是转而使用沟通式的惯例。惯例指的是一种任意的行事方法，因为用其他方法应该也行的，可是如果人人都用同样的方法，对大家都有利，所以大伙儿都照着别人的方法来行事，因为每个人都是这么做的（Lewis 1969）。这种任意表示，不能自己创造新的惯例。你可以自己发明有效沟通的图像手势，可是任意的沟通惯例必须是人人"共享"的，这样每个人才能信赖团体里的其他人，知道该如何沟通地运用这些惯例。显然，这也是反复读心术的部分产物。之前我们阐述过，这里所需的社会学习形式，不只是模仿，还有角色互换的模仿，其中每个刚开始使用这项惯例的人，都了解他可以对别人使用这个惯例，就像别人也可以对他使用这个惯例一样，而且反之亦然。所以不管是惯例的使用者或理解者，这两种角色都隐隐存在于使用惯例和理解惯例的过程中(Tomasello 1999)。

可是我们仍面临着一开始惯例如何产生的问题。如果要说惯例是经由大伙儿明确同意才产生的(就像社会契约理论里常常说的)，这并不是一个合理的答案，因为同意本身预设了，大家彼此已经存在着某种沟通方式，而且这种方式比后来发明的语言惯例更有力，所以大家才能获得一致的共识。不过，在我们目前谈到的那些具有合作沟通的基础结构，而且又能相互合作、互换角色、彼此模仿的生物中，惯例会"自然而然"地兴起，这是共享与非共享经验两相结合的结果。任意的沟通惯例，最初应该是在这样的情境下产生。首先，合作式的图像手势先出现。例如，我们的远祖人属(*Homo*)的某位女士，有天想挖掘地下的块茎，为了让其他人和她一起去，她先夸张地比划挖地的动作，并面朝着块茎生长的地方，洞穴里的那些同伴自然了解她在比划什么，他们知道她比划挖地的动作，是在描绘真正拿起工具去从事挖掘的行动。很可能其中某个人借由角色互换模仿，学了她的动作，于是便创造了共享的沟通方法，这种方法是惯例性的，意思是大家共有的，而且一部分是任意的，因为如果要用其他手势代表同样的功能，其实也没什么不可。

不过我们可以把上述情境继续延伸下去。有些不太熟悉挖地这回事的人，也许是儿童，第一次观察到"我们去挖地"的这个手势，对他们来说，那个仪式化的手势与实际的挖掘本身，没有什么关联(虽然他们知道这个手势的目的在于沟通)；他们以为这个手势代表的只是某人要离开了，以后他们也许就模仿这个比法，来表示离开(去做挖地以外的事)，于是这个手势原本代表的图像基础就消失了。这有点像某些原本有意义的形式,如隐喻法,随着时间演变,因为新的学习者再也接触不到它们原本的含义所指的情境,其含义就变得不再明显("死的隐喻"(dead metaphors))。我们可以再想象,久而久之,当我们所使用的沟通符号多半变成任意的象征,符号本身跟它所代表的事物与社会意图已经没有什么关联时,那么如果我们愿意,就可以依需要再发明一些新的任意符号。

这个过程另有一个重要结果,就是符号的标准化。换句话说,如果图像手势都是有来源的,"同样"的动作或事件却会因为情境不同,而有不同的表达方式;比方说,开门是一个比法,开罐子又是另一个比法。如果是家里自行发明的家庭手语(home signs),那更具备这种特性(Goldin-Meadow 2003b;参阅下一章)。然而,一旦原本的图像性对新的学习者来说变得不再明显了(opaque),某些人比划开的这个动作可能就会越来越抽象,不再特别像是把什么东西打开的模样。许多约定俗成的手语符号都是如此,因此也为日后借由声音渠道沟通时,完全任意而抽象的特性开辟了一条道路。

沟通惯例最早的运用,应该是以独词语句表达复杂概念的阶段(holophrase)。这个词曾被拿来表达多种不同的意思(见Wray 1998),但我们所指的是一个单位的沟通行为(one-unit communicative act)。其实从沟通的观点来看,即使是这种看似最简单的方法,实际上也涉及复杂的内容。首先,从我们前面的论据应该可以清楚显示,只由一个词构成的句子,还是能传达相当繁复的意思——要看用这句话的场合,及双方共同关注的焦点有多少。我们再回到第一章提过的男友脚踏车的例子,在那个情况下,不管我是用手去指,还是说"那里!"(There!)或"你男友的脚踏车在那里！"，传达的讯息都是一样的。沟通信号里单一的单位，没有办法告诉我们所要沟通的内容有多复杂，因为沟通的内容不仅取决于沟通信号本身所确切传达的，也取决于没有明确说出但双方共同知悉的基础。第二个要考量的重点是，独词语句其实具备两个成分。第三章我们已经概略地说过，沟通行为总是包含引导注意力这个指涉的方面，以及表达动机。所以，如果我希望你帮我加水，我可以带着要求的语调说"水"，可是如果我们一起在人行道上走时，我要警告你注意地上那摊水，我也可以用讶异、警告的口吻与表情说"水！"。独词语句因此像以手指物一样，都由两个成分构成：一是反映所指涉的东西，二是表明动机，虽然在某些情境下，动机是大家已知的，所以不必借由特殊的口吻和表情表达出来。就功能的观点来看，既然独词语句本质上也是个复合体，我们便可将它看作是衍生出语法的最早雏形。

很矛盾的是，跨越到沟通惯例的那一步反而相当自然。一开始，并没有人特意想发明什么惯例。可是当具备角色互换模仿能力、又已经知道用相当繁复的方法沟通的生物，开始彼此模仿对方的图像手势时（亦即开始合作式地以手势沟通时），沟通惯例便自然而然兴起。然后某个不了解那种图像关系的人，看到了这个手势能有效沟通，于是也依样画葫芦，可是却不带有原先的图像动机。这时那个手势对新学习者来说，就变成是任意的。有人称这种过程叫"第三类过程"（process of the third kind），是人类有意的行为的社会结果，却不是任何人刻意要这么做的（Keller 1994；第六章会更深入论及此点）。

5.3.2 转成声音模式

目前为止,我们对最早的沟通惯例(在非惯例的以手指物及比划示意之后)是通过手势还是声音的渠道,立场可谓中立。其实,最初步的沟通惯例一定不会从声音开始,至少不会从人类以外的灵长类的声音沟通开始。我们必须声明两个要点。

第一点就像我们在第二章里曾经详述过的。人类以外的灵长类所发的声音,都与表达情感密切相关,因此不会是故意发出来的。正如所有的动物沟通,这些算是"编码的"(coded)沟通,因为动物一生下来就会发该物种特有的声音,也会以该物种特有的方式回应这些声音。大自然几乎不为它们预留什么意图、合作、或推论的空间,接收声音的个体只是学着把声音和所发生的事联想在一起(例如听到鸟类的某种警告声,就会有豹出现)。所以声音如果要成为有意的或最终发展成合作的沟通,发声的个体先要能刻意掌握什么时候该发声。

人类在演化的某一阶段,的确取得了自己发声的控制权。这便把我们引到了第二个问题上。以声音为媒介来做指涉性的沟通,其实比不上以动作为基础的手势来的有优势。因此,就引导注意力而言,不是所有灵长类,包括人类也是,都会自然地借由声音,把别人的注意力引至外界某个目标上。灵长类听到同伴出声音,会自然地找出是谁在发声,并识别它的情绪状态,有些情况下也会四处张望,想了解同伴为何有此情绪反应。其他灵长类,主要是人类,则会自然地通过看或指的动作,在视觉空间上引导别人的注意力,因为所有灵长类都有追随别人目光的倾向。至于若要把想象力引到某个不在场的物品上,不经约定俗成的声音同样极为有限。

我们虽可以模仿环境里与重要事物有关的声音,以间接方式代表这些事物(例如装豹的声音,或模仿我看到豹时,正常情绪反应下所发的声音),但这么做仍不太自然,也不比通过视觉渠道以动作为基础的比划示意来的变化多端。

我们可以做个有趣的练习,想象有两群从未与人沟通过的小朋友。每一群都各自住在荒岛上,有点像小说改编的电影《蝇王》(Lord of the Flies)那样。其中一群孩子的嘴巴被胶带粘起来,另一群则是手被绑到背后去。(我先向世界各地的人权团体致歉。我保证这些孩子在其他时候都受到无微不至的照顾,而且在把孩子绑起来前,他们的父母都口头上同意过)。这两个团体之间会产生什么样的沟通呢?其实我们或多或少都知道,孩子不能动嘴巴时会怎么样,因为不懂手语的父母所生的听障孩子,会自己发明繁复、以动作为基础的手语系统,来跟父母和兄弟姐妹沟通,这些手势运用了以手指物和比划示意,是所谓的家庭手语(Goldin-Meadow 2003b)。这样的小孩之后若凑在一起,还会发展出更细致、约定俗成、具有语法特性的手势符号系统(如尼加拉瓜手语;见下一章)。至于无法动手的孩子,我们当然不知道会发生什么事。不过我们很难想象他们会自己发明声音,用有意义的方法把别人的注意力或想象力引导到外部世界,除非是少数跟情绪状态有关的声音,或少数几个口头上模仿声音的例子。这是因为人类在声音这个渠道方面,并没有把它作为沟通出发点的自然倾向,不像人类会自然地在空间里注视他人的目光方向,或会自然地解读别人通过手势/视觉渠道所产生的有意动作。所以对已经有意义的沟通行为而言,根本没有约定俗成的必要。我自己推测,手被绑起来的小孩,可能会试着以眼神或头来引导别人的注意力,或使用身体

第五章 群体演化发展的起源

的动作来表达意思。

之所以让大家想象这么一个不真实、甚至有些吓人的场景,只是为了强调,以声音为媒介的沟通,因为本质上的限制和它在一般灵长类生活中所具备的有限功能,很难想象仅靠声音模式的沟通,就会演化成有意义、人类式的合作沟通,更别说它会发展成沟通式的惯例了。可是我们一点也不难想象,类似的合作沟通会在动作领域发生,其实我们根本不必特别去想象,因为特殊环境下所生的听障孩子,的确会设法发展出与人沟通的方法(很多文献里也记载过特殊环境下的成人,也许因为在嘈杂的工厂工作,或是做生意时必须和语言背景不同的人沟通,所以会自己发明手势符号系统;Kendon 2004)。也许这种差异最基本的原因就在于,对一般灵长类而言,特别是人类,我们都会自动循着别人目光的方向去看,也会自动把别人的行为举止看作是有所意图、本质上有意义的行动,尤其是当这些行为是做给我们看时。如果人类沟通的精髓,就在于它的意向,那么人类的行为,就是赋予沟通意义的终极源头。并不是说其他生物的声音模式不可能发展出合作沟通,而是因为声音在灵长类身上独特的运作方式,特别是它与情绪密切相关,而且这些声音会让个体把注意力放在声音本身或发声的源头上,而非放在声音所指涉的外界物品上,所以几乎不可能由此发展出合作沟通。

所以要达到具备完整合作特性的人类合作沟通,我们得从以动作为基础的结构开始。而这最终也要奠基于人类的三个习惯,一是会追随目光,二是会以手指着某个方向引导别人往那里看,三是喜欢用意图来解读别人的行为(还要奠基于合作行为是合作式基础结构的主要来源)。因此问题自然就来了:人类后来为什么会转成声音模式的沟通？今天的人类相互沟通时，常常语言和手势并用，可是主要的指涉工作还非得靠语言不可（或许也会伴随着以手指物），而手势只是以想象的符号辅助语言，传达不容易用语言表明的讯息（McNeill 2005；Goldin-Meadow 2003a）。然而，口说的语言无疑是优势主流，甚至具备语法的方面（或书写的形式），这一点是自然产生的手势所没有的。声音模式如何取得这项优势呢？

过去对于这个问题的种种想法，一直不乏假设，因为所有典型的研究手势起源的理论家，对这件事总有话好说。比方我们可以假定，声音模式之所以优越，是因为：它让人可以在较远的距离沟通；它让人在浓密的森林里也能沟通；它让手可以空下来，于是人类可以一边沟通一边做事情；它通过听觉渠道沟通，让眼睛可以四周搜寻掠食者和其他重要讯息，诸如此类。这些原因或多或少都起过一定的作用。在此我们还想提出另一个可能性，它跟我们这一章里所提供的解释是一致的，就是声音模式的沟通，比起手势沟通来的更公开。第二章探讨灵长类沟通时，我们谈过它们的声音可以一视同仁地传播到附近每个个体的耳朵里，但手势就只能比给几个人看。在历经以手势对着几个人沟通的阶段后，逐渐转变成声音模式的沟通可能意味着，沟通行为还是只针对少数几个人。因此沟通意图本身，可视为一种后设的符号（metasignal），告诉你这是"给你"的讯息——但与此同时，声音的媒介让旁边所有人都能意外听见谈话内容（要避免这种情况发生，只能采取特殊手段，如低声私语）。这表示，口说的行为本质上是公开的，因此才会关乎名声一类的事。

最后，我们也要谈及这种过渡究竟如何产生，我们的看法是，一开始，最早的声音表达都是伴随情绪而有的自然反应，或是故意制造音效来辅助原本就有意义、以动作为基础的手势，或辅助其他早有意义的合作行为。因此，沟通者既用手势又用声音，至少从接收讯息的一方来看，有点多此一举。随着人类越来越能主动控制自己所发的声音，他们也可能运用了图像的声音（例如模仿豹的声音），不过和视觉图像一样，也要等葛赖斯沟通意图先涌现了，这些声音图像才会出现。然而某个阶段或某个场合下，声音本身开始有了不同的功能，也许是被情势所迫必需远距离沟通，或是必需在公共空间里沟通等等。

我们举个例子，有一类词非常有意思，所有语言都有，叫作指示词，即使今天用到这些词时，也会伴随着以手指物。英文里，这些词包括*这*、*那*、*这里*、*那里*。从儿童怎么学会这些词，可以看出它们的特点（维根斯坦早在1953年就首次提过）。对名词和动词而言，只要我们的注意力一致，可以指着某样东西或某个动作给孩子看，顺便说出它叫什么，孩子就能学会这个名称。可是我们怎么利用以手指物，教会孩子*这*、*那*、*这里*、*那里*呢？答案是：其实很难。我们怎么比划出*那*和*那里*呢？如果我们对着某物比，想教会孩子那些特殊的指示词，那么指不但是个用来教人的明示动作（把注意力引到某物上），指的本身也是动作的意义所在。这种情况非常特殊，却奇迹似地好像一点也不会让孩子感到混淆。一定是他们或多或少知道其中涉及了冗余（redundancy）。无论如何，指示词都是相当特别的，因为任何语言里都有它们的踪迹；它们几乎是从说话者身上，体现了一种空间上的距离成分（所以有*这*和*那*之别）；它们时常跟着以手指物手势一起出现；它们看来似乎是最原初的（primitive），因为这些词并非源于其他的词（Diessel 2006）。所以指示词可能是声音模式中最基本的沟通行为，小孩子在成长阶段很早就会运用这些词了。这一点很可能正是因为，指示词多和以手指物并用，看似冗余却加速了它们的学习①。

　　图像手势在沟通行为中，当然比以手指物的手势更能特定地指涉某件事物。因此，我们若没有来龙去脉，就指着身旁某只跑过的动物，这个手势可能代表的东西可多着呢，可是如果我们比手划脚做着跑的姿势，或比划兔子的模样，虽然在双方没有共同基础的情况下，这些动作基本上还是有不同的解读方式，却可以把所能代表的事物范围缩小一点。在特殊情形下，我也许能指着某物或某地，来代表一只当下不在眼前的兔子，可是如果我比划兔子的模样来代表不在场的兔子，就会容易得多。第三章里我已经说过，图像手势基本上有两个功能：一、表示某个动作；二、表示跟我比的动作有关的某件物品（有时候也代表以静态方式呈现的那个物品）。那么我们可以推论，语言里等同于图像手势的部分，是那些真有所指的实词，如动词（主要表示动作）和名词（主要表示物品）。几乎每个人都承认，动、名词是语言里最根本的实词，因为只有这两类词很合理地是所有语言共有的，有些特别的语言里的其他词类，历史发展上都可以证实是由名词或动词衍生而来（不然就是指示词；Heine and Kuteva 2002）。我们的论点就是，人类一开始时会运用某些声音，并通过自然且有意义的方法，靠着手脚比划动作或物品。随着其他人经由社交学会这样发声后，这些声音就变成惯例

---

　　① 值得注意的是，指示词和实词之间的一个关键差异，最早是由比勒（Bühler 1934/1990）提出，他的语言理论特别强调我们说话的当下，那个互动情境的重要，这个情境亦即所谓的"直示中心"（deictic center），他的理论也强调了这个情境跟我们目前谈话内容所指涉的场景有何关系。他因此提出，指示词虽只占了词汇一小部分，代表的却是独树一帜的词类，因为它们与直示中心的关系，和语言中的实词与直示中心的关系是完全不同的。——原注

而约定俗成，于是就没有必要比手划脚了。声音具备许多优势，我们前面已经提过，如它让双手空出来，可以远距离沟通，也让沟通的内容变得公开等等。

再回到我们近乎是演化论的故事，我们可以说最初是猿类获取注意及改变意图的两种手势，然后是人类借由以手指物及比划示意，作为自然的沟通行为（奠基于他们具备了共享意图的新技巧和动机），最后则是人类发展出沟通的惯例，一来引导注意力（指示词），二来诱发接收讯息者去想象沟通者所指为何（名词或动词一类的实词，以及由此衍生的其他词类）。

| 猿类获取注意的手势 | --→ | 人类合作式的以手指物 | ──→ | 语言中的指示词和直示词 |
| 猿类改变意图的手势 | --→ | 人类图像式的手势 | ──→ | 语言中的实词（名词、动词） |

这两条对应的线反映出，人类使用以动作为基础的手势时，只能做两件事把别人的注意力自然地引到事物上：一是在空间上引导他们的视觉关注点（如上一行所示），二是做动作引导他们去想象不在场的某物或某种行为（如下一行所示）。人类的语言惯例，则让我们能用特别的方法完成这些事，不必太依赖双方当前的共同基础，主要是靠大家共享的社会学习经历。

这里我们尚未着眼于探讨，特别的事件如何在人类演化的过程中出现；我们只是把重点放在事件的先后顺序上。不过关于人类声音听觉方面的能力，还有一件事实特别值得一提。最近遗传学的研究指出，与人类发声密切相关的一个主要基因（FOXP2 基因），是在不超过 150,000 年前的现代人类时期，才在人类群体里固定下来（Enard et al. 2002）。除了让人能极端精密地控制肌肉细部动作，正如说话所需，很难想象这个基因还有什么发声以外的其他功能。150,000年前这个不算久的年代（正是现代人类开始向地球各处迁徙的时候），也许可以作为人类演化上的一个指标，那时发音口齿清晰的人类（这让口说语言的运用更为容易），都比较具有竞争上的优势。我们并不想为这个推论提出明确的时间界线，因此目前最要紧的是，基因的资料再度证实了，人类开始以声音渠道作为主要的沟通模式，是演化史上非常后期的事。

5.3.3 小结

我们的论点很简单，人类不可能一下子就跳到惯例的沟通。当我们到语言非常不同的国家旅游时，靠着以手指物和比划示意这些"自然"的沟通行为，仍然可以心想事成，特别是合作式的活动，如一起搬东西；或制度化的活动，如在店铺买东西及火车站买票，因为大家的共同基础比较稳固。可是通过声音的媒介，却做不了沟通的事，只能表达对事物的情绪反应，我们基本上也几乎不会发明新的声音沟通惯例。理论上，我们与外国友人可以发明新的任意方法以声音沟通，可是一定必须经历一段过渡期，让那些任意的机制，能冗余地与其他比较自然且有意义的沟通方式配合一起使用。或者，如果涉及很长一段时间，任意的沟通惯例也许能在国籍不同的一群人之间兴起，这要间接通过一种传递链（transmission chain），让原创者先能自然运用有意义的手势，之后学习者虽不知其所以然（因为彼此之间欠缺共同基础），却仍重复使用那个手势。沟通惯例的起源应该只可能有这两种，两者都涉及了自然沟通这个中介的一步。

我们整体的论述，讲的是演化的顺序问题，我们一开始先从：（1）合作互助的活动出发，再谈（2）"自然"的以动作为基础的合作沟通（先在合作互助的活动中，再脱离那些活动之外），接着再到（3）惯例的沟通，也许后两者并行发展，因为自然式的沟通开始变得约定俗成（所以也变得有些任意），于是为后来完全任意的声音惯例打下了基础。

5.4 结论

就像用粗的彩笔来画画，可以省略许多细节，我们或许可以把多数动物的社会行为看作是合作性的，我们甚至可以说，群居的动物靠着大伙儿聚在一起而彼此合作，因此能遏阻掠食者的侵略。可是人类所谓的合作，却具备独特的性质，而且在人类文化体制中表露无遗，如婚姻、金钱与政府组织，这些制度之所以存在，是因为人类集体奉行并相信这些制度（Searle 1995）。这些特殊的合作活动所需的认知基础，正是共享意图的种种技巧和动机（Tomasello and Rakoczy 2003）。因此我们的论点是，人类沟通的合作式结构，不是偶然或孤立的人类特质，而是展现了人天生有极端的合作意愿。至于为什么如此，它又是怎么产生的，就不是那么容易理解的事。

我们提供的故事既复杂又纯属臆测。从猿类的手势发展到人类的语言，若用图表方式总结，可以参考图5.1。简单复述一遍，现在的类人猿（代表着我们这个模式的出发点）已经具备了许多人类合作沟通所需的要素：它们可以灵活运用手势，来沟通命令式的动机；可以理解有意的行为，并对该行为进行实际的推理；它们引导注意力以达到社会意图,在某些场合有帮助同伴的动机,也能从事复杂的群体活动。可是它们似乎不具备共享意图的技巧和动机,所以它们的沟通不全然是合作与推论式的,因为接收讯息的一方不会试着推论沟通者的指涉行为跟其社会意图有何关系,所以沟通者不会对接收者明示自己的沟通意图,而且双方不具备共同的概念基础,也没有彼此的期待或规范来约束整个过程。

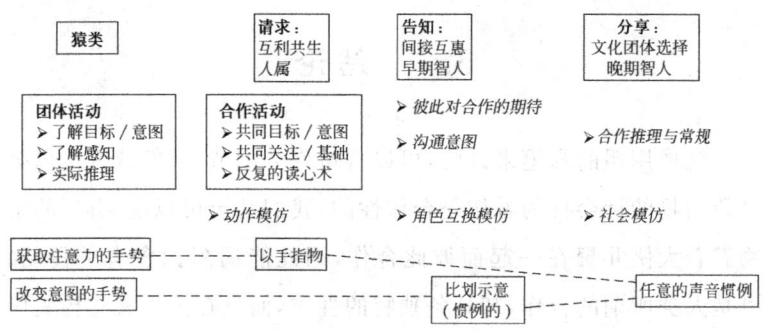

图 5.1　人类合作沟通的演化基础

人类共享意图的技巧与动机,最初肇始于互利共生的合作活动,我们把当时的生物简单称为人属(*Homo*)(图 5.1 第二栏)。但要等到人类变得能更宽容、更大方地分享团体活动的战利品(如团体打猎所捕获的猎物)时,互利共生的合作活动才会出现,然后也随之演化出新的认知技能:反复的读心术。这个关键要素使人们之间有了共同的目标,并让他们产生与共同目标有关的共同关注框架,这又成了双方共同概念的基础,让以手指物和其他合作沟通的行为都变得有意义。在互利共生、朝向同一目标努力的合作情境下,人类请求协助和提供协助的趋势,便能蓬勃发展,这些趋势都是人类合作沟通最初的动机,因为这种情境下,帮助我的同伴就等于帮助自己。于是帮助便概括到以间接互惠为基础的其他情境中，这时便提供了第二个合作动机，亦即借由告知来提供协助，以提高自己的声誉——我们姑且把那时期具备这种特色的生物称为*早期智人*（Early Sapiens）（图5.1第三栏）。双方彼此对合作的期待，以及随之引发的葛赖斯沟通意图，让沟通行为被置放于公共空间里，这是反复读心术结合了两种合作动机的结果：一是请求协助，二是提供协助与信息。第三个主要动机是分享态度，很可能来自完全不同的源头，涉及了要像同伴一样，并被同伴所喜欢的动机——我们姑且把那时候的生物叫做*晚期智人*（Later Sapiens）（图5.1第四栏）。这个动机加上彼此的期待，就衍生出许多常规来约束人类活动，其中一个活动便是合作式的沟通。

循着这样的演化途径，类人猿获取注意力的手势，先转变为人类的以手指物（图5.1底部）。经过第一步后，猿类改变意图的手势，就能演变为人类的图像手势，当沟通的双方共同基础或共同关注点不够，使以手指物不能充分发挥有效沟通的作用时，就可以运用图像手势。这时的图像手势可视为具有沟通性质，因为它以对葛赖斯沟通意图的了解为基础。随后圈外人基于他们不同的沟通目的，也都模仿这些图像手势，却不明就里，缺乏了手势最先被创造出来时的共同基础，于是沟通的惯例便开始涌现；时间一久，惯例慢慢"趋于任意"，接着被概括化而创造出来。至于转为声音模式的沟通，这种改变可能由很多因素造成，其中一个是，声音沟通让一切更容易公开。不过这种转变，必须利用自然有意义、以动作为基础的手势作为暂时的桥梁，因为"任意"的沟通惯例绝不会贸然兴起，一定得或多或少依附在原本已有意义的沟通活动上。

第六章 语法方面

> 想象一种语言,亦即想象一种生活方式。
> ——维根斯坦《哲学探讨》
> (*Philosophical Investigations*)

我们用演化论的观点解释人类的合作沟通,是以三个主要动机的涌现为架构:请求、告知与分享。我们也臆测了本身自然带有意义、以动作为基础、用来达成这些目的的手势,如何突然变成全面的沟通惯例,并经由文化而创造和学习。在这个过程的每一步骤中,即使是最自发的类人猿手势,也都会运用一连串的手势或声音惯例来沟通,但我们目前还没有系统性地解释这一点。我们所需要的论点,要让我们最终能解释的,*并非*"语言"(这里特别用引号强调)如何涌现,而是人类六千多种具备不同沟通惯例的不同语言,如何一一涌现,包括语法惯例如何把多个单位的句子,组合成意义连贯的讯息。当然其中一定会有所有语言共有的普遍语法(universals),因为不管身在何处,会讲话的都是一样的人种,具备一样的认知基础,要做的事多半也大同小异。但也有许多语法是每个语言特有的,所有人类之所以不只有一种沟通方式,本身就是演化上新的创举,需要好好解释才行。

我们要再一次把焦点放在人类合作沟通的三个主要动机上:请求、告知、分享。基本的观念是,人类出于什么目的而沟通,决定

第六章 语法方面

了沟通信号"内部"必须含有多少和什么样的讯息，因此通常也决定了必须采用何种语法结构。既然最典型的请求只涉及此处此刻的你和我，以及我要你去做的事，因此结合自然手势和语言惯例时，不需要特别的句法标记（syntactic marking），只需要请求语法中的"简单句法"（simple syntax）（虽然我们也可以用现代的语言做出极端复杂的请求）。可是我们说的话，如果以告知对人有益的事为目的，那么就可能涉及众多的事件和参与者，而且时空上，这些人与事可能与我们相隔遥远，这时我们便面临了功能上的压力，必须用告知语法中的"严谨句法"（serious syntax）标示出各个参与者扮演的角色，也标示出不同言语行为的功能。最后，当我们要以叙事方式与人分享一连串复杂的事件，而且众多参与者在不同事件中扮演的角色都不同时，我们就需要更繁复的句法机制，才能让事件彼此相关，并知道哪些参与者做了什么，这就让分享与叙事语法里的"想象句法"（fancy syntax），渐渐约定俗成。

　　这个次序里，形成不同语法结构的基本步骤，一定是在人类开始迁徙到地球各处以前就有了。迁徙之后，不同群体的人把简单、严谨和想象三种句法功能需求的实现，用不同的方式加以约定俗成。这种架构体现在语法句型中——它们是形式复杂的多单位句子——在不同团体中通过语法化（grammaticalization）和其他文化历史过程而约定俗成。这些过程的运作方式，主要取决于共享意图和合作沟通的过程，但也需结合其他认知过程与限制。就如一般沟通惯例的起源，语法惯例的起源，强化了生物和文化演化两者之间持续的辩证关系。

　　至于沟通模式，演化上的假设是，即使涉及了语法，演化过程中多半还是靠手势的模式进行沟通。这个看法有一项事实可以支持,就是具备完整语法的惯例手语,在符合某些社会条件的情况下,似乎很快、也很容易地就会出现(如在某种社群里互动的听障人士)。最近很多文献都在探讨的两个例子,是尼加拉瓜手语(Nicaraguan Sign Language;Senghas, Kita and Özyürek 2004)和贝都因手语(Bedouin Sign Language;Sandler et al. 2005),两者都在短短几代之间发展了复杂的语法结构。我们论证的要点就是,虽然多数语言学家认为,手语是有口说语言能力的人类一种不寻常的表达方式,但有可能在人类语言能力漫长的演化过程中,多半都是只靠手势沟通,而发展声音模式的语言,其实是非常近代才加上去的。如果人类的演化,真的是为了适应以手势来做复杂的沟通,而自发控制的口说语言是最近才有的演化改变,那么就很能够解释复杂的手势模式的人类沟通,为什么是最自然的。

6.1　请求的语法

根据第五章所提供的解释,当人类开始独自走上演化之路时,亦即图5.1所标示的人属阶段,他们便开始互利共生的合作。这让他们彼此之间有共同的关注框架和共同基础,可以用更精准的方法向他人要求事物,比起猿类向人伸手要东西的方式更加精巧,而接收讯息的一方也很可能会答应他们的请求。他们此时也具备模仿的技巧,所以有些改变意图的手势,可能是靠着社会学习而来。不过根据我们的假设,在演化的这个阶段,人类的沟通还不完全是合作性的;他们的目的在请求,不在告知,因此没有间接的合作请求,要求别人在非此时此地去做某件事(这一点是语言充分发展的生物才办得到的)。

我们想探索一下,这个阶段的沟通语法结构是什么模样。我们可以先看看几个现存的、在许多方面类似人属当时所处情境的例子(如"懂语言"的猿类、比划家庭手语的听障儿童、刚开始学语言的人),不过我们要先强调,这些对象没有一个在各个方面都能和我们的老祖宗做比较。我们的目的,是用简单句法说明请求式语法的特征,这种句法旨在让别人于此时此地去做某件事。这种语法最多涉及组合手势以创造新的意义,却没有任何句法标记,因为如果沟通时,只牵涉到你和我、此时此地、我希望你去做的事,那么句法标记就不具太大的沟通效用了(我再重申一次,这里我们只着眼于立即的请求,而非间接或其他的合作请求,因为这些要等复杂的语言发展成形了才会出现)。在这以前,我们先很简短地把出发点指定清楚,由猿类自然的手势串(gesture sequence)谈起,这些组合不具备任何语法结构。

6.1.1 类人猿的手势串

黑猩猩和其他类人猿自然地与同伴沟通时,常会在同一个情境、只有单一的社会目标下比出一连串的手势。利霸等人(Liebal, Call and Tomasello 2004)系统的研究指出,黑猩猩的手势沟通行为中,大约三分之一包含一个以上的手势。这些手势串,包含改变意图和获取注意的手势各种可能的结合,涉及了视觉、听觉与触觉不同的模式(参阅 Call and Tomasello 2007 对其他类人猿的研究,其结果亦相似)。

这些手势串中,几乎有四成以上是相同的手势重复好多次。其他顺序则包括不同的手势串在一起,这可能表示手势串里具备某些语法结构,因为单一手势创造不出新的意义,所以才要用到手势串,或是不同手势在沟通行为中扮演了不同的角色。然而,系统地分析这些顺序时,我们发现其中并不存在所谓的语法结构。以几个不同的分析为基础,我们发现真正的情况是,沟通者比一个手势时,若接收者没有如愿予以回应,它们就会紧接着再比另一个手势,有些情况下,甚至是不等对方回应就接着比下一个手势。研究人员发现,在所有的实验中,那一连串的手势,并没有表达出单一手势无法表达出来的新意义。正如第二章里谈过的,在操控其他猩猩的注意力时,并不会涉及什么结构;也就是说,黑猩猩不会特别先用获取注意力的手势,来确定对方的注意力是否已经稳固之后,才用改变意图的手势(换句话说,它们的沟通也没有像话题-焦点的结构)。

当然,研究人员很可能没有用对方法,所以找不出猿类手势串中的语法结构。不过根据现有的分析,类人猿的手势串,基本上似乎不具备任何关系、语法的结构,也没有任何报告指出,类人猿的声音沟通具备类似语法结构的东西。因此我们用"串"(sequence)这个词,而不是用"组合"(combination),我们认为,只有具备某种架构、能产生新意义的多单位讯息,才配称得上是"组合"。

6.1.2 类人猿和人类沟通所用的"语言"

受过语言训练的类人猿,可以比划手势来沟通,但它们这种方式是否具备语法结构,目前学界仍有争议。(我们要再强调一次,如果是想教会猿类发出新的声音,这种尝试目前还没有成功的例子。)多数的争议在于,系统、量化的资料还不够齐全。然而,现在有两份研究,都在探讨这些动物的手势沟通,而且恰好具备了我们所需的资料:其中一份是针对五只黑猩猩使用手语的研究,另一份则研究名叫康兹(Kanzi)的倭黑猩猩如何使用人造的沟通系统。两份研究皆对自然情境下产生的沟通互动做了系统的取样,实验中,两位独立运作的观察员长时间观察这些动物的互动,让我们可以对不同观察员的可信度(interobserver reliability)做量化的估计。

第一份研究是最近由里瓦斯(Rivas 2005)所进行,他利用七年的时间研究五只黑猩猩,系统地分析四份资料库,其中包括知名的猩猩华秀(Washoe)及它的一班朋友;它们由加德纳(Gardners)、傅慈(Fouts)及同事们一起训练,使用类似美国手语(ASL)的沟通方法。整个互动的录像全长22个小时,包括每只猩猩与人类照顾者之一的互动(其中运用了不同的测量方式,评估不同观察员彼此之间的可信度,结果显示,所有试验的可信度皆非常高)。除去猩猩们模仿或无法识别的手势串外,影带中共计有2,839个沟通行为。这些猿类既会"以手指物"(也会用一些自然的手势,如乞求),也会运用ASL,有时还两者并用。

第一个结果我们在第二章里说过,那些具有明确沟通功能的行为中(不包括回答问题),98%是要求某物或某种行为;剩下的2%则被归类为"叫名字"(naming),多半用在拿图画书让它们比出某物的名字或辨识某物时。另有一小类沟通被称作"未受引导的"(unprompted)语句,因为这些都是由猩猩它们主动开始的互动行为,其中百分之百是请求。既然这些手势几乎都跟请求有关,那些由两个或三个单位的手势所表达的动作词,几乎都是猩猩所喜欢且非常具体的肢体行为,如吃、喝、玩乐或追逐等,而且所涉及的物品,也几乎都是由人类所控制、是猩猩们渴求的东西。这些它们想要的动作或物品,通常都是在手势串中最先被比出来的,然后才比某些"出其不意"（wild card）或要求式的手势，或是指明哪个人应该完成这项要求。所以我们观察到的手势串有"**花-那里**（以手指着）"、"**牙刷-给我**（乞求的手势）"、"**球-好**"、"**口香糖-快**"等，全部都是请求。里瓦斯（Rivas 2005：413）的结论是，这种手势可以看作是"表达了想获取某物的动机"："它们最先比划物品或动作的手势，因为这些手势（多半是请求的）是语句中最重要且最相关的部分，明确点出它们要求什么。而标示出请求的手势，如**那个/那里/你/好/快**，都是最后才比出来，因为它们比较不重要（没有点明要的是什么），它们的目的在于强调，或促使人赶快采取行动。"

该实验的第二个重要结果是，猩猩的语句没有真正的语法结构，而且通常很短：67％是只有一个单位的语句，20％含有两个单位，两个单位以上的只占了13％。因为所有取样时间内的语句样本都分析了，我们可以看出许多手势是"不相关的组合"，没有多大意思，例如"**喝-口香糖**"和"**衣服-吃**"。另有一种顺序，好像具体呈现了儿童的请求中特有的语意关系，比方"动作＋物品"（**吃-起司**）、"动作＋地点"（**搔痒-那里**（以手比着））等。黑猩猩在这些手势串中，可能只是要指明单一请求情境下两个不同的方面，而不一定要特别把两者拉上关系。但是我们好像也可以合理地假设，这些猿类就像幼儿，至少比出了一个情况里不同的东西，因此其所表达的意义，一定比单一手势所能代表的还要丰富。所以我们至少可以说它们具备少许的语法能力，是往人类语法迈进的一线曙光。不过，在所有语料的手势串中，并没有什么手势顺序或其他的句法机制，会系统地造成语法上意义的分别，或是能标示出某个手势在整个语句中具备什么特定的句法功能，这些是多数语言学家判定语法结构的标准。如果"**吃-起司**"和"**起司-吃**"的意思没有不同，那就说明词序不是个重要的句法机制。

另一个针对受过语言训练的猿类所做的主要量化研究，是由格林菲尔德和萨蓝宝（Greenfield and Savage-Rumbaugh 1990）进行。他们分析的资料，来自对一只名叫康兹的倭黑猩猩连续五个月天天观察的纪录，那时它刚好五岁大。整个语料共计13,691个句子，其中1,422句（10.4％）由两个符号词（lexigram）组成（来自一个由不同单词符号所构成的键盘），或由一个符号词加一个手势组成。除去那些无法正确解读的沟通行为（因为缺少第二名观察员在现场记录与环境有关的备注），也除去对测试题目的回答后，所得的序列共有723个，都是由两个部分组成的句子（太长的语句也被删除，所以其结构我们并不清楚）。其中5％的语料也经过检测，以了解不同观察员之间的可信度，结果证实可信度颇高。

如同里瓦斯（Rivas 2005）的研究，这些语料中，请求的比例相当高，差不多占了所有由两个单位组成的语句的96％（另外4％的语句功能则无从得知）。同样与里瓦斯的研究一致，几乎所有要求的行为都是具体、二元的行为，如咬、追、带、抓、藏、抱、拍、搔痒、保持距离（一种游戏）。跟里瓦斯一样，格林菲尔德和萨蓝宝发现，康兹所用的语句有四分之一毫无结构可言，可以划分为"杂类"、"没有关系"或"附带出现的动作、实体或地点"。这些包含两个单位的语句串中，三分之一以上涉及了以手指物或叫出东西的名字。有趣的是，这些语句中，几乎有一半被归类为代表了施事者-动作-宾语三要素的其中两项，或代表一个实体加上某种属性或某个地点（值得注意的是，针对这个分类，并没有进行可信度的分析）。最后这几类的语句，顺序多半是一个符号词加上一个手势（主要是以手指物，或跟方向有关的手势）。康兹最喜欢的顺序，是先指出某个符号词,再比出手势,如"**保持距离**-那个(手势)"和"**果汁**-你(手势)",这些顺序并没有反映出照顾它的人的行为。这个顺序与华秀及它的朋友们所用的顺序非常相似,它们也都是先指明想要的物品或动作,再接着比教唆的手势。至于符号词-符号词并列的语句,则没有显示康兹特别偏好的次序。这些语句里所用到的七个动作词中,五个在使用时都有它特别喜欢的顺序:其中两个动作词出现在涉及的物品之前,另外三个则在物品之后出现。但要特别声明的是,即使部分语句中有特别的顺序偏好,但不同的顺序依然无法表达不同的意义。

有趣的是,康兹能够理解许多作为请求的英语句子(照顾它的人通常一边跟它比手势和使用符号词,一边也跟它说英文),这种能力令人印象特别深刻。其中包括,它能分辨不同的符号词顺序,代表做不同事情的请求(这些测试都在观察它对请求有何回应;Savage-Rumbaugh et al. 1993)。不过,其他非灵长类动物,如海豚和鹦鹉(Herman 2005;Pepperberg 2000),基本上也具备相同的能力,能识别符号顺序与特定请求之间的关系,也就是说,这种在习得的符号中赋予顺序模式特殊意义的能力,并不局限于猿类身上。但是这些动物所产生的沟通行为中,却没有相应的改变符号顺序的能力,因此它们能理解顺序,可能是以若干不同的认知/学习技巧为基础,其中有些也许不特别跟沟通搭得上关系。

这些"懂语言"的猿类所具备的沟通能力,的确令人啧啧称奇,因为它们学得会新的沟通手势与符号,而且还可以有效运用这些手势符号跟他种动物沟通;这是文献记录里最清楚又最令人印象深刻的例子,让我们了解它们有这么灵活的技巧。它们甚至会运用手势及符号串,也许是为了沟通比单一沟通行为所能表达的更复杂的概念,算是一种最简单的语法。这一点可能表示,猿类其实有能力把某个概念情况分解为两个不同的成分,例如事件及参与者两部分,这就跟人类所能做的没有多大分别。这种区分事件及参与者的能力,可能来自模仿的技巧(人类豢养的猿类,模仿力总比一般猿类好,而人类幼儿的模仿力又更好;参阅 Tomasello 1996),因为事件这个类别的形成,都是经过它们判断的结果,它们的判断是,我要比出跟所看到的动作"相同"的动作(亦即,模仿＝相同的动作,不同的参与者)。然而,如果从定义更严谨的句法结构观点来看,我们说这些猩猩的语句没有结构,实在也不为过。因为从这两个系统、量化的研究里,我们找不出证据,可说明猩猩的沟通里存在真正的语法结构,所谓的语法,严格指的应该是不同顺序的符号(或其他机制),若不是标明参与者所扮演的不同角色,就是可以改变这些符号所代表的意义。

"懂语言"的猿类与人沟通时,为什么不懂得运用句法机制(即使它们能理解人类所比、所说的东西可以有相反的顺序)?简单的解释是,它们的沟通只具备请求这一种功能。它们沟通的焦点,只是与当下互动有关的请求,这表示猿类的手势或符号沟通,不具有什么功能需求,不必在句法上标示出不同施事者在事件中扮演的角色(句法标记),不必特意区分事件里涉及的不同施事者(如名词组中所需),不必指明事件发生的时间(如时态标记),不必点明话题(如话题标记),不必指明言语行为的功能(如用特定的语调或句型),这些都是告知时才需要的严谨句法,但在请求时都不需要。因此在这种对它们而言非典型的环境下,它们创造了一种请求的语法,以适应特殊的沟通需求:对于它们所要的物品,通常只会比出单一的手势符号,之后再指出它们希望谁去做,而且要对什么东西做那件事,或是来个出其不意的请求手势,以驱使某人去做那件事。

6.1.3 使用家庭手语的听障儿童

格林菲尔德和萨蓝宝(Greenfield and Savage-Rumbaugh 1990)表示,康兹运用手势和符号词的方式,可以和在没有任何约定俗成的语言模范下成长的听障儿童的行为做个比较(因为他们的父母不愿意孩子接触任何惯例的手语;Goldin-Meadow 2003b)。这些孩子仍能发展出一套跟身边的大人沟通的方法,这种方法结合了以手指物(以及其他直示的手势)与比划示意。这些孩子从父母身上学到了一点比划示意的方法,但其他的则是自己发明的。有趣的是,这种发明在口说语言上就行不通,因为口说语言完全得依赖任意的符号。他们面临了一种压力,要让所有手势尽可能的图像化,这样家人以外的人才能了解他们在沟通什么。这些孩子从大人身上所接触的多手势语句(multisign utterances),在许多方面是变质的(degenerate),因为父母时常边说话边比手势,而且就某些沟通功能来说,他们的言语时常会领先手势。然而,孩子们最后也会运用多手势的语句,而且这些语句似乎还具备某些语法结构,至少跟他们的父母比起来,很容易可以证明是如此,而我们也要在此特别声明,比起"懂语言"的猿类,一样很容易证明这些孩子的语句更具语法结构。

既然我们一开始谈的是比划手语的猿类,及它们请求时所用的语法,我们首先注意到的是,听障儿童的语言,很多都是由对事物的*评论*(comments)组成,用来告诉别人他们可能感兴趣或想知道的事,其中包括描述不在此时此地发生的事。我们没有确切资料知道,其他种类的语句到底占了几成比例,但有份报告,把来自十个听障儿童(年龄介于一至四岁)的所有语句样本系统地记录下来,这些取样来自他们 30 到 60 分钟的游戏纪录,其中约有三分之一的多手势语句,像是与动作有关的简单评论(而非请求),涉及了物品或人的转移(如移动或过来),另外四分之一则涉及物品的改变(如扭曲或打破),还有很多跟搬运物品有关(如携带);只有一小部分跟游戏或从事具体的行为有关(Goldin-Meadow and Mylander 1984)。这点与受过语言训练的猿类相当不同,因为它们的语言都固定在要求某种游戏,或具体二元的行为上,如追逐和拥抱。猿类和比划家庭手语的听障儿童,所谈论的内容有如此大的差异,我们可以从表 6.1 清楚看出,在将近 100 个动作词中,只有两个(吃和去)是猿与人都用到的。这个差异,很合理地可以归因于,两种动物在运用沟通机制时,所追求的社会目标完全不同。

表 6.1 比划家庭手语的听障儿童、猿类及两者所运用的动作手势

儿童所用的动作手势	同左	同左	猿类所用的动作手势	动作/物品猿类的手势	儿童和猿类都用的动作手势
在上面做(1)	出去(1)	射(2)	咬(1)	刷(3)	去(2/3)
打(3)	上去(2)	啜饮(1)	携带(1)	梳(2)	吃(2/4)
吹(3)	槌(1)	往上喷洒(1)	追逐(4)	弄脏(2)	
弹跳(1)	敲(2)	挤(1)	哭(1)	喝(4)	
嚼(2)	握(2)	乱奏(2)	去(3)	花/闻(3)	
画圈(1)	握/喷洒(1)	吸吮(1)	去-那里(1)	食物/吃(4)	
爬(2)	跳(1)	脱(2)	去-你(1)	听(2)	
摇(1)	离开(1)	拿出来(1)	抓(1)	灯(1)	
切(2)	舔(1)	绑(1)	理毛(3)	油(2)	
跳舞(1)	举高(1)	倾斜(1)	藏(1)	画(1)	

（续表）

儿童所用的动作手势	同左	同左	猿类所用的动作手势	动作/物品 猿类的手势	儿童和猿类都用的动作手势
沮丧(1)	放进去(1)	搬运(1)	拥抱(4)	看/瞧/眼镜(1)	
潜水(1)	挖出来(1)	转(1)	保持距离(1)		
做(1)	大步走(1)	扭(5)	打开-房间(1)		
穿(2)	移动(6)	扭断(1)	躲猫猫(2)		
开车(1)	前后移动(1)	走路(2)	躲猫猫/闻(1)		
吃(2)	踩(1)	洗(1)	拍打(1)		
掉(1)	轻拍(1)	飞(1)	闻(2)		
浮(1)	喷、喘气(1)	摇摆(1)	吞(1)		
往上飞(2)	拉(1)		搔痒(3)		
给(6)	扯掉(1)				
去(2)	骑(1)				
绕着走(2)	吼(1)				
走开(1)	又跳又跑(1)				
走下去(1)	挖(1)				

注：1. 此表的儿童手势部分请参阅 Goldin-Meadow and Mylander 1984。
  2. 括号中的数字，代表总数 6 中有多少人或猩猩用到这个手势。感谢里瓦斯（Esteban Rivas）协助完成黑猩猩手势的列表。
  3. 猿类手势的分类是由原先的研究员所做（而非 Rivas 2005），有可能是跟人类手语相对应所做的分类。

不过，这些小孩的语句仍然非常短。绝大部分只由一个手势构成，而且那些多单位的语句里，约有 85％ 只含有一个图像手势，通常这些手势会配合着以手指物，除了其中一人以外，其他小孩的每个语句，平均含有 1 到 1.4 个手势（包括以手指物）。持续几年的观察发现，孩子的手势多年来的发展非常少。高美朵（Goldin-Meadow 2003b）解释道，这些数量稀少的手势，都以她所谓的谓语框架（predicate frame）为基础，在不同的场合下，孩子会特意指明某物品在特定行为或事件中扮演的不同角色；例如，同样是切这个图像手势，同一个孩子在不同场合下会指明切的人、被切的东西、或切的过程中所用的工具。这清楚地表现了他们善于事件-参与者的区分法,也许这是以人类特别强大的模仿力为基础,甚至是角色互换的模仿能力(我们再次强调,模仿＝相同的动作,不同的参与者)。

在家运用这种手语的小孩,架构语句的方法相当简单。重要的是,他们有时会通过某种方法,指出某个动作的"受事者"(patient),这个方法在一般手语里也相当常用,就是当他们用图像手势比出动作时,他们会把手往动作受事者的方向移动,好像是以图像手段描绘出"在上面做"的关系,以点明受事者。这种方法的使用率多高,我们不太清楚,高美朵(Goldin-Meadow 2003b:111)的描述只说:"有时,这些孩子会朝着房间内特定物品的方向比手势。"使用惯例手语的人,当然非这么做不可,他们也会把这些方法运用在不同的功能上(Padden 1983)。至于手势的顺序,只有少数儿童表现出一致的模式,这些顺序主要是先以手指着某物,再用图像手势比出动作(有个小孩比的手势里有许多及物的动作,他很一致地都是把受事者放在动作的手势之后)。这个次序跟懂语言的猿类所偏好的顺序模式刚好相反。不过仍然少有证据显示,不同的顺序是为了对比地表达不同的语意。另一个可能透露语法结构的现象是(这是只针对一个小孩系统性的观察结果):如果一个图像手势被用来代表一件物品,而不是一个动作(如,用来表示*梳子*这件物品,而不是*梳*这个动作),那么它常会以较简短的方式比出来。不过这种情形仍占少数,这也许暗示了他们开始朝名词与动词的词类观念发展(Goldin-Meadow 2003b:130)。

倭黑猩猩康兹和使用家庭手语的儿童,的确都会使用许多一个成分的语句,及一些两个成分的语句,只有少部分是较长的句子。两者最典型的多成分语句,都是一个符号(符号词或图像手势),再加上一个或多或少算是自然的手势,其中最常见的是以手指物。但是猩猩与人类仍有两个基本差异。第一,康兹(及其他猿类)比的手势几乎全是请求(少数的几个非请求手势,主要是比出东西的名字或辨识某物),而听障儿童比的手势,还加上许多告知性的语句,这表示他们谈论的话题更广泛,包括物品如何移动及物品的特性,这些通常不是猩猩谈论的范围。有可能是这个差异,导致了两者所偏好的顺序模式有所不同。换言之,因为猩猩只想做出要求,它们会先比出想要的东西或动作,然后才比它们希望哪个人去做那件事、希望在哪个东西上做那个动作、或比出类似请求的标记;而比划家庭手语的小孩,会先比出他们在谈论的东西(先以手指着它),然后再描述关于这个东西有趣的事(这也许算得上是初始的话题-焦点结构)。第二个差异在于,使用家庭手语的儿童,因为是在空间里比出图像手势,他们便能利用空间有系统地调整语意,有些小孩已经慢慢朝着这一步发展。康兹所运用的符号词系统就缺乏了这种可能性,至于这些技能是要在运用美国手语时示范给猿类看,或是当我们观察猿类使用类似美国手语的手势时,才刻意寻找这些东西,我们并不太清楚。不过我要再次声明,如果它们所能做的只有请求,就没有多大必要标示出动作的主语或直接宾语了。

使用家庭手语的儿童,并不局限于请求的语法,而是常常会主动告诉别人对他们有益的事。不过他们比的语句,句法仍相当简单,多半是偶发概率的多样化,而不是常态式的多样化。他们在认知方面一切正常(包括具备了共享意图的各式技能与动机),但是他们的语法为什么没有更复杂呢?很明显的原因是,他们所学的,并非成熟、已发展出众多使用者的惯例语言。他们甚至没有其他因为不会说话而自然使用家庭手语的同伴,能跟他们一起把某些符号约定俗成;如果这些听障儿童能和一群跟他们一样的同伴共同使用家庭手语,所使用的语句就会越来越具备语法结构,我们马上会谈及这一点。

6.1.4 儿童最早的语言

一般发展正常、会说话的幼儿,在开始学习口说语言之前,就已经会以手指物或运用其他手势了。如我在第四章说过的,以正常方式学习口说语言的儿童,在习得语言的过程中,以手指物的次数会越来越多,但是图像和惯例手势的使用率却越来越低,这可能是因为语言剥夺了这类手势的功能。这表示,儿童早期的独词语句,也就是单词表意的阶段,其实是以手指物和语言两相结合(并以语调标示动机)。这种手势-单词的结合,似乎就是儿童早期句法的先驱。

最近有两项研究记录了这方面的发展。艾弗森和高美朵(Iverson and Goldin-Meadow 2005)假设,儿童早期伴随语言的以手指物行为,多半代表物品,他们于是定义了两类的手势-语言组合。第一类我们称为冗余的组合,孩子指着某物的同时,也顺便叫出它的名字;另一类我们称作辅助的组合,孩子指着某物,同时描述跟这个东西有关的事,例如指着饼干并跟着说"吃"。这些研究人员发现,幼儿使用辅助式的手势-单词组合,与他们早期使用词和词的组合,两者之间具有惊人的高度相关性(相关系数 rs= 0.94),然而他们运用的冗余式手势-单词组合,则不呈现任何相关。欧式卡和高美朵(Ozcaliskan and Goldin-Meadow 2005)进而又把这些实验结果扩展到更复杂的语句中(亦请见 Capirci et al. 1996)。很有意思的一点是,辅助式手势-单词的组合,展现了一种简单句法,很像我们在"懂语言"的猿类和使用家庭手语的儿童身上所看到的:这些语句都包含一个以手指物的手势,和一个图像化或任意的代表某个动作、特性或其他描述的符号,其中不涉及任何句法机制(因为以手指物和词语通常一起出现,所以顺序如何不成问题)。

会说话的幼儿在初期的多词阶段,常会做些不太一样的事,但还不算是完全不一样。差不多从 18 个月大起,多数孩子已经会说由几个词组成的句子,其中一个词是常数,另一个则是变数。最典型的例子,是把一个表示关系或事件的词,跟大量东西的名称一起使用(如"多点牛奶"、"多点葡萄"、"多点果汁",或"球不见了"、"狗不见了"、"葡萄不见了")。我们依循布雷恩(Braine 1963)的说法,可以把这些结构称为主轴轮廓(pivot schema),这是儿童在习得世界上许多种语言时,非常普遍也很常用的策略,有时他们甚至会说出从未在大人口中听过的句子,如很有名的一个例子"黏黏的都不见了"(Allgone sticky)。① 听障儿童学习惯例的手语时,早期的语法组合也有许多跟正常孩子相同的特性(Schick 2005),不过文献上这方面的记载,没有如会说话儿童的记录那么多。要充分理解早期的主轴轮廓,以及使用家庭手语的儿童的谓语框架,我们可以说这些研究结果相当直接地显示了,儿童逐渐理解事件-参与者这个结构,因此知道基本上每个参与者都能扮演不同的角色。对

---

① 布雷恩最早记录的"黏黏的都不见了"这个用法,出于一个五六个月大的孩子 Gregory 之口,他在洗了手后说了这么一句话。学者多用此例证明,儿童学语言不只靠模仿,也有创新的地方。——译注

事件的这一层理解，可能仰赖于集体合作活动中的角色互换模仿，正如前面所言，儿童会在相同的表象模式中，以鸟瞰的观点洞悉一件事，知道所有参与者和自己在事件中扮演的角色。这也许是另一个原因，可以说明为何猿类喜欢用要求的形式谈论简单具体的行为：因为它们无法从鸟瞰的观点理解事件，因此无从形成开放式结构（open slots）的主轴轮廓或谓语框架。

即使如此，幼儿的主轴轮廓也并非真的和句法有关。换句话说，许多早期的主轴轮廓中，总有一致的顺序模式，先用事件词，再用参与者词（如多点……或……不见了），但我得重申，一致的顺序模式，不等于多产的句法标记，不能对比地用来指明一个词在整个大的组合结构中，应该扮演什么角色。同样的析论，也适用于儿童习得必须标记格位（case marking）的语言的初期过程：儿童最早学会名词时，只学了一两个格变，对于同一个名词不同的格位变化还不能对比地掌握。这表示，虽然幼儿会利用初期的主轴轮廓，把概念上的场景分解成不同的词，他们却还不能举一反三地运用词序及格位标记，来指明那个场景里不同参与者分别扮演着什么角色（见 Tomasello 2003 的评论）。

会说话的幼儿以及学习惯例手语的听障儿童，都不受限于请求式的语法，但他们学语言的初期仍然欠缺严谨的句法。这里的原因似乎很简单，因为他们得花些时间去理解，正常语言社群里听到的特定句子具备何种语法结构。在所有关于语法起源的演化辩论中，这都是相当重要的一项事实。正常条件下学习口说语言的幼儿，即使具备了所有认知和社会认知上必需的能力与动机，而且周遭也有成熟的语言社群，却还是没办法马上运用句法结构完整的句子，只能由简单的句法开始，尚不会运用举一反三那样多产的句法机制。

6.1.5 小结

从演化的角度来看,除了猿类自然的沟通以外,我们目前探讨过的许多情境,没有一个能代表人类演化的早期阶段。因为"懂语言"的猿类生长在现代人类的环境中,人类的幼儿也都具备早期人类很可能没有的认知能力,其中特别包括角色互换模仿和共享意图的能力。因此我们这套用来解释最初的语法演化的模式,必须结合不同的情境(概况请见表6.2)。我们想象的人属此时所具备的可以组合使用的沟通机制(见第五章),应该是以手指物加上约定俗成的改变意图手势(因为完整的图像手势,还需等到沟通意图涌现了才会出现。参阅5.2.2节)。

表6.2 不同情境的沟通模式与动机

	共同关注	模仿	以手指物	其他符号	动机	使用语言的社群
人属	是	是	是	改变意图的手势	请求	是
"懂语言"的猿类	—	?	是	美国手语/符号词	请求	是
比划家庭手语的儿童	是	是	是	图像手势	都有	—
幼儿	是	是	是	词+图像手势	都有	是

除了类人猿的自然手势串以外,其他所有情境下的个体,都有真正组合的句子,也有相似的简单句法——因为他们能把指涉的情境分解成几个部分,通常是分为事件和参与者。有趣的是,以手指物和比划示意可以单独拿来代表某物或某事,但如果两者并用,所有的个体通常都用以手指物代表东西(参与者),而用比划示意(或手势)代表事件。既然世上的手语和口说语言之间,处处存在

这两种区别,我们可以推论,事件-参与者这种组织(也许是动词和名词的基础?),在猿类和人类身上都是非常自然的[①]。由此我们可以提出,人类最早的人属所比划的,不只是手势串,而是能够把指涉情境分解为不同成分的手势组合,其中最典型的分法是事件和参与者,但这时还没有以句法标记,标明这些成分在整个语句里所扮演的角色。

6.2 告知的语法

既然我们的祖先人属已经能够组合多个手势,在集体的活动和共同关注之下彼此请求事物,那么后来当他们(即早期智人)跨越请求,即使在合作的活动之外(出于间接互惠的过程),也开始彼此告知对他人有益的事时,那些多手势的组合又会如何发展呢?最典型的告知,通常涉及我和你、此地此时之外的事件及参与者,因为它们通常与接收讯息的人目前所不知的事物有关。要沟通这种范围比较广阔的事件和物品,至少会面临三项新的沟通挑战:

辨识:当我们跨越请求时,沟通者必须有方法指涉目前不在场或未知的物品及事件,甚至得使用许多单位,作为功能单一连贯的语句构成成分(constituent),但他还是要为接收者,把意欲指涉的

[①] 如果我们由语调单位(intonation units)的观点,观察成熟的语言使用者自发产生的语言(通常是停顿之间的话语;一般包含四到五个词,会持续几秒钟),就会发现,最典型的语调单位是由几个单一的词组(子句)所构成,这些词组可代表单一事件或状态,以及一个或多个参与者(Chafe 1994;Croft 1995),这表明,成熟的语言使用者在运用语言时,最自然的组织也是简单的事件-参与者这种组成方式。——原注

行为，建立在共享的共同基础上；①

架构：当我们跨越请求时，沟通者必须有方法在他所要指明的事件或事物状态上，用句法标示出谁对谁做了什么事（包括第三者）；

表达：当请求以外的动机也变得有可能时，沟通者必须为接收者区分这些动机（可能包括区分说话者的其他态度）。

6.2.1 惯例的句法机制

通过手势或声音的渠道，都有许多不同方法可以克服这些挑战。首先，现代的手语及口说语言里，如果要为接收者在你我、此地此刻之外识别特定的参与者和事件，有不同方法可以采用。不过这两种渠道的关键都在于，沟通者要把我和你运用在此地此刻。换句话说，就是用目前的共同关注框架、共同基础、或比勒（Bühler 1934, 1990）的直示中心（deictic center），把他所要指涉的行为，放在双方都能一起理解或知道的基础上。因此，沟通者在条件允许的情况下，可以指着目前在场的东西，或是借由手势指出目前已在共同关注下的人物（如她或它），以点明他要代表的实体。至于不在场的实体或事件，这两种渠道里的实词或有实质内容的手势，多半是涉及类别的词语（category terms），所以本身并不能用来点出特定的指涉物；如果我说出或用手比出"猫"或"咬"，这些词并不能从我们的共同基础上或从其他线索中，挑选出特定的指涉物，除非有进一步的讯息。因此沟通者必须提供搜寻的指示，才能让对方

---

① 句法分析里的构成成分，指的是句法层级结构中运作的一个单位，可以是一个词或一组词。如 where he lives 三个词就是一个构成成分，所以在 I know where he lives 里，可以用代词 it 来替换整个构成成分，变成 I know it。——译注

找出他想指的是什么;那些物品通常必须位于空间中,包括概念空间,事件也必须定位在某个时间,包括想象的时间(Langacker 1991; Croft 1991)。所以我可以说或比出"这只猫"(目前我们共同关注的猫),或"我的猫",或"那只住在角落空屋里的猫",以便在一整类的猫中挑出特定的一只。虽然你有整个指涉阶层(referential hierarchy)的物品可供选择,但最后要挑选哪一个,取决于我要指涉的物品在我们目前的共同关注下有多么重要(见Chafe1994; Gundel, Hedberg and Zacharski 1993)。我也可以说或比出"将要咬"(will bite)或"当时正在咬"(was biting),目的就在把我所想指的一个特定或想象的事件,放在跟现在相对的时间里。语句里很多单位能以某种模式一起运作,以便发挥单一连贯的沟通功能(如指涉单一的物品或事件),这表示这些单位在更大的句型结构里,形成了单一的构成成分,因此创造了层级的结构。

其次,现代手语里,有很多把事情架构分析清楚的办法,让人明白谁对谁做了什么,其中最常用的手段是顺序(Liddell 2003),当然口说语言里也一样常用顺序。世界上几乎所有语言,包括手势的或口说的,施事者/主语在句子里通常比受事者/宾语早出现,也许是因为在真实世界中,引发结果的源头,在它们能够作用或影响某件事物前,就已经能自主活动了。因此这种顺序原则,至少具备了某种自然来源,但要让这种顺序更普及多产,它就必须被约定俗成,而其他的次序就没有这个需要。此外,手语有时也运用空间来达到同样的功能;譬如,要表示我给了你东西,我会把给这个手势图像式地从我向你移动(如果是你给我东西,那么移动方向就刚好相反)。这种机制明显地也具有自然来源。前面也提过,比手语的人若要表示某个特定动作的受事者，可以在比划那个动作时，对着某个目前在场的东西的方向比，这种机制常被称为一致（agreement）（以强调它有点像口说语言中，主谓必须一致的条件）。为了指明谁在做事，比手语的人也可以在空间里转动自己的身体，从现场某个人的空间观点索引式地比划手势，这又是种自然的图像机制。手语和口说语言有时皆会使用惯例的符号、词语或标记（如介词、格位标记），来指明参与者在事件中扮演的角色。

第三，在这两种渠道的语言中，沟通者都会表达出他的动机（有时也会表达其他的态度），作为额外的讯息，以利接收者推论他的社会意图。不管哪种渠道，都涉及情感的自然流露，如果要让这种表达成为对比的标记，它们必须先被约定俗成而具备特定作用。因此，问问题时，比手语者脸上会伴随某种表情，而说话的人则是运用某种语调，这可能是因为，在长远的历史中，问问题与自然地表达困惑和惊讶有关。至于不太礼貌的请求，则也许会配合着质问的表情及口吻，很可能在长远的历史中，不太礼貌的请求多与表达愤怒有关。这些动机的表达（在手语和口说语言中，都以人类的情绪反应为自然基础），在两种渠道里都被约定俗成，但两者约定俗成的方式各自不同。

前一章里，我们所谓的自然沟通，是以动作为基础的手势沟通，这是从人类会追随他人目光凝视的方向（如以手指物）、并会有意地解读他人的行为（如比划示意）这些自然趋势发展而来。即使先前没有特别学过，人类还是能理解这些手势（假设他们具备合作沟通的共享意图基础，有沟通意图、共同基础等），就像人到了异地的商店或火车站时，也能自然地理解很多手势。约定俗成把原本的自然性移除了,并用共享的学习经验取而代之:每个在这个社群里长大的人,都知道这个任意的沟通惯例有何功用,因为我们大家都有类似的学习经验(而且大家都了解这点)。

句法机制和句型结构其实也像这样,虽然很多人想把它们变成没有内容、代数式的"规则"(如 Chomsky 1965；Pinker 1999)。世上不同的语言,不管口说的或手语,都有自己特殊的句法或其他语法惯例来组织语句,以解决告知式沟通可能会引起的诸多问题。世上不同的语言,的确都有若干早已包装好的固定结构,结合了不同的符号/词语和语法标记,以便让人在反复出现的沟通情境下使用；如英语的被动式句型("狗被车伤了"这句话中,主语成了动作的受事者),必须把句子的构成成分做适当调整(每个成分都有其结构模式),才能达到特定的沟通功能。这种功能式的语法观,并不否认仍存在着一般的处理或计算原则,来塑造或制约人类所能约定俗成的几种语法模式,也不否认事情应该都是从"自然"的原则开始,如句子中通常会先提到动作的施事者。不过语法最直接的定义,应该是一套惯例的机制和结构。在不同语言里,约定俗成的过程各有不同。如此当我们有需要指涉此地此刻以外的其他复杂情境时,才能利于彼此之间的沟通。

6.2.2 尼加拉瓜手语

要表示从简单到严谨句法的过渡(这也是语法约定俗成的开始),有个非常有趣的例子,就是不同世代的人如何使用尼加拉瓜手语。尼加拉瓜手语代表的情况是,每个听障儿童都各自发展一些家庭手语的技巧,然后他们被集中在学校的环境中。他们能以一套共享的手势,自动地发展出彼此沟通的方法,于是新来的孩子便跟他们学这套通用手语。这个情况之所以特殊,是因为它的发生才几十年,因此第一代的孩子仍健在,现在都已成年了,另外还有两代的孩子及大人可供研究。基本的发现是,年幼的手语使用者,比起前几代最初发明手语的那些人,似乎对这些手势更为熟练,而且赋予了这些手势某种语法结构。

前面已经说过,比划家庭手语的人,相当局限于他们自己和家人所能发明的手势,面临了保持"自然"(图像化)的压力,以免其他不善发明的人看不懂。但是像这样诞生了新的语言后,就多了个新的过程。当越来越多人彼此沟通,新的手势和结构就不断被创造出来,随着新的学习者透过模仿习得这些手势结构(他们不一定都懂其中包含了多大的自然性),我们也慢慢开始经历"趋于任意"的过程。这个过程可以称为语法的约定俗成(或"语法化",虽然这个词还有其他含义),下面我会更详尽谈谈这点。目前最重要的是,这种创新和传递过程,导致了语法结构的涌现,超越了原本个人自行发明、运用自己独特家庭手语的阶段。

以尼加拉瓜手语为例,当我们分析自发的手势,也分析实验中诱发的手势比划及手势理解时,两种结果都证实,语法结构在很短的时间内就能被创造出来。首先,尼加拉瓜手语的后几代使用者,学会了以若干重要方法,运用空间来架构符合语法的句子,就像惯例手语常用的机制一样(然而第一代手语使用者却不如此)。比方,他们用空间来识别原本可能要靠多个手势一同运作才能表达的不在场的东西(构成成分)(constituency)。因此,他们会用共同的空间参考点,来表示哪些项目在某个构成成分里应该一起出现,这就叫一致。比如说,一个物品和修饰它的词,可以在相同的地方比划,以表达它们之间的修饰关系。至于施事者和某个动作之间也是如此。此外,空间机制也被用来追踪指涉物在时间上的发展:比手势者一旦用某个手势来代表某物,之后他只需指着先前比划那个物品时手所放的位置,就可以再次表示那个物品——这很像口说语言里的代名词。基本上这是利用彼此已经建立的共同关注框架,运用空间机制来代表事情。第二代手语使用者运用空间的另一个有趣方法是,在比手势前先指明观点的参考点(perspectival reference point),例如,打手势指着空间中的某处,这处地方与彼此已知的物品有关,不过却是从别人的观点来比手势,而不是从自己的观点(Senghas and Coppola 2001; Senghas 2003)。

其次,关于手势顺序如何作为架构语句的机制,有几个实验让受试者描述电影里发生的情节,第一代手语者每个动作只比出一个参与者(家庭手语使用者也多半如此),所以即使在很长的描述里,顺序也都是表示动词和参与者的手势交替出现。但第二代手语者却喜欢把动词放在句末,不管句子里涉及多少参与者,施事者/主语/话题几乎一成不变地出现在受事者/宾语/焦点之前(Kegl,Senghas and Coppola 1999)。动词在后的顺序,也出现在另一个新发明的贝都因手语中,动词在后的语句数目,比起其他顺序的句子多了约有六倍(Sandler et al. 2005)。这些新创手语系统的使用者,也跟家庭手语者一样,会把表示动作的手势朝着物品比划,以指明这些物品是该动作的受事者或直接宾语。

因此,相对于家庭手语使用者及尼加拉瓜手语的第一代使用者,尼加拉瓜手语的第二代使用者,已经开始运用若干由严谨句法所组成的语法架构机制。既然手语在许多情况下是自发产生的,而且所有成熟的手语都具备许多语法结构,那么约定俗成,应该就是某个社群创造完整成熟的手语必经的正常程序。

6.2.3 会说话儿童的早期语法

发展正常的儿童会讲多个词的句子后(通常是在上述的主轴轮廓下),就开始以语法架构他们的句子,而听障儿童学手语时亦然。他们的语句很早就展现层级结构,因为他们有多单位的名词组及动词组,可由特殊的句型模式辨识出来(见 Tomasello 2003 的评论)。他们也从很早开始,就会用二级的句法机制(second-order syntactic devices),①通过顺序机制或他种形式的句法标记,如格位标记,来组织事件中各个参与者所扮演的角色。最初,这些机制通常只局部地与特定的几类事件有所关联。例如,孩子可能学会了在特定的事件如给或推中,如何以特定的顺序机制来指明施事者和受事者,却不会把这些相同的机制,用到其他类型的事件上。这种所谓的动词孤岛句型(verb island constructions; Tomasello 1992a,2003),②显示儿童最早的句法标记,在目标上相当局部,后来才逐渐变得全面与抽象。目前这段论述的主旨在于,句法机制——甚至是会以对比方式改变意义的惯例机制——可能适用于比较局部的特定词语/手势,也可能适用于比较广泛的整类词语/手势。在谈论演化时,我们可以因此合理地假设,在告知式语法这种严谨句法的初级阶段,人类以句法机制组织其语句时,可

---

① 二级句法机制即托马塞洛所谓的二级象征,与一级象征(first-order symbols)相对。一级象征指的是有实质内容的词汇,是儿童习得语言时较快学会的,二级象征指的是词序、构词标记等后来才慢慢学会的机制。——译注

② 动词孤岛句型意谓在语言学习上,每个动词都像孤岛一样独立运作,孩子虽学会了与某个动词有关的句法机制,却还不会举一反三应用到其他动词上。——译注

能只是局部地运用特定的词语/手势,而不是全面地涉及所有已知的词语/手势。

6.2.4 小结

再重申一次,如果从演化的角度去想,不管是尼加拉瓜手语,还是儿童学习惯例的手语或口说语言,我们目前所探讨过的这些情况,都不适用于人类演化的早期阶段。创造并学习尼加拉瓜手语的儿童,可能很接近演化的某个早期阶段,但是他们的认知与社会认知技巧,却比我们所感兴趣的那个时代的人类老祖宗还要发达(尤其是在论及分享和常规这些议题时),因为他们从小就在与成熟、现代、会说话的大人互动下学习家庭手语。但我们在此所要寻找的,是那些<u>无中生有</u>(de novo)创造出来的东西,那个超越请求式的语法,而且包含了许多更复杂精密的语法结构,不过却还未包括在叙事时,分享经验所需的所有句法机制,也不包括人类合作沟通的常态方面。

我们所探讨的告知式语法,主要的创新在于,沟通者能运用惯例的句法机制来完成三项功能:(i) 在目前共同的关注框架下辨识指涉物并为其奠定基础,包括使用多单位的句型结构来达成这个目的;(ii) 借由指明事件中不同参与者所扮演的角色,为接收者架构整体的语句;(iii) 透过惯例的方法表达动机与态度(有时也透过面部表情或声音以表达情绪)。这些创新都由一项新的沟通功能所驱动,虽然很明显地,这些功能无法决定需用到哪些特定的机制,因为不同语言有不同的方式体现。在受限于我和你、此处此刻的请求式语法中,这些复杂的机制都派不上用场;但在告知式语法里,这些复杂机制却缺一不可。也许,演化上最先使用的几种句法机制,都是从"自然"的原则而来(换句话说,那些原则都是人类根据一般的认知、社会、动机取向,会自然采用的,例如"施事者优先"或"话题优先",或在询问信息时显出困惑的模样)。不过后来,约定俗成的过程,又把这些自然原则,转变为人类合作沟通时,具有重要沟通意义的句法结构。

6.3 分享及叙事的语法

从一开始我就提过,分享的动机,其实是一种告知。出发点在于,人类有基本的与人分享讯息的动机,还有最重要的一点,是分享对讯息的态度。我们曾经推测,这种与人分享,可以扩展自己和他人的共同基础,让自己变得跟团体中的其他人一样,也希望他人喜欢自己,以便能与他们更亲密地沟通,所以这是某种形式的社会认同及联系。我们也提过,这种分享/认同动机,最后也导致许多社会行为的常态化,因为有个内在的社会压力,督促自己照着别人的方法去做事。语言总呈现出强烈的常态结构,不管是在我们以特定的语言惯例指涉事物的方法上,或是在句子形式合不合乎语法上。很可能正是这个动机,一部分地说明了我们为什么会做出"话不能这么说"的判断。

世界上所有文化背景的人,与团体中其他人分享讯息、态度的主要场合,就是叙事。基本上所有文化都有叙事,帮助定义这个团体是个历经时间考验却仍连贯的实体,如创世神话、民俗传说、寓言等等,这些东西代代相传,是文化主轴的一部分。有趣的是,即使是那些比划家庭手语,没有真正惯例语言的人,似乎也会通过图像手势述说简单的叙事(Goldin-Meadow 2003b),而学习尼加拉瓜手语的儿童也一样(Senghas, Kita and Özyürek 2004)。从语言学的观点看来,讲述长篇大论,会遭遇许多困难,因为要在时间上把众多事件和其不同的参与者,彼此拉在一起。这些困难,可以用几种不同的句法机制解决,我们不妨将这些机制称为想象句法(fancy syntax),的确,许多看似紊乱复杂的现代语法,都是从某些机制特别发展出来,我们目前假设,这些机制之所以被创造出来,就是为了处理叙事及其他篇幅较长的言谈所可能造成的困难。就连个别语句层次的句型结构,也都会受到影响,因为一系列的事件不管是以分开的句子表达、或是大家会话时彼此轮流发言,都可能被压缩、语法化为单一的句型结构,因此众多事件差不多是用同一个语调升降曲线(intonation contour)说出来。手语或口说语言里都会发生这种情形,我们推论这就是*晚期智人*的沟通特征。

6.3.1 言谈与叙事

为了进行叙事性言谈,我们必须有法子谈论众多事件和事物状态,它们彼此的关系可能错综复杂,所以我们必须有方法,并非要把言论奠基在非语言的直接环境中,而是要定位在由先前的言论所形成的语言环境中。想成为技巧纯熟的叙事家,就必得掌握一整套的机制,让不同事件之间既连贯又有凝聚力,这样说出来的故事才会精彩动听。

叙事性言谈会面临两个大问题:一是在时间上把事件拉在一起,二是追踪事件里不同的参与者,有时不同事件会涉及相同或不同的人物(即使人物相同,他们在不同事件中也会扮演不同的角色)。首先,在时间上追踪事件,会造成复杂无比的语法结构。最简单的情况当然是和现在相比,事情发生于何时:我*睡*了一小时,

或我会*睡*一小时。有时叙事也要把几个事件定位在非当下的时空中,以理解它们彼此的关系,所以我可以说:

当我*在睡觉*(was sleeping)时,炸弹爆炸了(一个过去事件发生在另一个过去事件之中)。

当我*睡了*(had slept)一小时后,妈妈就来了(一个过去事件发生在另一个过去事件之后)。

下个月前我的书就会完成了(will have finished)(相对于未来某个时间参考点,另一个未来事件已经过去了)。

完成那本书之前,我在澳洲*将住*(will have been living)满十年了(未来某个事件所代表的时间点,将是另一个延伸的未来事件结束之时)。

除了叙事言谈外,很难想象还有什么沟通情境,会需要以不同形式的动词时态,做这么不可思议的时间记录。

叙事言谈的第二个问题是,在不同事件里追踪指涉物,也一样复杂无比。有时,指涉物在第二个事件里根本不需被点明,譬如我们可以说"小毕开车到城里__买衬衫"。其他情况下,指涉物则可以用代词来识别,但如果先前提到的人物有两个,那就可能容易出错,因为这两个都有可能是代词所指的人,如"小毕开车载小莎到城里而且__买了衬衫",这时买衬衫的人(小毕),却比另一个人物(小莎)离动词买这个字更远。这种情况如果使用标记清楚的代词,就不会造成问题,如"小毕开车载小莎到城里,而且她买了衬衫",这时阴性代词*她*,就排除了上例中省略的主语一定是小毕的这个情况。很多语言里,所有名词都属于不同的性别或名词类别,因此运用这种策略释疑,就比英文更有效。言谈里存在着所谓的指涉追踪(reference tracking)这个复杂问题,我们先前举的那些简单例子,不过是触及皮毛而已,但却以简洁的方法显示,有的沟通压力能够塑造萌芽中的语法(比方,设法在不同的事件里追踪指涉物的这种压力),因此这一点也许可以用来解释,为什么有的语言有那么多不同的代词形式、名词类别、词类之间的一致标记(agreement marking)等。上面已经提过,手语里若要表达一样的功能,比手语者可以先在他自己前方某个位置比出某人或某物的手势,然后再提到那人或那个东西时,就可以直接比着先前指过的地方。

长篇幅的言谈中,不管是把事件定位在时间上,或在不同事件中追踪指涉物,都远比我们这里简单的谈论所呈现的情况还要复杂——而且两者在不同语言之间的差异也相当大。我们所要指出的重点在于,沟通功能会驱动沟通程序,因此所有意欲述说叙事或从事其他形式的长篇幅言谈的语言社群,都必须创造出我们在此描述的这几类一般语法惯例,才能达成使命。

6.3.2 复合句型

正是这种长篇幅的言谈,促成了语言中最复杂的语句层次的句法结构,这些句型都包含一件以上的事。下面我们会详谈一种过程,代表众多事件的一连串长篇幅言谈(那些原本组织松散、由不同语调单位表达出来的语句),在言谈社群里随着历史演变,逐渐"凝结"(congeal)为组织紧密的语法结构,并以单一的语调升降曲线表达出来。这类句型有三种基本形态,以更为复杂的方式扩展了我们前面所提的辨识、架构、表达功能。

谈到辨识,许多不同的句型结构,都可以用多个成分来识别指涉物,如英语的名词组("那辆大绿车"(the big green car))和动词复合式("将会已经睡了"(will have been sleeping))。其中最复杂的句型即是关系子句,因其涉及用事件来识别指涉物:

> 那个*穿着绿外套的*男人很早就离开了。
> 那个*昨天上店铺的*女人在那儿。

其他句型则能改变观点和语句中强调的内容,因此有助接收讯息者识别事件的主要参与者,如:

> 是那个男人被抢(并非如你想的是个女人)。
> 是那个女孩抢了他(并非如你想的是个男孩)。

这些句型的细节如何运作,不应分散我们的焦点,我们只需重申,它们的功能在于识别指涉物,是从长篇幅的言谈发展而来,发展方式下面会有更详尽的说明。

至于架构,所有语言都有复合句型,以便将事件彼此牵连在一起,并用复杂却系统的方法,将事件与人物也拉在一起。例如,英文里我们可以用下列方式来说涉及两个事件的句子:

> 她写(finished)$_1$完了作业,就(and then)进(went)$_2$城去了。
> 她拉上(pulled)$_1$了门,却(but)关(shut)$_2$不起来。
> 她骑(rode)$_1$了脚踏车去,因为(because)要快点找到(find)$_2$他。

这样并列的事件,都有个关键词将两件事连起来,表明它们的关系,这种例子在言谈和叙事里非常普遍,我们只举了几个说明。其他类型的句子还很多,这些组织松散的复合句型,在每个语言中的差异也极大。

第六章 语法方面

至于表达，有些特定的句型，如发问和命令，专门用来指明不同的言语行为功能（动机）：

把门关上！（命令式）
你把门关上了吗？（发问）
他把门关上了。（告知式）

其他表达说话者态度的句型，是在某人的心理状态或态度的框架中报导一件事。这类句型有的表达欲望和意愿，其中许多（包括孩子学语言时最先习得的那些句型）则表达了沟通者在此处此刻对事件的态度。简单的如：

我想扮成蝙蝠侠。
我必须写作业。
我试着要赢。

上述这些句型最终可能被概括化，用来报告别人对某件事的心理状态或态度。这个类别里还有其他句型，则与知识状态有关。简单的例子有：

我知道我办得到。
我认为他回家去了。
我相信她会来赴宴的。

这些句型当然也可以转而用来报导别人对事件的心理状态或态度。

现代儿童最早的复合句型，不需要从语句串（discourse sequences）语法化而来，这一点非常重要，因为孩子从大人口中听到的句型，就已经具备复杂的形式了（Diessel and Tomasello

2000,2001；Diessel 2005）。这展现了一种更一般性的文化辩证模式，被发明的文化产物随着历史演进，经由社会互动与合作而变得愈发复杂，但新的一代却只靠模仿或其他形式的文化学习，就能习得这种新产物，此即为棘轮效应（ratchet effect；Tomasello, Kruger and Ratner 1993）。① 这里很关键的一点是，语言里许多异常复杂的语法结构，历史上都是从较大的语句串被约定俗成而来，以便应付结构上涉及众多事件、繁复无比的大篇幅言谈和叙事。下面我们会为此勾勒出更详尽的纲要。

6.3.3 合乎语法就是合乎常态

首先，为什么所有文化里的所有人都爱说故事？第五章里我们曾提出演化的理据，说明人为何要与人分享讯息、情感与态度。基本上，这种分享能扩展我们与别人的共同基础，也可以增加我们的沟通机会，最后，还可以让我们更像他们，提高我们被社会接受的机会（服从团体在文化团体选择的过程中，扮演了关键角色）。述说叙事可以促进这种过程，因为只有我们这个群体里的成员，才会知道我们自己的故事，当我们说故事时，对人物个性和行为共有的评断，也是一种重要的联系机制（bond mechanism；见 Bruner 1986，他把叙事分为"行动的心理观点"（landscape of action）与"评断的心理观点"（landscape of evaluation））。

我们也在第五章中倡议过，这个程序会导致社会常规。人类有强烈的归属于某个社会团体的需求，而团体层次的行为常规（你

---

① 棘轮效应指的是有些程序一旦开始，就无法再回头，就像齿轮一旦开始运转，就不能让它倒转。——译注

必须合作,你的衣食行为必须跟我们一样)之所以会涌现,是因为个人对社会的评断与制裁非常敏感(这些让他们在接受评判前,自己就会先有尴尬、罪恶或羞愧的感觉)。更重要的一点是,合乎常态也延伸至社会团体里人们每天例行的事务上,因为大家都面临了服从、成为团体一分子的压力:如我们这群人就是这么采收蜂蜜的(我们的祖先早从一开始就是这么做的);我们吃东西就是这么拿筷子的等。

合乎语法这个现象(亦即有些句子听起来不合语法,让人觉得"那不是英语"),好像跟遵循社会常规以避免羞耻和罪恶相去甚远。但我们要声明的是,它也是日常行为遵循社会常规的一个实例,就像用群体认可的方式采蜂蜜、拿筷子吃饭一样,但它还会受到强化,因为常见的合语法句子,每天都可以听到数十或数百次,因此它们的模式已经深植于我们的沟通活动中(注意,比较少听到的语法模式,如果违反规范,听起来也不会觉得太糟,但常听见的模式就不是如此了;Brooks et al. 1990)。有趣的是,学习尼加拉瓜手语的第二代儿童,似乎具有使用家庭手语的儿童所不具备的语法感(如他们注意到第一代使用者比的手语并不总是很"正确";Senghas, Kita and Özyürek 2004),这表示,当约定俗成的过程发生在个体身上,而这些个体具备现代人的认知、社会技能,又是某个语言社群的一分子时,就会给人一种印象,好像事情*非得*这么做不可,因此就会有别人做得不对的感觉。

许多语言学家和哲学家,都曾对合乎语法这个观念存疑:如果这些不是在课堂上教授的确切规则(亦即有意识、规范性的语法,以向他人显示自己的教育程度和社会地位),而是更基本的东西,那语法究竟是什么? 依目前的观点来看,它不过是另一种团体行为的常态化，但还多了特别频繁的惯性行为的额外力量，所以违反规则听起来就会觉得很怪。在人类沟通的演化中，这是由分享/服从/团体认同的动机所产生出令我们意料不到、却极端重要的附加效力。

6.3.4 小结

我可以想见，有些语言学家，现在可能对我这套简洁的说明，感到排斥而难以接受，因为它代表我把言谈和复合句型过度简化到简直糟糕的地步（还有严谨句法的过度简化）。但我在此的目的既具体又单纯。我只不过想显示：

- 从事长篇大论的言谈与叙事，会创造出某种功能需求，例如把不同事件联系起来、追踪事件参与者、采取不同观点；
- 所有已知的语言都具备语法机制，来达成这些需求，但是方法不一而足，所以语言之间的机制也大不相同；
- 涉及众多事件、反复出现的语句串，是复杂句法组织的终极来源（详述如下）。

人类若只在此处此刻与人互相要求东西，或是彼此告知离此处此刻不远的时空下所发生的事，就不需要用到现代语言里的想象句法，这些复杂机制的目的，似乎直截了当的与叙事言谈的功能需求有关，可以架构时空上远离当下的一连串事件。

无论如何，我们可以把演化的步骤，归结为叙事时请求的、告知的与分享的语法，如图 6.1 所示。该图旨在以概括的方式，描绘出人类沟通独具的语法特性，这些不同的沟通动机随着演化而逐步涌现。（此图中，我们依循图 5.1 的用法，以人属、早期智人、晚期智人三个词，作为与演化次序有关、简便的象征性标签，此外别无其他用意)。约定俗成的过程,在文化历史阶段才会出现,因此在此图里并没有标示出来,但我们紧接着(等我们以不同的词汇简短地重新摘要之后)立刻会谈及这一点。

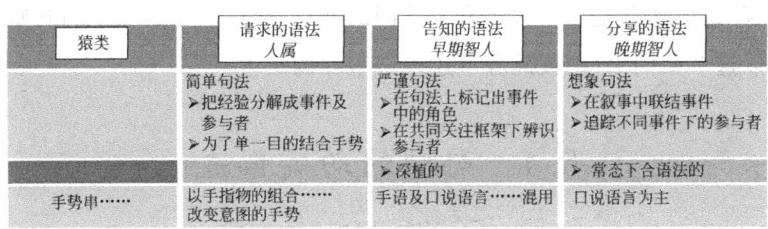

图 6.1 三阶段的语法演化基础

归纳我们这套完整、三阶段的演化论述的另一个方法,是考虑现代语言中的混合语如洋泾浜(pidgin)①和克里奥尔语(creole),这些语言都在特殊的社会环境下,由母语各自不同的人所共同创造出来。我们的假设是(虽然这种情形跟早期人类的认知能力非常不同),如果这些人互动的环境不外乎工作场合,因此所有的沟通,基本上只是请求别人在合作活动的情况下去做某件事,那么由此产生的语法结构,就会缺乏现代语言里多数的架构机制。譬如要求一个人于此刻此处挖地,就不必用到过去完成式或关系子句,而我们也知道,在最初级的阶段,许多洋泾浜的语法结构的确非常有限(所谓的行话(jargon);McWhorter 2005)。然后在第二阶段,如果这群人需要彼此告知对他人有益的事,尤其是关于第三者或远离此时此地的事情,那么这种功能上的压力,就会导致某些严谨的句法机制约定俗成(如对比的词序、句法标记、复合名词组等),

---

① 洋泾浜又译皮钦语。——译注

那么更多复杂的语法句型就会出现,"洋泾浜"便应运而生。至于第三个阶段,当说这种话的人们开始认同自己是一群文化连贯的团体时,洋泾浜就慢慢开始被称为克里奥尔语,或正常的自然语言,这一部分是基于大家有了共同的语言,也可能是因为他们开始以这个共同语言,彼此分享述说叙事性的故事。

6.4　句型的约定俗成

因此,现代语言运作的模式,是个复杂的混合体,混合了沟通和语法的"自然"原则(这些程序,直接来自人类生来就能认识这个世界,并能与人在社会上互动),也混合了约定俗成的沟通机制,这些机制都在特定的文化群体之内,被创造并传递下去。显然,那些促使沟通机制约定俗成的过程,并非生物演化的过程,而是文化历史演进的过程。通过语言变迁的现象,是我们理解这些程序的关键。若要更清楚地从语法的例子了解语言变迁,我们先要了解,到底什么东西被创造出来且传递下去(答案:句型结构)。接着我们必须理解,为什么语法结构会随着历史时间而改变。我们感到不解的是,如果团体里一代一代之间的所有成员都要能有效沟通,那么很合理的,沟通惯例,包括语法惯例,应该永远保持不变。所以问题在于,到底谁改变了惯例,他们又为什么要改(答案:没有人故意要改的),还有,什么渠道的语言才会改(答案:手势和口说语言都会)。

6.4.1　句型结构

沟通者不需要想出完全创新的方法,将每天谈话里的许多句子拼凑补贴在一起,他们也没有文法书上的"规则"可供参考(不管是什么类型的语法书籍)。换句话说,他们并非只有单词和诸多独立的语法机制;而是有许多语言社群里早已包装好、内部相当复杂的沟通惯例让他们取用,这些就是所谓的语言句型结构。语言句型结构基本上都是事先制造好且有意义的结构,可供在反复出现的沟通情境下一再使用。这些句型可能会用到特别的词及词组,如"你好吗?"、"待会儿见"和"我不知道",也可能会涉及某种抽象模式,不是跟特定的词有关,而是运用特定词型,如英文被动式(X *was* 动词+*ed by* Y)或过去式(动词+*ed*)的句型。

20世纪的语言学发现,约定俗成的语法结构,可以具备自身完型(Gestalt)的特性,与个别词汇的意义无关,这是一个长足的理论进展,让语法层次的分析产生了某种自主性(Langacker 1987;Fillmore 1989;Goldberg 1995,2006;Croft 2001)。因此如果我告诉你:"搭搭被嘎嘎密密了"(The dax got mibbed by the gazzer.),虽然不了解句子里三个实词的意思,但你会知道嘎嘎对搭搭做了某件(叫做密密的)事(我们是从搭搭这个受事者的观点进入这件事)。的确,句型结构里的完型特性,很多时候甚至可以"忽略"(override)个别词汇的意思。譬如,文法书里说,*打喷嚏*(sneeze)是个不及物动词,只需跟施事者一同使用,就是打喷嚏的那个人。可是我也可以说"他打个喷嚏把网球传给了她"(He sneezed her the tennis ball.),那你可以想象一个场景,就是他打了喷嚏,让球从他那里飞到她身旁去。那个动作不是靠*打喷嚏*这个动词所沟通,而是靠整个句型(双及物句型)(ditransitive construction)。若说抽象模式的句型结构本身就是一种语言象征符号,其实也不算夸张,不过它是一种复杂且具备内部结构的象征

(Goldberg 1995)。这表示,语言社群可以用他们自己的词汇创造、传递特定的字词,也可以创造、传递语法句型结构。含有特定字词或词组的句型,可以通过模仿,以正常的文化方式传递下去。但既然抽象的句型基本上涉及不同的运用模式,它们无法直接被模仿,所以儿童必须在个别的学习经验中,通过不同句型的范例,将它们(重新)组装。

不过词汇和语法句型,都不是忠实无误地完全照原样传递下去。你只要随便选些乔叟(Chaucer)的作品,①叫一个现代说英语的人读读看,就会发现许多地方根本看不懂,但那些语言只是几百年前的英语。现代语言学的开端,在于发现了几乎所有的欧洲语言,以及少数几个分布较遥远如印度的语言,都有共同的始祖语言(原始印欧语)(proto-Indo-European),而今日我们在欧洲看到的许多不同语言,都是几千年前才从祖先那里分化出来,变得完全不一样。这种变化不是仅在词汇上;这些语言的语法结构也变得大相径庭。例如,短短几百年的时间,英语就从以前主要用格位标记来指明谁对谁做了什么事,转变成主要靠词序来决定(但是残余的格位系统在代名词还看得到:I-me、he-him、she-her 等)。如果我们想知道语言结构如何被创造并代代相传,就应设法了解语言变迁的过程。

6.4.2 语言创造和变迁

所有社会生物的个体,都能用它们所演化出来的沟通呈现,或

---

① 乔叟(1343—1400)为英国中世纪作家兼诗人,有英国文学之父的称号,被少数学者誉为首位呈现方言英语(vernacular English)艺术的作家。其代表作《坎特伯利故事集》(*The Canterbury Tales*),深受意大利作家薄伽丘《十日谈》的影响。——译注

通过交换信号,与同类的伙伴有效地沟通(即使鸟类的叫声可能分属不同方言,鸟儿也能适当地识别并回应其他方言的鸟鸣声),这些呈现与信号,经过几世代也不会有明显的变化,但是有一个例外。这个例外,当然是人类。人类的语言多达六千多种,语言不同的人无法相互了解,即使说相同语言的人,在历史的不同时间点上,也可能无法彼此了解(如乔叟和我们)。要解释这个现象很容易,因为人类的语言社群不断在重新发明语言,虽然他们都不是故意的。

语言创造和变迁常被称为"第三类"现象(依照亚当·斯密(Adam Smith)的说法,也称为无形之手现象(an invisible hand phenomenon);Keller 1994)。[①] 它是有意的人类行为所造成的结果,就像其他社会层面的现象,如通货膨胀、能源耗竭一样,虽然并非单独某个人或某群人刻意希望它发生。语言创造和变迁是由于,人类沟通是开放且动态的,交谈的双方会一直彼此调适,以便能更有效地沟通,并达成其他社会目的,一切都取决于不同情境下,两人之间的共同基础有多少。虽然没有很多研究探讨这个过程的认知方面,却有一种论述,跟我们观察语言历史时所发现的现象大体一致,下面我马上会提到(Croft 2000;Dahl 2004;Deutscher 2005)。

当人类以语言相互沟通时,沟通者会试着有效率些,尽量以最少的话把讯息传递清楚。接收者当然会有兴趣获取足够信息,以便了解讯息,但一切取决于讯息本身,以及他和沟通者之间有多少

---

① 亚当·斯密(1723—1790)为苏格兰哲学家及经济学家,他在名著《国富论》(*The Wealth of Nations* 1776)中提到,自由市场看似混乱,却有一双无形的手指引着,而能制造出数量、种类都恰到好处的产品。——译注

共识。如果我问你"阿杰在哪里?",简洁的回答如"纽约"、"睡觉"或其他能提供对方所需的答案,都是恰当的,这时不需要再把大家已经共享的信息说出来(亦即,我不必回答"阿杰在纽约"或"阿杰在睡觉")。如果你问了一个我不晓得答案的问题,我用英文最典型的回答会是"I dunno"(我不知道),可是不以英文为母语的人也许根本听不懂,但我晓得你会了解,因为我能讲的答案不多,所以这么压缩了的句子,就足以表明我的意思。如果在专业特殊的场合(比方牙医师和与他共事多年的助理),也常使用简省的代码,让彼此沟通更快速、有效,靠的就是彼此共同的经验,所以很多话可以尽在不言中。每天的对话里,讯息含量低又出现在高度可预测地方的词,常常被说得很含糊;例如,如果想拒绝别人,我们真正听到的不清晰咬字可能是"m-busy"(I am busy)。一般的原则是,交谈双方的共识越多、可预测性越高,真正说出来的话语形式就越简略。说话者因此会自动简化某些句型或句子里的词组,目的就在提高效率,但简省的范围要受限于接收者能否理解。

　　特定的语言沟通情境下所产生的语句,常是沟通双方妥协的结果,沟通者只愿意说出传达讯息所需的信息,而接收者却想具备所有理解讯息所需的信息。这可分成两个层次来看。首先,以不同语调升降曲线说出的长篇语句串,常被缩减为语句层次的句型,且多半只用一个语调升降曲线表达就够了。这里有几个例子,都是以纪盟(Givón 1979)的材料为基础(虽然很多情况下,历史记录不够详尽,对于特定细节我们不太有信心):

- 松散的语句串,如*他拉着门它就开了*可以缩短为*他把门拉开*(结果式句型)(resultative construction)。
- 松散的语句串,如*我男友……他弹钢琴……他在乐团里弹*

可以变成*我男友在乐团里弹钢琴*。同样地,*我男友……他会骑马……他拿马下赌注*可以变成*我那会骑马的男友拿马下赌注*(关系子句句型)(relative clause construction)。
- 如果某甲表示,小梅会嫁给阿强,某乙表示同意地说*我相信*,之后又复述一次小梅会嫁给阿强——那么两句话也可合而为一,变成*我相信小梅会嫁给阿强*(句子补语句型)(sentential complement construction)。
- 复杂的句型,可能都是由原本分开的语句串而来,如:*我要这个……我买这个*可以演变为*我要买这个*(不定词补语句型)(infinitival complement construction)。

第二个层次是音节多的词串,被简化得词数少了、音节也少了。英语中有个表示未来的用法 gonna,是由 going 和 to 合并而来。going 原本的用法是个表移动的动词,时常和介词 to 一起用,以表示目的地(如:*我要去商店*(I'm going to the store.)),但有时也可表示"去"(going to)这个动作促使我将要做的事(如:*你为什么要去伦敦?我要去看我的新娘*(Why are you going to London? I'm going to see my bride.))。后一种用法接着变成 *I'm gonna* ＋动词,此时 gonna 表示的不仅是未来要做某事的意图,也可以只表示未来(那就不一定跟移动或意图有关;见 Bybee 2002)。当我们很平常地说这些话时,那层附加的要素(也就是原本句子里可能隐含了意图的那层意义),只可能从交谈双方共同的基础而来。其他著名的例子还包括:
- 英语未来式的主要标记,来自原本有完整词汇意义的动词 *will*,如:*我但愿它会发生*(I will it to happen.)。但这句话在某个时期变成了*它会发生*(It'll happen.)(*will* 这个字的意愿成分于是被"漂白"(bleached)而消失了)。

- 英语中的词组，如*在……之上*(on the top of)和*在……的一边*(in the side of)先演变为 *on top of* 和 *inside of*，最后又变为 *atop* 和 *inside*。有的语言里，像这一类空间介词的关系词(relator words)，也可能演变为跟名词紧连的格位标记。如果是这种情况，就可能变成方位格的格位标记(locative case marker)。

- 法语中，主要的否定表达法是 *ne…pas*，如：*我不知道*(Je ne sais pas.)。但现代法语口语里，*ne* 越来越少用，*pas* 变成主要的否定标记。可是 *pas* 曾经一度是"步伐"(step)的意思，由此衍生出类似英文"一点也不"(not one bit)或"一步也不"(not one step further)的意思。

这个过程很关键的一点在于，这些改变如何在语言社群里宣扬和传递(如某种语言创新因其社会威望(social prestige)而得以传播等；Croft 2000)，但对我们的论述而言，更为重要的是一代代之间的传递。记得我们在谈人类演化中语言惯例的涌现时，曾经推论过"趋于任意"的过程，这是基于圈外人因为缺乏共识作为"自然性"(naturalness)的基础，很可能不容易理解或划分别人使用的沟通符号。就语法的改变而言，真正情况也应当很类似。儿童听到语句时，只想学着大人去做一样的事，他们不晓得也不在意那些句子是否具备"自然"的根基。因此，当他们听到的语句中，某些构成成分不容易听见或缺乏(或是他们还不清楚那些用法)时，他们所了解的那个句子的运作方式，可能就不同于大人说话时运用语句的实际方式(如句子中哪些成分负责哪种沟通功能)。这就叫功能再分析(functional reanalysis)，它源于理解语言的人，通常会同时进行两件事。从一方面来说,他们会试着了解语句整体的意思:说话者想让我做什么、知道什么、感觉什么?但除此之外,他们也会进行一种所谓的"责任指派"(blame assignment):在整体意思里,整句话内部的构成成分各自扮演着什么角色?因此,如果小孩听见大人说"我得走了"(I'd better go.),他可能没听清楚-d,所以认为 better 是个单纯的情态助动词(modal auxiliary),像必须(must)一样,就如"我必须走了"或"我应该走了"或"我可以走了"。这种责任指派因此就与大人的不同,所以如果很多小孩都像这样,那么将来某个时候,better 就真的会变成英语里像 must 一样的情态助动词。这种再分析无所不在,也常会通过类比再扩散到相近的句型去(见 Croft 2000 对这些程序的精辟讨论)。

我们所论及的这种循环,有点像图 6.2 所示。当彼此的共同基础深厚而可预测性高时,说话者会机械化地自动缩减句型,因此初学者不容易理解(于是就开始进行再分析),这些简化、再分析的形式,进而就被结合到言谈中,然后整个程序又重新开始。与此相关的是,如果抽象的句型,必须由儿童从大人使用的语型来(重新)建构,那么当大人使用的语型经过实质的改变时,传递过程中的"失误"(slippage)就会发生,所以孩子学到的句型,就会与大人所用的有些微不同。例如,当说英语的大人开始不那么常用动词的不规则过去式时(如 sneak-snuck 和 dive-dove),孩子会倾向于把

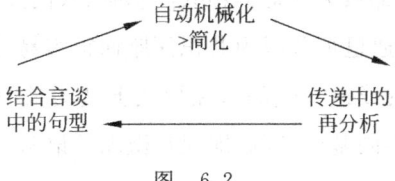

图 6.2

动词过去式规则化（如 sneaked 和 dived），因为异于主流模式的不规则形式，需要非常多频繁出现的实例才能深化，这就会导致日后的语言变迁(Bybee 1995)。

正如我在此处所呈现的语言沟通的各个方面，我其实大幅度地过度简化并删略了几个重要的细节。这是因为就当前的目的而言，我们只需了解足够的程序，并以共享意图的过程为基础，声明两个跟目前的解释特别相关的要点就够了。第一，语法的约定俗成，如上所述，只有在沟通者和接收者都具备成功沟通的共同目标时才会发生。换句话说，我们把语法化过程的结果，看成是沟通者的需要和接收者的需要两者之间的妥协。这个妥协的先决条件是，沟通的双方要一同为共同目标努力，这个目标就是让沟通者的讯息成功地被接收者所理解，当双方为共同目标付出时，每个参与者都要监督对方在做什么。因此，接收者也许应视情况表现出理解或不理解，而沟通者则要适当调整讯息的传达作为回应。这个过程，与类人猿沟通时，沟通者和接收者之间那种特有的妥协完全不同，我们在第二章提过，每只猿类都有各自的目标，只有那些能适当符合双方各自需要的信号，才能被保留下来。另一个发人深省的证据是，就我们所知，没有人类以外的动物，会要求澄清某个沟通讯息，或会为接收者修正讯息。

第二个要点是，语法句型的创造和变迁，特别是随着时间产生的再分析过程，都很关键地仰赖共同基础、共同关注的运作。说得明白些，语言沟通里那些因为共识深厚而很容易预测的方面（可能是透明图像化的或组合式的），在形式上就会被简化，因为交谈的双方都能利用共同基础，因此即便是微弱的语言信号，都有助于对讯息做出适当的推论。对于*内行人*(cognoscenti)来讲，这些都不成问题,但对外行人如小孩来说,这就让语言信号变得不太透明,所以他们必须任意地学习形式-功能这种配对关系(而且常常学得不专精)。于是他们在学习过程中,常会进行责任指派的工作,也就是他们会试着辨别,句型中哪些部分具备某个次功能。这种责任指派,很可能跟成熟的大人所欲表达的不同。我们在此特别想提出的是,语法句型的约定俗成(即语法化和其他类似的程序),都只会在具备认知技巧、能在共同关注下建构共同基础的人类身上发生,而且只会发生在具备足够社会复杂度的社群里,因此不同个体之间,彼此的共同基础也不同(参阅 Croft 2000)。这意味着,如果我们把"懂语言"的猿类放在一起,就算它们会运用少许的"语言"符号彼此沟通,那些符号及符号的组合,仍无法呈现什么历史演化的发展,因为猿类不会彼此建构共同的概念基础,然而语言约定俗成的过程,却一定要靠这一层共同基础。

整体来说,人类的语言沟通技能是多面的,来自多种不同的源头,这点我们非常肯定不会有误。与合作沟通有关的基础面,主要是受演化进程的影响,但是语言惯例和句型结构真正的创造过程,亦即人们用特定的语言,来架构彼此语言互动的那些惯例与结构,一方面来自超越个人的文化历史过程,另一方面来自社会学习、共同关注、类比等个体演化所需的心理程序。在共同概念基础的情境下,以共同目标相互沟通所隐含的共享意图,加上人类各种讯息处理和自动机械化的趋势,产生了语言创造和语言变迁的可能性,随着文化历史的演进,这个现象总在特定的语言社群中出现。

6.4.3 普遍语法和语言差异

世界上不同的文化团体,有时基于非常不同的语法原则,各自把天差地远的语言惯例和句型结构约定俗成，这是个不争的事实。我们是可以把这些天差地远的语言惯例和语法结构，都硬塞进古典和现代形式语言学的几个类别中，但是这么做是否恰当，就不是很清楚了。换句话说，现在所有语言学家都同意，以前的人把全部欧洲语言都硬套进拉丁文的语法，是不恰当的，因此如果我们要把所有刚发现的"异国"(exotic)语言，都硬塞到古典欧洲语法的类别，如主语、直接宾语、关系子句中，也不再是恰当的了。

语言类型学家专门研究语言差异，那些不愿意把所有语言削足适履地勉强挤入欧洲语法框架的学者，发现了一整套不可思议的奇怪机制，不同的语言社群就利用这些机制，在语法上架构他们的语句(Croft 2003)。就一般的层次而言，有的语言词汇中，含有多不胜举的小词尾(morphological endings)，但有的语言却完全没有。有的语言把复杂的事件和意念，分解成许多小单位，每个单位由一个词代表，但其他语言却把复杂的事件、意念都写成一个很长的复合词。有的语言区分主语、直接宾语等类别，有的却不然。有的语言有清楚的名词和动词等类别，但有的却只有单一一类，其中的词既可当名词，又可当动词，就像英语的*刷*(brush)与*吻*(kiss)两字。有的语言有许多镶嵌的结构，如关系子句，有的却非常少。有的语言的名词组中，每个项目都相连(如"大绿鱼"(the big green fish))，有的语言里类似的词组中，每个项目却"炸得"(exploded)四散在句子里。有的语言有几个介词、助动词、情态动词(modal verb)、连接词、冠词、副词、叹词、补语化连词(complementizer)、代词；其他的语言却没有这么齐全的类别。有的语言允许说话者自由省去指涉词，如果指涉物可从上下文加以推断(省略)(ellipsis)；有的则不行。总之，世界上不同语言千奇百怪无所不在，我举的诸多例证不过只是稍稍触及皮毛而已。

但普遍语法的确存在。然而它们不如过去以为的那么直截了当，因为它们与特定的句法机制或句型结构无关，而是与其扮演的一般性制约或功能有关。例如，许多普遍语法之所以存在，原因之一是不管说哪种语言的人，都用类似的方法来感知世界，他们都知道施事者会对受事者做某种动作，知道物品会在不同的地方之间移动，知道一件事常能引发另一件事，知道人们可以拥有物品，可以感知、思考、感觉事情，可以彼此互动沟通，而这些认知都涉及基本的事件-参与者的区别。另一个原因是，不管说什么语言的人，都有一大套相同的沟通功能，因为他们的社会意图、社会动机也大同小异：不外乎向别人要求某事，有益地告诉他人某事，与人分享某事，在此只举几个最普通的动机。还有一个原因是，不管讲什么语言的人，都会用类似的办法操控对方的注意力，比方，他们会区别已经受到关注的东西（话题），和新的需要关注的东西（焦点）。全世界的人，也都基于视觉感知、分门别类、类比、自动化、工作记忆、文化学习等，用相似的方法学习和处理讯息，所有的语言沟通、约定俗成和语言学习，都要受到这些条件制约才能运作。再者，全世界的人都具备相同的发声-听觉构造，因此用类似的方法处理声音-听觉的讯息。就我们此处所着眼的要点而言（亦即从个人的和共享的技巧、动机来看），全世界的人也都大同小异，都在合作沟通的行为下，经历过以手指物、比划示意的共同演化史。

这样的条件下，我们不禁要问，那些特殊的语言和语法原则（亦即不以人类一般的认知与沟通历程为基础的原则），是否也是从人类演化出来的。倡导这个论述最有名的，当然是乔姆斯基的普遍语法（universal grammar）。一开始他的假设非常简单明确，因为普遍语法包含的都是纯语言的东西,如名词、动词和欧洲语法的基本规则。但是当事实越来越清晰,如此的论述不适用于许多非欧洲语言时,他的假设就改了,开始包括相当抽象的语言学概念,估计这样应该可以代表语言普遍的计算结构——例如所谓的承接制约(subjacency constraint)、空语类原则(empty category principle)、题元准则(theta-criterion)、投射原则(projection principle)等。① 但是很清楚地,这些概念完全依靠理论,而这个理论又已遭人摒弃,所以现在的说法是,特定的语言计算原则只有一个,就是反复性(recursion),不过这一点也可能不一定和语言相关(Hauser,Chomsky and Fitch 2002)。乔姆斯基所假设与生俱来的普遍语法,目前根本没有连贯完整的思路可以自圆其说(Tomasello 2004)。

无疑地,语言如何被创造、习得与改变,一定受到一般的计算能力所制约,甚至也有隐含的普遍原则,因此一个语言如果以某个方式达成了 X 功能,那么也总会以另一个方式达成 Y 功能

---

① 承接制约是一种以句子里两个成分之间的距离,来判断句子是否合乎语法的原则。例如英语中 May asked why he likes dogs 这句话改为疑问句时,可以说 Who did May ask why he likes dogs?,却不能说 * What did May ask why he likes?,因为 wh 疑问词移位时,只能跨越一个边界节点(boundary node)。空语类指的是没有语音、文字形式的语类,如句法移位后所留下的语迹(trace)。比方英语问句 Who did you see? 中的疑问词 who,是从本来 see 后面的位置被前提至句首,因此句末就留下了语迹,可记为 Who did you see t? 空语类原则认为,所有语迹都须受到适当的管辖(governed)。题元准则指的是,句子里每个动词都能分配题元角色(theta roles)给它的论元(argument),但每个论元只能分配到一个角色,每个角色也只能分给一个论元。如英语动词 give 可以有三个论元,所以在 I gave Joe a book 里,I、Joe、book 分别扮演施事者(Agent)、目标(Goal)、客体(Theme)三个角色。投射原则指的是,词汇的所有讯息与特征,都会投射到每个层次的句法表现上,例如英语的 I believe her to be a genius 中,虽然 her 是受格,但它其实是后面那个子句里的主语,因此不管在句法的深层或表层结构,都必须把它分析为主语。——译注

(Greenberg 1963)。但问题是,我们是否需要用与生俱来的普遍语法,来解释这些事情。最近的研究中,许多这些制约与隐含的关系,都被以人类处理讯息的一般方式来解释(Hawkins 2004),或从人类在不同的句型结构中,如何根据讯息把焦点放在不同事物上来解释(Goldberg 2006)。以这个观点来看,所有语言里普遍都有的计算制约,反映的是认知、社会、发声-听觉等一般性的原则和制约,这些东西原本就存在人类固有的心理运作中。语言是在早已存在的人类认知、社会制约下被创造出来的,就目前的假设而言,如果我们对这些方面了解得更透彻,这些制约一定能提供语言创造所需的东西。并非一定不可能演化出与生俱来的句法模板,只是目前根本没有实证的证据来支持这种说法,也没有明确的理论架构为它背书,因此如果我们确实理解了语言的本质,这种论述不要也罢。

所以我们的结论是,虽然人类的语言能力许多方面历经了生物演化,但特定的语法原则或句型却没有。不同语言的语法结构中的普遍原则,其实是来自人类认知、沟通、发声-听觉处理等更一般性的程序与制约,在特定的语言社群里,当特殊的语法结构被约定俗成和传递时,这些程序和制约就会一起运作。至于为什么人类群体会创造各自的语言惯例,包括语法惯例,而这些惯例又为什么会随着时间不可思议地快速改变,这个问题并不好回答。但可以推论的是,这反映了更一般性的文化历程:人类生来就是要模仿,就是要变得像周遭的人一样,语言不过是体现了这一点罢了。对这个一般模式最合理的解释是,人类群体有需要区别自己和其他群体,而语言正是外来者的一大障碍,让他们后来才慢慢地完全成为文化群体的一员(这是一种文化孤立机制)。相反地,如上所述，语言的使用（包括用来分享叙事中有关共同经历的经验及态度），是文化群体创造自己内部团体认同的主要方法。许多语法结构的改变，源于儿童得从单独的语言运用实例中，重新建构抽象的句型结构，所以他们原本就会产生混乱不一的现象，因为每个孩子从大人身上所得到的语言经验，都有些微不同（Croft 2000）。

6.4.4 小结

当今的认知科学论述里，对于语法或句法这个词究竟指的是什么，基本上模棱两可。最近的确有众多研究表示，人类婴儿和人以外的灵长类，都能在一连串合成的声音下侦测到反复的模式，这个常被称作"语法学习"（grammar learning），而比较谨慎的研究员则称之为"统计学习"（statistical learning），即使这些声音根本不具意义，也没有什么沟通要点。我所说的语法可不是这样。语法的先决条件是有意的沟通，这点是最基本的，然后语法机制和句型，便以功能上有意义的方法，架构多单位的语句。惯例的语法机制和句型，就像简单的惯例如单词，都是文化历史的产物，由特定的文化团体创造出来，以符合他们的沟通需要。语言里的普遍法则，是由共同的社会、认知、发声-听觉等原料所创造出来，可以促成或制约约定俗成的过程。以贝茨（Bates 1979）的观点来看，之所以会有普遍语法，是因为全世界的人都有类似的沟通任务要完成，而且有类似的认知与社会工具来完成这些任务。

因此，若承认人类的语言沟通奠基于一般的人类合作沟通，在我们尝试构拟人类语言沟通如何演化时，还会面临一个挑战，那就是为什么不同的现代人群中，既有普遍的语法，也有彼此的差异。这也许反映了一种情境，就是在非洲某处，有一群现代人，跨越了一大步发展出现代的口说语言(这一步跨得有多远,我们不得而知)。接着,这个大团体分出的小团体开始扩散到全世界,并把各自的语言惯例和句型结构约定俗成。这些小群体当然都还保有相同的基本认知、社会认知、沟通、发声-听觉的能力,所以他们的语言约定俗成的过程也受到了类似的制约。

6.5 结论

语法从何而来？答案是：很多地方。猿类会并用一连串的手势与同伴沟通。"懂语言"的猿类甚至会比出真正的手势组合,把它们想表达的讯息分解成好几部分,通常是分为事件和参与者。我们把要做到这一点所需的认知技能,叫做简单句法,但它其实具备深远的演化根源。如果涉及的沟通动机只是单纯的请求,亦即我希望你在此处此刻做某件事,就不需要有更复杂的语法来架构语句。

一旦合作沟通和告知的动机涌现了(由共同基础和沟通意图所架构),人类沟通的方式就会变得复杂许多。告知的语法需要有额外的机制,指明我们在谈论的是哪个特定事件、哪些人物(也许要用复杂但连贯的构成成分,将人物定位在目前共同的关注框架下),并标明他们在该事件、该情况下分别扮演什么角色。当我叙述接连发生的事件时(如讲述我昨天打猎时发生了什么事),就需要使用能包含更多语法机制的分享和叙事语法,才能把事件彼此的关系阐明,并追踪参与者在不同事件里的动向。叙事中的告知与分享语法的演化根源,来自基本的合作沟通能力,及其繁复的共享意图基础结构。但真实的语法惯例,当然不是靠演化过程所创造出来，而是由文化社会（"无形之手"）的历程所创，这个过程我们称为语法结构的约定俗成。

　　因此，现代人类语言的语法结构，是人类历史上漫长且复杂的一连串事件的产物，涉及演化与文化两种历程，受到一整套一般认知和社会认知过程的制约而发展出来。这个历程绝大部分发生在手势模式上，这似乎说明了为什么手语在今日很容易就可以被创造出来。以目前的解释来看，语法结构的创造与修改，只因人类彼此的沟通互动，是有共同目标的联合活动，如果沟通者认为有些东西是彼此的共识，接收者从语用的观点能够自行推论出来，那沟通者就会尽量少说话。因此身处共同关注这个大茧之外的个体，时常会以新颖的方式，分析语句里的哪个部分扮演哪个功能。即使在语言演化过程的最后几个阶段，当人类开始往合作沟通迈进时，共享意图这个基本的技巧和动机，还是这些过程中最核心的部分。

第七章 从猿类手势到人类语言

> 我们的言论,是从我们其他的活动中获取意义。
> ——维根斯坦《论确定性》(*On Certainty*)

我曾经保证过,人类沟通起源的故事会相当复杂,而它也的确如此。不过,高度独特且复杂的表型(phenotypic)①结果,就如人类的合作沟通,几乎都有繁复迂回的演化历史。而高度独特且复杂的文化结果,就如惯例的人类语言,也几乎都有繁复迂回的文化历史加诸其上。因此我想把这么些个复杂的东西都怪罪在现实上——虽然也有可能是因我们对一切的了解仍不够深入,所以才找不着其中隐藏的简洁。总之,在此我要最后一次试着简洁些,首先我想用短短几页总结整体的论点,并重新检视第一章提出的三个假设,看其中哪个最合理。最后我要以语言是共享的意图提出些省思来作结。

---

① 表型(phenotype)或表现型是遗传学里的概念,指的是任何生物外表可见的特征,如身高、眼睛颜色等。表型主要取决于基因型和环境。两种生物基因相同,表型不一定相同,因为所受环境影响不同;同样的,两种生物表型相同,基因也不一定相同,因为其中一方可能含有隐性基因。天择演化论所仰赖的,就是基因变异所导致的表型变异。——译注

7.1 论点的摘要

我这些讲演的整体论点摘要(大致是依照章节来组织)如下：

迈向人类合作沟通的路,始于类人猿有意的沟通,尤其表现在手势上。

- 猿类的许多手势是学习而来(经由个体发展的仪式化过程),所以能灵活、刻意地运用,其中包括它们能注意到别人在注意什么,这与它们非经学习、没有弹性、发泄情绪、能一视同仁传播到四周环境的声音表达恰恰相反。

- 猿类总是利用学来的、有意的手势向同伴请求/要求某种行为,其对象也包括人类。它们用改变意图的手势直接要求某种行动。但它们用获取注意的手势要求行动时却是间接的,也就是说,它们以这些手势引导同伴或人的注意力,那么对方看到某物后就会因此采取行动。猿类学习而来的获取注意手势,可能是人类以外的灵长类中,唯一有意图的沟通行为,以分层的意向运作：先让对方看到某物,再接着去做某事。

- 猿类之所以能理解并比出这些手势,都靠对个别意图的理解为基础；它们知道他者有目标和感知,这使它们能实际推知(包括推论)其他同伴在干什么,或许也能推想出它们为什么这么做。沟通者和接收者在沟通过程中有各自不同的目标,但没有共同分享的目标。

人类的合作沟通,比猿类的有意沟通还要复杂,因为其奠基的社会认知基础结构,不仅包括理解个别意图的技巧,也包括理解共享意图的技巧和动机。
- 共享意图基本的认知技巧,在于反复的读心术。当运用在特定的社会互动时,它会产生共同目标与共同关注,于是提供了共同的概念基础,在此基础上人类沟通就会自然而然地产生。
- 共享意图的基本动机是协助与分享。当运用在沟通互动时,就能产生三个基本的人类合作沟通动机:请求(请求协助)、告知(借由有益的讯息提供协助)、分享情感与态度(借由扩展共同基础来加强社会联系)。
- 当反复读心术被运用在合作动机上时,彼此对合作互助及葛赖斯沟通意图的期待(甚至是对常规的期待)就会产生:我们都知道我们在(而且从社会团体的观点来看也应该)合作。这让互动的人类可以为成功沟通的共同目标而努力,也让他们不只从事实际推理,还能合作推理,因此双方可以在过程中,做出与沟通情境相关的推论。
- 为了以非语言的方式沟通,人类会用以手指物的手势引导别人的视觉注意,也会用图像手势(比划示意)来引导别人的想象力。这两类手势可以视为"自然"的沟通,因为它们分别利用人类的两个自然趋势,前者是接收者跟随目光凝视方向的自然趋势;后者是接收者会刻意地解读别人的行为。这些简单的手势以复杂的方式运作,因为它们被用在许多人际情况中,参与其中的人分享着共同的概念基础,这个彼此的共识可以作为诠释的联结,也可以作为彼此对合作的期待。
- "任意"的沟通惯例,包括语言惯例,就像"自然"的人类手势,都仰赖相同的合作基础结构,而它们也的确从这些自然手势而来,当新的成员学会了图像手势的工具用法,却又不完全明白其中的图像性时,原本自然的惯例就会渐渐"趋于任意"。

人类儿童手势沟通的个体发展,特别是以手指物的发展,提供了证据,证实我们假设的合作基础结构具备不同的成分,也证实了其与共享意图的关联——这些都发生在语言习得开始之前。

- 儿童以手指物的实验,证实了共享意图基础结构的关键角色:共同的关注框架和共同基础;请求、告知、分享三个基本动机;还有较不确定的沟通意图与合作常规。

- 发育阶段,随着儿童在合作活动中开始出现共享意图的技巧,以手指物也首次出现,绝对不会在之前就出现,即使以手指物所需的许多其他先决条件,在他们年纪更小时就已经齐备了。以手指物的涌现,比那些需要用到惯例语言的任何实质技能的出现,都要来得早。

- 紧接着首次以手指物后,儿童的图像手势也开始出现,但这类手势需要搭配沟通意图,才能有所成效(否则只是空虚的动作);不过这些手势很快就被惯例语言所取代(以手指物却不因语言涌现而消失),因为图像手势及语言惯例,都代表用象征手法来表明指涉物。

- 个体演化发展上,从手势过渡到惯例形式的沟通,包括语言,也关键地仰赖于共享意图的基础结构,尤其是合作活动中共同的关注,以创造出学习"任意"的沟通机制所需的共同基础。

- 个体演化发展上,从手势到语言的过渡,显示了两种相同的功能:(i)以手指物与指示词(如这和那)功能相同;(ii)图像手势与实词(如名词和动词)功能相同。

人类合作沟通在群体演化上的涌现,是更大范围的调适过程的一部分,目的在于适应一般的合作互助活动及文化生活。

- 人类共享意图的技巧与动机,最初是在互利共生的合作活动背景下产生:反复读心术的技巧,导致共同目标的形成,然后又产生与共同目标有关的,对事物共同的关注。类人猿不会参与这种形式的合作活动,所以也不具备人类共享意图的技巧和动机。
- 先以手指物,再比划示意,是为了更有效地协调合作活动,一开始只是先请求对方去做某事,且确定对方一定会服从,因为这对双方都有利。这种合作沟通行为起初只被用在合作互助的情况下,所以其意图结构自始至终都是合作性的。把合作沟通的技能,运用在合作互助的情况外(如说谎),是后来才出现的。
- 借由告知提供协助,可能是从间接互惠的过程兴起,因为人类都希望为自己赢得最佳合作伙伴的好名声。这就创造了一个公共空间,让双方对合作沟通应如何运作都有所期待。
- 人类会与人分享感情和态度,因为这是社会联系和扩展社会团体内部共识的好方法(与文化团体选择息息相关),但真正能约束合作沟通的常规,则来自不合作时所会受到的团体制裁。
- 模仿技能让人类可以从他人身上创造并习得图像手势,这些手势被用作独词语句来表达复杂的概念(但需要有沟通意图才能顺利进行),所以在手势传播的过程中,当沟通双方彼此分享的共识较少时,手势常会自然地经历"趋于任意"的过程,因此便创造出沟通的惯例。
- 最后如果要转化为完全任意的声音惯例,那么这些惯例一开始都得跟比较自然、以动作为基础的手势共用,其实应该说是依附在这些自然的手势上。

人类语言沟通中所谓的语法,指的是语言结构的约定俗成和语言结构的文化传递,这些过程以一般的认知技巧为基础,如共享意图和模仿的技能,以便符合三个基本沟通动机的功能需求,进而发展出请求的语法、告知的语法、分享和叙事的语法。

- 猿类会运用手势串,"懂语言"的猿类则会结合手势,以达成单一的沟通目的,并把经验分解成事件和参与者两部分,所以猿类被"赋予"了这些基本的语法技巧,作为向人类的语法能力演化的出发点。
- 当"懂语言"的猿类(可能也包括早期的人类)发出多单位的语句时,他们几乎都只用这些句子来达成请求的功能,因此通常只涉及"此处此刻的我和你",这表示,没有什么功能上的压力,会迫使他们发展出更严谨的句法标记。因此这些猿类和早期人类,只具备请求的语法。
- 随着告知功能的出现,也出现了时空上远离当下的指涉物,语法机制于是变得不可或缺,以便:(i) 识别不在场的指涉物,把它们定位在目前共同的关注框架下(也许利用多单位的构成成分);(ii) 在句法上标示出各个参与者的角色;(iii) 区分请求式和告知式的沟通动机。这些功能需求,导致了告知的语法。

- 随着分享动机的出现,以及叙述一连串时空相隔遥远的复杂事件的语句需要,必须有一套语法机制来:(i)做时间定位,让事件彼此相关,(ii)追踪参与者在不同事件的动向。这些功能需求,促成了分享和叙事的语法。
- 特定语言的特定语法结构,是由文化历史演进中约定俗成的过程所创造(语法化及其他过程),这些很关键地取决于沟通的共同目标、共同的概念基础、及一些基本的认知和信息处理过程。这里所涉及的团体层面的历程,也创造了常态化的句型结构,常态的句型就是"合乎语法"的句型。

7.2 假说与问题

第一章里,我提出过三个关于人类沟通起源的假说:(1)人类的合作式沟通,最初肇始于手势这个领域(以手指物和比划示意);(2)这个演化是由共享意图的技巧和动机所促成,这些技能与动机,最初则是在合作互助活动的背景下演化出来;(3)只有在本身就带有意义的合作活动中,并在"自然"的沟通形式如以手指物和比划示意的协调下,完全任意的语言惯例才会诞生。现在我们已经可以评估一下这些假说靠不靠得住。

就手势来说,几个世纪来许多理论家都提出,人类在演化上迈向语言的第一步是手势(如 Hewes 1973; Corballis 2002; Kendon 2004; Armstrong and Wilcox 2007)。这些学者为此议题提供了诸多演化论点,其中多半与视觉-手势模式的若干优势有关。另外很重要的事实是,人类幼儿会说话前,就能用手势做有意义的沟通,没有接触过手语的听障儿童,也可以用自己发明的手势做复杂的沟通。此外,彼此没有共同语言惯例的人(包括到外地旅行的异乡人和创造尼加拉瓜手语的那些人),都发现运用手势沟通,相对来讲容易得多。过了几个世代,只要有适当的社会条件,这些手势就会约定俗成,变为差不多可谓完全成形的人类语言。如果人类的演化只是为了适应口说语言,那么这些手势发明,则是言语这种核心能力的扩充,但这种扩充却很不可思议、几乎无法解释。可是如果人类演化最先是为了适应手势沟通,而口说的模式是后来才取而代之的,那么我们就比较容易解释这些手势沟通。

除此之外我也增加了两个论点,一个实证的,一个理论的。实证的论点是,四种类人猿[①]都以非常灵活的方式学习、使用手势——这跟那些未经学习、没有弹性的声音表达形成强烈的对比。它们用手势时,都会敏感地观察特定接收者的注意力状态,甚至会用些获取注意的手势,这些手势已经区分了两个层次的意图:一是指涉意图,二是社会意图。这清楚地预示了人类指涉沟通时,涉及了繁复的注意力引导行为。于是我们可以很容易想象,这些灵活的手势如何演化为人类的以手指物及图像手势,这两者在口说语言出现前,都体现了人类合作沟通最基本的特性。然而应该注意的是,类人猿的声音表达并没有被广泛研究过;灵长类的声音研究多半以猴子为对象,所以,这很明显的是未来值得关注的研究领域。还有猿类获取注意的手势,特别是那些牵涉外界物品的手势(包括为人类指着某物),也需要再做进一步的调查。

另外我所增加的理论论点是,我们很难看出,人类怎么可能

---

① 这里所谓的四种类人猿,指的是黑猩猩、倭黑猩猩、大猩猩与红毛猩猩。——译注

第七章 从猿类手势到人类语言

从猿类的声音（基本上与沟通者的情绪有关），直接跳到经由创造、学习且彼此知道的沟通惯例，而且是团体中所有成员所共享的惯例。为了戏剧化地呈现这一点，我曾经用一个奇怪的*思想实验*（gedankenexperiment）做过比喻，假想有些不懂语言的孩子处在荒岛上，他们有的不能动嘴出声，有的不能比手势。通常不能动嘴的孩子可以用手比出暴风雨，因此还能良好地沟通，可是很难想象不能比手势的孩子，会轻易地造出声音惯例，因为声音倾向于把注意力引到自己和自己的情绪状态上，而非引到外界的指涉物上。我的看法是，发展到人类声音惯例的这条演化路径，必须经过更自然地带有意义、以动作为基础的手势这个中间阶段，这些手势是以人类的两个自然趋势为基础：一是人会追随别人目光凝视的方向，二是人会解读他人的行为是有意的行动。的确，我甚至主张，声音惯例之所以具备沟通的重要意义，最初靠的是依附于自然有意义的手势上，而且是冗余地将声音和手势并用。

至于第二个假说：共享意图是人类合作沟通的基础，则有两项实证证据及一些理论基础。第一个证据来自类人猿和人类的比较。我在 2.4 节评论过许多实验研究，证实了类人猿可以理解个别意图。但有的研究员认为，我们的评估太大方了，猿类和人类以外的其他动物，只有简单的行为准则，预测他者在特定情况下会做出什么事（Povinelli and Vonk 2006）。我们的回答是，研究结果是最好的证明，因为不管用几种不同的方法重复实验的关键处，都能得到一致的结果作为佐证（见 Tomasello and Call 2010 更有系统的论述）。我们针对猿类手势沟通的分析，也似乎一致发现它们能够理解个别意图。然而，跟理解个别意图这个坚实的证据对比的是，目前还未有实验证据，说明类人猿能够参与共享的意图，因为它们在实验里表现出来的同时活动,似乎不太具备人类合作的结构,它们也没有人类那样的共同关注。在这一方面,也有研究者认为我的推断太过消极;例如伯施(Boesch 2005)认为,自然情境下观察黑猩猩猎食,就能明白它们的集体活动具备合作的本质。但是要显示这些活动基础的认知过程,光靠自然情境的观察并不够,我们还得辅以实验。而目前做过的实验(坦白讲并不太多),都表明猿类具备与他者同时行动以解决问题的能力,但它们无法在合作时,与伙伴形成共同的目标、共同的计划、共同的关注焦点。当然,实验所得的负面结果,总是很难解释清楚,所以针对类人猿合作的实验,是另一个急需更多科学关注的研究领域。

由于类人猿无法真正从事一般的合作活动,它们的沟通,在目前的假设下,基本上也是个人主义的,就像其他哺乳动物的沟通一样。它们的有意沟通,完全以提出要求/请求为目的。但有些观察表示,类人猿沟通的方式不像典型的请求;比方,曾经训练"懂语言"的猿类的研究员,通常会提到猿类有时虽然不想要什么,也会使用某些语句。不过这一点尚待实验研究加以澄清,因为另一个可能的假设是,这些猿类只是在锻炼它们的技能,看到什么东西就"叫名字",它们不具备什么利社会愿望,不是要告知对他人有益的事,也不是在陈述地和他们分享情感或态度。另一个例子是,好几个实验都证实,当猿类想要食物、而人类得先找到被藏起来的工具才能帮它们拿时,猿类会比着工具被藏在哪里(相关书目见 2.3 节)。我们可以说它们在告诉人类某个地点,可是如果人类只是自己想要那个东西,猿类就不会这么比了(此研究还在进行中),而且它们也不会跟自己的同类这么比手势,因此我们可以将这类手势看作是"社会工具运用"(social tool use);它们在请人类为它们拿工具去取东西。注意,这里没有什么证据显示,猿类会运用共同基础或彼此对帮助的期待,也没有什么证据显示,它们理解葛赖斯沟通意图,因为如果要它们在实验中做出简单的相关推论,以测试它们对人类以手指物的手势理解有多少,它们的失败率差不多百分之百(见2.3节)。总之,我们对猿类合作与沟通这两套资料的解读,都暗示类人猿无法从事真正的合作活动或合作沟通。既然人类能够合作共事,也能合作沟通,且从理论观点来看,两者皆涉及合作的技巧和动机,因此一个合理的假设是,这两种技能,都以共享意图的共同心理结构为基础。这个共享的基础结构,暗示了人类的两种技能皆出于共同的演化源头。

关于共享意图扮演了中心角色的第二个证据,来自人类的个体发展。人类儿童从发育阶段很早期起,就具备以手指物及用手和身体比手势的肢体能力,因此他们似乎具备合作沟通的动机,例如,他们会请求别人去做某事(或分享情绪)。但他们要等到快满周岁时,才会从事合作沟通,而这个年纪也正巧是他们在与人合作的活动中,开始展现共享意图技巧的时候。这里时间上的巧合并不十分直截了当,因为许多变化都出现在大约一岁左右,但这些发育上同时涌现的现象一定暗示着什么。从一岁起,孩子的以手指物和其他手势,已经证实了他们会运用共同基础、合作动机、或许还有对互助合作及葛赖斯沟通意图的彼此期待——当然这方面也有待更多研究才能证实。

就像先前的猿类研究,我们在儿童研究这方面,也受到了两方面的批评。有些研究儿童的学者虽然不是特别针对这些议题,但却很愿意相信,幼儿早在一岁开始以手指物以前,就会从事类似合作式的沟通了(如 Trevarthen 1979)。相反地,其他理论家又认为我们太大方，随便就把一岁小孩的以手指物，解读为他们出于利他主义在操控别人的心理状态（如 Carpendale and Lewis 2004）。但跟之前猿类研究的情况一样，这些研究员多半比较着重自然观察，而不是实验。我们相信，目前的实验研究，正如第四章里讨论过的，都支持我们对早期沟通的心理结构和利他结构所持的立场。至少目前还没有以实验为基础的研究，足以推翻我们的结论。

关于共享意图是人类合作沟通的基础的理论根据，主要来自一流权威学者如维根斯坦（Wittgenstein 1953）、葛赖斯（Grice 1957, 1975）、刘易斯（Lewis 1969）等人对沟通所提供的哲学分析，还有比较当代的学者如施佩贝尔和威尔逊（Sperber and Wilson 1986）、克拉克（Clark 1996）、莱文森（Levinson 1995, 2006）、瑟尔（Searle 1969, 1995）等。我并不敢声称自己提出了什么大大超越他们创见的理论架构，我只是试着从他们启蒙的观点中汇聚些新的东西，以期能适用于类人猿、人类幼儿、或许还有我们人类祖先的沟通活动。这么做的同时，很清楚的一点是，反复的读心术是其中最中心统一的概念（如表 3.1 所总结的）。因此，我们看到猿类对意图及注意力的理解，转变成人类共同的意图、共同的关注、沟通的意图；我们看到人类沟通的合作动机，转变成彼此对合作的期待，甚至是与合作有关的常规；我们看到人类"自然"的沟通手势，转变成人类沟通的惯例。这些转变都来自两个或更多人之间的彼此理解，这种理解具有反复的架构，每个人都知道对方知道什么，而对方也知道自己知道对方在想什么，以此类推反复不尽，至少这是看待反复性的一种方法。

共同知识（mutual knowledge）这个概念最早被应用在沟通的背景下，来自刘易斯（1969）对协调惯例所做的分析。施佩贝尔和威尔逊(1986)不太喜欢共同的知识这个词所代表的含义(因为暗示着确定性),所以宁可用共同的认知环境和共同彰显这两个词,来捕捉相同的真知灼见。克拉克(1996)则选择用共同基础一词,较为中立地描述同一个现象;而瑟尔(1995)所说的,却只是集体意图或我们-意图。反复性这一观念在这些论述中是否需要,现在的争论不少,也许如果只把我们-意图的特性阐明,不同形式的我们-意图都是同样的初始元素(primitive),就不必那样往返地类推了。但我的看法是,理论上不管将我们-意图看作是初始元素,或看作是由个体之间往返类推的东西衍生而来,都取决于我们到底想解释什么。若要解释当代人面对面实时沟通时如何运作,很可能根本不需要用到反复性这个观念,只要说人们拥有我们-意图的初始观念就够了。的确,我觉得小孩子就是这么做的,他们会区分不同的情境,有些情境下我们对某物有共同的注意力,有些则没有。但随着发育成长,与人分享时所呈现诸多不同的个别观点,就会被明确地表达出来(也许这就是不顺畅的互动的来源,本来以为是共享的事,其实却不然),正如巴瑞析和穆尔(Barresi and Moore 1996)所假设的那样。之前我举过一个例子,来证实反复性的存在,就是在往返推论的任何层次之间,都可能出现阻碍。人类侦测这些阻碍所用的方法不同,因此修补它们的方法也不同,不过真正验证这个假设的资料还不是很多。当我们转而谈演化时,我认为把我们-意图,推论成一种出现时就已完全成熟的一次创新(one-shot innovation),是极端不可能的。比较可能的应该是,演化过程的某个时间点上,人开始意识到"他看到我看到它了",然后又等了一段时间之后,完全反复的这种理解才慢慢彰显出来。

最后,关于特别的沟通惯例起源的第三个假设,我曾说过,完全任意的沟通惯例，如口说语言中的那些，只有在共同关注所架构的合作互动背景下，经过比较"自然"、以动作为基础的手势中介才会兴起，利用了人类会追随别人目光凝视方向、且会刻意解读他人行为的这两种自然趋势。这个说法最好的证据，来自儿童早期的语言。虽然才几个月大的婴儿，就能把声音与经验联结在一起（甚至会模仿声音），他们却要等到一岁左右、开始参与和别人合作的活动、有共同的关注时，才开始学语言。而他们越常参与这类的合作活动，就越快习得自己的母语，两者在数量上有强烈的相关性（见 Tomasello 2003 的评论）。当然，惯例式的沟通还需要有很强的行为模仿技巧（或许也包括角色互换模仿），以确保这些惯例能代代相传，并确保大家彼此都知道，所有参与这个文化历史过程的人，都共享这些相同的惯例。

在儿童过渡到使用语法的阶段前，以手指物及其他手势的运用，似乎提供了关键的桥梁，不过现代儿童常常急于直接学会沟通和语法的惯例，以便和他人一样，所以他们学习语言时，在共同关注框架够强的情况下，可能不需要靠任何自然手势支援。听障儿童会和父母自创特殊的沟通惯例，也就是我们所谓的家庭手语，他们也必定要在共同关注的互动中，以自然的手势开始比划，不然就没有人明白他们在比什么了。在这种手语系统中，要跨越到任意的这一步，需要有个社群，那么彼此所知的共享学习经历，才可能在社群里发展出来（就如尼加拉瓜手语的情况）。

人类演化中语法的起源，就目前的假设来看，是人类开始把沟通的手段约定俗成这个单一过程的一部分。也就是说，这是个逐步渐进的程序，由于新的沟通动机如告知与分享/叙事开始涌现，让原本只是用"自然"手势、接着也用独词惯例（holophrastic conventions)互相请求的人，感受到新的功能压力。人类于是创造惯例的句法机制作为回应，以语法来架构多单位的语句，这便符合了告知与分享所造成的新的沟通需求。这些句法接着又被约定俗成为完型的语言结构：亦即预先包装好的语言惯例模式、和为了因应反复出现的沟通功能而生的句法机制。很重要的是，语言结构被约定俗成（语法化）的过程，主要取决于参与沟通的互动者，他们具备共享的沟通目的，能根据彼此共同的概念基础，相互"协商"语句该有的形式。因此，人类合作沟通的语法，很可能起源于合作活动中以手指物与比划示意的结合，接着又借由"趋于任意"跳出原本有限的脉络，就像独词语言惯例那样。语法结构要能代代相传，所需的不仅是文化学习和模仿的能力，还要有从接触到的语言沟通行为中，（重新）建构语用模式的能力。

整体来说，我在此提供的分析暗示着，如果根据贝茨（Bates 1979）的论点，那么人类的语言最好看作是"由旧零件组装出来的新机器"。事实的确如此，虽然在 21 世纪要这么想有点难，但如果一开始部分零件的演化方式不同，也可能会有一架完全不同的机器出来，因为林林总总的零件，每一个部分都有自己的演化史。因此就我们目前的分析来看，理解个别意图的技巧，赋予了原本在竞争环境中的灵长类一种适应上的优势；行为模仿的能力，最初是从人类使用、制造工具中演化出来；共同意图与共同关注，最初则在人类合作活动的环境中演化出来；葛赖斯沟通意图，是在彼此对合作的期望中涌现；人类总会忧心自己是否能赢得乐于助人的名声，所以向他人告知某事的动机，最初便是在这种担忧下演化出来；人类与人分享情感和态度的动机，最初是在团体层次的过程与常规中演化出来；人类常规的兴起，是为了在文化团体选择的背景下，尽量扩大团体内部的同质性;人类的手势在类人猿身上由来已久,可是新的手势如以手指物、比划示意在人类的演化中出现,是基于灵长类有追随目光及刻意解读行为的自然趋势;人类的沟通惯例,兴起于共同目标的情境中,这些共同目标,以人类角色互换模仿与合作动机的技能为基础,并经由人的社会模仿技能而传递;人的发声技能在类人猿身上也有很长的历史可循,但也是相当近期才演化出独特的特性,也许是为了便利惯例式的沟通(也由此区别我们的团体里哪些人是土生土长的);灵长类倾向于把经验分解成事件和参与者两部分,并把各种手势动作结合以表达单一的目标,因此人类的语法技巧,在灵长类身上也有很深的根源;语法结构的约定俗成,发生在个人的层次之上,需要仰赖人类的共享意图、模仿、发声-听觉处理等技能。

  重要的是,这些零件中若有哪一个跟现在的大不相同(不管是因演化上的千万种理由),人类的语言也很可能会面目全非。或许我们只能发展出用自然手势向人要东西而已。或许我们还是会演化出语言来,但还是只能拿来做请求,于是我们所约定俗成的,就只是简单句法而已。又或许我们创造出了语言和句法结构,来告知对他人有益的事,却不能叙述时空上远离当下的事件,所以我们就不会发展出想象句法,那些具备复杂的动词时态,能追踪指涉物在不同事件中扮演的角色的机制。甚至更有趣的,我们可以试着想象人类的"语言"如果不在合作的环境中,而是在竞争的环境下演化出来,又会是什么模样(如果我们还是想用语言这个词来称呼它的话)。这种情况下,不会有共同关注、共同基础,所以不能进行人类现在所从事的指涉行为,不能改变观点,也不能指涉不在现场的东西。不会有基于彼此对合作的期待而产生的沟通意图,所以也没有理由努力去发现别人为什么要和我沟通，于是也不会有沟通的常规。不会有惯例，因为惯例诞生于当许多个体有共同的合作理念与兴趣时。少了告知、分享的动机，这个假想的竞争式"语言"只能用来威迫与欺骗，甚至可能这一点也办不到，因为沟通者彼此缺乏信任，无法合作以传达讯息。那么基本上，如果以竞争为基础，根本不会有语言出现。如果合作真的历经了不同的演化过程（比方如上所述的情境），那么语言的形式也一定有所不同。说得简单些，如果人类的社会生活是往不同的方向演化，那么我们的沟通方式也会朝着另一个方向演化。维根斯坦说得好，想象一种语言，就是想象一种生活形态。

7.3 语言作为共享的意图

如果我们问科学家和一般外行人，人类的认知能力、社会建制、文化中，哪一项最为复杂？最常得到的答案都是"语言"。但语言究竟是什么？一部分是因为有书面的语言，可以拿来观察、研究再研究，然后供在书架上，我们直觉地认为语言是件物品（Olson 1994）。但它绝非物品——至少从有意思的角度来看不能算是——就像学校、政府、国际象棋赛，从有意思的角度来看，也都算不上是物品。套句瑟尔的话：

> 就社会物品而言……过程先于产品。社会物品总是……由社会行为所构成；就某种程度来说，物品其实是一个活动持续不断的可能性（Searle 1995：36）。

语言行为是人类刻意要导向他人的社会行为（而且他会强调自己

这番企图），他希望以特定方式引导对方的注意力与想象力，让她去做、去知道、去感觉他要她做什么。这些行为之所以可行，是因为参与沟通的双方，都具备共享意图的技能与动机这种心理基础，人类演化出这种意图，是为了方便在合作活动中与他人互动。因此语言，或语言式的沟通，根本不是一件物品，就形式而言或怎么说都不是；它是社会行动的一种形态，由社会惯例所构成，以便达成社会目标，基本前提是语言的使用者之间，至少应具备某些共享的理解和共同的目的。

就像许多文化产品一样，人类的语言，也可能反过来对最初促使语言诞生的技能有所贡献，让这些技能有更进一步的发展。这一点从两个基本面来说是千真万确的。首先很显然地，现代人的合作与文化会那么复杂，主要是因为它们通常靠语言惯例来组织与传递。比方，我们根本无法想象，如果没有惯例的沟通形式，来设定共同的大目标与小目标、拟定并协调达成目标的计划，那么人类要如何合作建造摩天大楼或创办大学。人类的互助合作，原本就是孕育人类合作沟通的家，但这个新的沟通形式，又促成了更复杂的合作形式，两者仿佛位于共同演化的螺旋上。

其次，而且较不明显地，人类参与了惯例的语言沟通和其他形式的共享意图，让他们的基本认知发展出惊人的新方向。尽管认知科学家认为这一切理所当然，但人类的确是独一无二的动物，只有他们在把世界概念化时，才能对同一个实体有不同观点，因此形成了所谓的观点认知表象（perspectival cognitive representation; Tomasello 1999）。这里的关键之处在于，人类理解世界时，所用的这些独一无二的语言形式，都得大量依赖共享意图，因为观点这个概念，预先暗示着有某个大家共同着眼的物体，我们都知道我们看得到它，但却是从不同的角度来看（Perner, Brandl and Garnham 2003; Moll and Tomasello 2007b）。重要的是，观点认知表象不是人一出生就被赋予的概念化的世界的形式，而是由儿童参与合作沟通的过程中所建构出来：在各式各样的言谈往返交流中，在参与者共同的概念基础上，不同的观点得以表达出对共享话题的不同看法（Tomasello and Rakoczy 2003）。因此，人类沟通的合作基础（在此也包括惯例的语言沟通），既来自人类独有、以合作及文化来生活与思考的处世方法，同时也促成了这种处世观的发展。

因此人类合作沟通的起源数不胜数，但它们都在语言沟通的技能里达到顶点，这再度证实了一个共同演化的过程（也许是最根本的例证），借此，基本的认知技巧在群体发展上先演化出来，促进了历史上文化产物的创造，继而又让成长中的幼儿，具备了他们个体发育演化上所需的生物和文化工具。

参考书目

Acredelo, L. P., and Goodwyn, S. W. (1988). Symbolic gesturing in normal infants. *Child Development*, 59, 450-466.

Akhtar, N., Carpenter, M., and Tomasello, M. (1996). The role of discourse novelty in early word learning. *Child Development*, 67, 635-645.

Akhtar, N., Jipson, J., and Callanan, M. (2001). Learning words through overhearing. *Child Development*, 72, 416-430.

Armstrong, D., Stokoe, W., and Wilcox, S. (1995). *Gesture and the Nature of Language*. Cambridge: Cambridge University Press.

Armstrong, D., and Wilcox, S. (2007). *The Gestural Origin of Language*. New York: Oxford University Press.

Bakeman, R., and Adamson, L. (1984). Coordinating attention to people and objects in mother-infant and peer-infant interactions. *Child Development*, 55, 1278-1289.

Baldwin, D. (1991). Infants' contributions to the achievement of joint reference. *Child Development*, 62, 875-890.

Bard, K., and Vauclair, J. (1984). The communicative context of object manipulation in ape and human adult-infant pairs. *Journal of Human Evolution*, 13, 181-190.

Barresi, J., and Moore, C. (1996). Intentional relations and social understanding. *Behavioral and Brain Sciences*, 19(1), 107-129.

Bates, E. (1979). *The Emergence of Symbols: Cognition and Communication in Infancy*. New York: Academic Press.

Bates, E., Camaioni, L., and Volterra, V. (1975). The acquisition of performatives prior to speech. *Merrill-Palmer Quarterly*, 21, 205-224.

Bateson, P. (1988). The biological evolution of cooperation and trust. In *Trust: Making and Breaking Cooperative Relations*, ed. D. Gambetta (pp. 14-30). Oxford: Blackwell.

Behne, T., Carpenter, M., Call, J., and Tomasello, M. (2005). Unwilling versus unable? Infants' understanding of intentional action. *Developmental Psychology*, 41, 328-337.

Behne, T., Carpenter, M., and Tomasello, M. (2005). One-year-olds comprehend the communicative intentions behind gestures in a hiding game. *Developmental Science*, 8, 492-499.

Bergstrom, C. T., and Lachmann, M. (2001). Alarm calls as costly signals of anti-predator vigilance: The watchful babbler game. *Animal Behavior*, 61(3), 535-543.

Bloom, P. (2000). *How Children Learn the Meanings of Words*. Cambridge, Mass.: MIT Press.

Boesch, C. (2005). Joint cooperative hunting among wild chimpanzees: Taking natural observations seriously. *Behavioral and Brain Sciences*, 28, 692-693.

Boesch, C., and Boesch, H. (1989). Hunting behavior of wild chimpanzees in the Tai Forest National Park. *American Journal of Physical Anthropology*, 78(4), 547-573.

Boesch, C., and Boesch-Achermann, H. (2000). *The Chimpanzees of the Taï Forest: Behavioural Ecology and Evolution*. Oxford: Oxford University Press.

Boyd, R., and Richerson, P. (1985). *Culture and the Evolutionary Process*. Chicago: The University of Chicago Press.

Braine, M. (1963). The ontogeny of English phrase structure. *Language*, 39, 1-14.

Bratman, M. (1992). Shared co-operative activity. *Philosophical Review*, 101(2), 327-341.

Bräuer, J., Call, J., and Tomasello, M. (2005). All four great ape species follow gaze around barriers. *Journal of Comparative Psychology*, 119, 145-154.

Bräuer, J. , Kaminski, J. , Call, J. , and Tomasello, M. (2006). Making inferences about the location of hidden food: Social dog, causal ape. *Journal of Comparative Psychology*, 120,38-47.

Bretherton, I. , Bates, E. , McNew, S. , and Shore, C. (1981). Comprehension and production of symbols in infancy. *Developmental Psychology*, 17, 728-736.

Brinck, I. (2004). The pragmatics of imperative and declarative pointing. *Cognitive Science Quarterly*, 3(4), 1-18.

Brooks, P. , Tomasello, M. , Lewis, L. , and Dodson, K. (1999). Children's overgeneralization of fixed transitivity verbs: The entrenchment hypothesis. *Child Development*, 70, 1325-1337.

Brown, P. , and Levinson, S. (1978). Universals in language usage: Politeness phenomena. In *Questions and Politeness*, ed. E. Goody. Cambridge: Cambridge University Press.

Bruner, J. (1983). *Child's Talk*. New York: Norton.

Bruner, J. (1986). *Actual Minds, Possible Worlds*. Cambridge, Mass. : Harvard University Press.

Bühler, K. (1934/1990). *Theory of Language: The Representational Function of Language*. Trans. D. F. Goodwin. Amsterdam and Philadelphia: John Benjamins.

Burling, R. (2005). *The Talking Ape*. Oxford: Oxford University Press.

Buttelmann, D. , Carpenter, M. , Call, J. , and Tomasello, M. (2007). Enculturated apes imitate rationally. *Developmental Science*, 10, F31-38.

Butterworth, G. (2003). Pointing is the royal road to language for babies. In *Pointing: Where Language, Culture, and Cognition Meet*, ed. S. Kita (pp. 9-33). Hillsdale, N. J. : Lawrence Erlbaum.

Bybee, J. (1995). Regular morphology and the lexicon. *Language and Cognitive Processes*, 10, 425-455.

Bybee, J. (2002). Sequentiality as the basis of constituent structure. In *From Pre-language to Language*, ed. T. Givón and B. Malle. Amsterdam: John Benjamins.

Call, J. (2004). Inferences about the location of food in the great apes (*Pan* paniscus,Pan troglodytes,Gorilla gorilla,Pongo pygmaeus). *Journal of Comparative Psychology*, 118,232-241.

Call,J. ,Hare,B. ,Carpenter,M. ,and Tomasello,M. (2004). Unwilling or unable? Chimpanzees' understanding of intentional action. *Developmental Science*, 7,488-498.

Call,J. ,and Tomasello,M. (1994). The production and comprehension of referential pointing by orangutans. *Journal of Comparative Psychology*, 108,307-317.

Call, J. , and Tomasello, M. (1998). Distinguishing intentional from accidental actions in orangutans (*Pongo pygmaeus*), chimpanzees (*Pan troglodytes*), and human children (*Homo sapiens*). *Journal of Comparative Psychology*,112(2),192-206.

Call,J. ,and Tomasello,M. (2005). What chimpanzees know about seeing, revisited: An explanation of the third kind. In *Joint Attention: Communication and Other Minds*, ed. N. Eilan, C. Hoerl, T. McCormack,and J. Roessler (pp. 45-64). Oxford: Oxford University Press.

Call,J. ,and Tomasello,M. (2007). *The Gestural Communication of Apes and Monkeys*. Mahwah,N.J. : Lawrence Erlbaum.

Camaioni,L. (1993). The development of intentional communication: A re-analysis. In *New Perspectives in Early Communicative Development*,ed. J. Nadel and L. Camaioni (pp. 82-96). New York: Routledge.

Camaioni, L. , Perucchini, P. , Muratori, F. , Parrini, B. , and Cesari, A. (2003). The communicative use of pointing in autism: Developmental profiles and factors related to change. *European Psychiatry*, 18(1),6-12.

Campbell,A. L. ,Brooks,P. ,and Tomasello,M. (2000). Factors affecting young children's use of pronouns as referring expressions. *Journal of Speech,Language,and Hearing Research*,43,1337-1349.

Capirci,O. ,Iverson,J. M. ,Pizzuto,E. ,and Volterra,V. (1996). Gestures and words during the transition to two-word speech. *Journal of Child Language*, 23,645-673.

Caron, A. J. , Kiel, E. J. , Dayton, M. , and Butler, S. C. (2002).

Comprehension of the referential intent of looking and pointing between 12 and 15 months. *Journal of Cognition and Development*, 3(4),445-464.

Carpendale,J. E. M. ,and Lewis,C. (2004). Constructing an understanding of mind: The development of children's understanding of mind within social interaction. *Behavioral and Brain Sciences*, 27,79-150.

Carpenter,M. (2006). Instrumental, social, and shared goals and intentions in *imitation*. In *Imitation and the Development of the Social Mind: Lessons from Typical Development and Autism*, ed. S. Rogers and J. Williams. New York: Guilford.

Carpenter,M. , Akhtar, N. , and Tomasello, M. (1998). Fourteen- through 18-month-old infants differentially imitate intentional and accidental actions. *Infant Behavior and Development*,21,315-330.

Carpenter,M. , Nagell,K. ,and Tomasello,M. (1998). Social cognition, joint attention, and communicative competence from 9 to 15 months of age. *Monographs of the Society of Research in Child Development*,63(4).

Carpenter,M. , Pennington,B. F. , and Rogers,S. J. (2001). Understanding of others' intentions in children with autism and children with developmental delays. *Journal of Autism and Developmental Disorders*, 31,589-599.

Carpenter, M. , Tomasello, M. , and Savage-Rumbaugh, S. (1995). Joint attention and imitative learning in children, chimpanzees, and enculturated chimpanzees. *Social Development*, 4(3),217-237.

Carpenter, M. , Tomasello, M. , and Striano, T. (2005). Role reversal imitation and language in typically-developing infants and children with autism. *Infancy*,8,253-278.

Chafe, W. (1994). *Discourse, Consciousness, and Time: The Flow and Displacement of Conscious Experience in Speaking and Writing*. Chicago: The University of Chicago Press.

Chalmeau, R. (1994). Do chimpanzees cooperate in a learning task? *Primates*,35(3),385-392.

Chalmeau,R. ,and Gallo, A. (1996). What chimpanzees (*Pan troglodytes*) learn in a cooperative task. *Primates*, 37,39-47.

Cheney, D. L., and Seyfarth, R. M. (1990a). *How Monkeys See the World: Inside the Mind of Another Species*. Chicago: The University of Chicago Press.

Cheney, D. L., and Seyfarth, R. M. (1990b). Attending to behaviour versus attending to knowledge: Examining monkeys' attribution of mental states. *Animal Behaviour*, 40, 742-753.

Chomsky, N. (1965). *Aspects of the Theory of Syntax*. Cambridge, Mass.: MIT Press.

Clark, A. P., and Wrangham, R. W. (1994). Chimpanzee arrival panthoots: Do they signify food or status? *International Journal of Primatology*, 15, 185-205.

Clark, H. (1996). *Using of Language*. Cambridge: Cambridge University Press.

Clark, H., and Marshall, C. R. (1981). Definite reference and mutual knowledge. In *Elements of Discourse Understanding*, ed. A. K. Joshi, B. L. Webber, and I. A. Sag (pp. 10-63). Cambridge: Cambridge University Press.

Clark, H. H. (1992). *Arenas of Language Use*. Chicago: The University of Chicago Press.

Corballis, M. C. (2002). *From Hand to Mouth: The Origins of Language*. Princeton: Princeton University Press.

Crawford, M. P. (1937). The cooperative solving of problems by young chimpanzees. *Comparative Psychology Monographs*, 14, 1-88.

Crawford, M. P. (1941). The cooperative solving by chimpanzees of problems requiring serial responses to color cues. *Journal of Social Psychology*, 13, 259-280.

Crockford, C., and Boesch, C. (2003). Context-specific calls in wild chimpanzees, *Pan troglodytes verus*: Analysis of barks. *Animal Behaviour*, 66, 115-125.

Croft, W. (1991). *Syntactic Categories and Grammatical Relations: The Cognitive Organization of Information*. Chicago: The University of Chicago Press.

Croft, W. (1995). Intonation units and grammatical units. *Linguistics*, 33 (5), 839-882.

Croft, W. (2000). *Explaining Language Change: An Evolutionary Approach*. London: Longmans.

Croft, W. (2001). *Radical Construction Grammar: Syntactic Theory in Typological Perspective*. Oxford: Oxford University Press.

Croft, W. (2003). *Typology and Universals*, second ed. Cambridge: Cambridge University Press.

Csibra, G. (2003). Teleological and referential understanding of action in infancy. *Philosophical Transactions of the Royal Society, London B*, 358, 447-458.

Csibra, G. , Gergely, G. , Bíró, S. , Koós, O. , and Brockbank, M. (1999). Goal attribution without agency cues: The perception of "pure reason" in infancy. *Cognition*, 72, 237-267.

Dahl, O. (2004). *The Growth and Maintenance of Linguistic Complexity*. Studies in Language Companion Series. Amsterdam/Philadelphia: John Benjamins.

Darwin, C. R. (1872). *The Expression of the Emotions in Man and Animals*. London: Murray.

Dawkins, R. , and Krebs, J. (1978). Animal signals: Information or manipulation. In *Behavioral Ecology: An Evolutionary Approach*, ed. J. Krebs and N. Davies (pp. 282-309). Oxford: Blackwell.

DeLoache, J. S. (2004). Becoming symbol-minded. *Trends in Cognitive Sciences*, 8, 66-70.

de Saussure, F. (1916/1959). *Course in General Linguistics*. New York: Philosophical Library.

Dessalles, J. -L. (2006). *The Evolutionary Origins of Language*. Cambridge: Cambridge University Press.

Deutscher, G. (2005). *The Unfolding of Language*. London: William Heinemann.

de Waal, F. B. M. (1986). Deception in the natural communication of chimpanzees. In *Deception: Perspectives on Human and Nonhuman*

Deceit, ed. R. W. Mitchell and N. S. Thompson (pp. 221-244). Albany: SUNY Press.

de Waal, F. B. M., and Lutrell, L. M. (1988). Mechanisms of social reciprocity in three primate species: Symmetrical relationship characteristics or cognition? *Ethology and Sociobiology*, 9,101-118.

Diessel, H. (2005). *The Acquisition of Complex Sentences*. Cambridge: Cambridge University Press.

Diessel, H. (2006). Demonstratives, joint attention, and the emergence of grammar. *Cognitive Linguistics*, 17,463-489.

Diessel, H., and Tomasello, M. (2000). The development of relative constructions in early child speech. *Cognitive Linguistics*, 11,131-152.

Diessel, H., and Tomasello, M. (2001). The acquisition of finite complement clauses in English: A usage based approach to the development of grammatical constructions. *Cognitive Linguistics*, 12,97-141.

Donald, M. (1991). *Origins of the Modern Mind*. Cambridge, Mass. : Harvard University Press.

Enard, W., Przeworski, W., Fisher, S., Lai, L., Wiebe, V., Kitano, T., Monaco, A., and Pääbo, S. (2002). Molecular evolution of FOXP2, a gene involved in speech and language. *Nature*, 418,869-872.

Fehr, E., and Fischbacher, U. (2003). The nature of human altruism. *Nature*,425,785-791.

Fillmore, C. (1989). Grammatical construction theory and the familiar dichotomies. In *Language Processing in Social Context*, ed. R. Dietrich and C. F. Graumann. North Holland: Elsevier.

Folven, R., and Bonvillian, J. (1991). The transition from nonreferential to referential language in children acquiring American Sign Language. *Developmental Psychology*, 27,806-816.

Gardner, R. A., and Gardner, B. T. (1969). Teaching sign language to a chimpanzee. *Science*,165,664-672.

Gergely, G., Bekkering, H., and Király, I. (2002). Rational imitation in preverbal infants. *Nature*,415,755.

Gergely, G., and Csibra, G. (2006). Sylvia's recipe: The role of imitation and pedagogy in the transmission of cultural knowledge. In *Roots of Human Sociality: Culture, Cognition, and Interaction*, ed. N. J. Enfield and S. C. Levinson (pp. 229-255). Oxford: Berg Press.

Gilbert, M. (1989). *On Social Facts*. International Library of Philosophy series. Princeton: Princeton University Press.

Gilby, I. C. 2006. Meat sharing among the Gombe chimpanzees: Harassment and reciprocal exchange. *Animal Behaviour*, 71(4), 953-963.

Gilby, I. C., Eberly, L. E., Pintea, L., and Pusey, A. E. (2006). Ecological and social influences on the hunting behaviour of wild chimpanzees, *Pan troglodytes schweinfurthii*. *Animal Behaviour*, 72(1), 169-180.

Givón, T. (1979). *On Understanding Grammar*. New York: Academic Press.

Givón, T. (2001). *Syntax*, volume 2. Amsterdam : John Benjamins.

Goldberg, A. (1995). *Constructions: A Construction Grammar Approach to Argument Structure*. Chicago: The University of Chicago Press.

Goldberg, A. (2006). *Constructions at Work*. Oxford: Oxford University Press.

Goldin-Meadow, S. (2003a). *Hearing Gesture: How Our Hands Help Us Think*. Cambridge, Mass. : Harvard University Press.

Goldin-Meadow, S. (2003b). *The Resilience of Language: What Gesture Creation in Deaf Children Can Tell Us about How All Children Learn Language*. New York: Psychology Press.

Goldin-Meadow, S., and Mylander, C. (1984). Gestural communication in deaf children: The effects and non-effects of parental input on early language development. *Monographs of the Society for Research in Child Development*, 49, 1-151.

Golinkoff, R. M. (1986). "I beg your pardon?": The preverbal negotiation of failed messages. *Journal of Child Language*, 13, 455-476.

Gómez, J. C. (1990). The emergence of intentional communication as a problem-solving strategy in the gorilla. In *"Language" and Intelligence in Monkeys and Apes*, ed. S. T. Parker and K. R. Gibson (pp. 333-355). Cambridge: Cambridge University Press.

Gómez, J. C. (2004). *Apes, Monkeys, Children, and the Growth of Mind*. Cambridge, Mass.: Harvard University Press.

Goodall, J. (1986). *The Chimpanzees of Gombe. Patterns of Behavior*. Cambridge, Mass.: Harvard University Press.

Gouzoules, H., Gouzoules, S., and Ashley, J. (1995). Representational signalling in nonhuman primate vocal communication. In *Current Topics in Primate Vocal Communication*, ed. E. Zimmermann, J. Newman, and U. Jürgens (pp. 235-252). New York: Plenum Press.

Graefenhein, M., Behne, T., Carpenter, M., & Tomasello, M. (2009). Young children's understanding of joint commitments. *Developmental Psychology*, 45, 1430-43.

Greenberg, J. (1963). Some universals of grammar with particular reference to the order of meaningful elements. In *Universals of Language*, ed. J. Greenberg (pp. 73-113). Cambridge, Mass.: MIT Press.

Greenfield, P. M., and Savage-Rumbaugh, E. S. (1990). Grammatical combination in *Pan paniscus*: Processes of learning and invention in the evolution and development of language. In *"Language" and Intelligence in Monkeys and Apes*, ed. S. T. Parker and K. R. Gibson (pp. 540-578). Cambridge: Cambridge University Press.

Greenfield, P. M., and Savage-Rumbaugh, E. S. (1991). Imitation, grammatical development, and the invention of protogrammar by an ape. In *Biological and Behavioral Determinants of Language Development*, ed. N. A. Krasnegor, D. M. Rumbaugh, R. L. Schiefelbusch, and M. Studdert-Kennedy (pp. 235-258). Hillsdale, N. J.: Lawrence Erlbaum.

Greenfield, P. M., and Smith, I. H. (1976). *The Structure of Communication in Early Language Development*. New York: Academic Press.

Grice, H. P. (1957). Meaning. *Philosophical Review*, 64, 377-388.

Grice, P. (1975). Logic and conversation. In *Syntax and Semantics*, volume 3: Speech Acts, ed. P. Cole and J. Morgan (pp. 43-58). New York: Academic Press.

Gundel, J., Hedberg, N., and Zacharski, R. (1993). Cognitive status and the

form of referring expressions in discourse. *Language*,69,274-307.
Habermas,J. (1987). *The Theory of Communicative Action*. New York: Beacon Press.
Haith,M. ,and Benson,J. (1997). Infant cognition. In *Handbook of Child Psychology*, volume 2,ed. D. Kuhn and R. Siegler. New York: Wiley.
Hannan,T. ,and Fogel,A. (1987). A case study assessment of "pointing" in the first three months of life. *Perceptual and Motor Skills*, 65,187-194.
Hare, B. , Brown, M. , Williamson, C. , and Tomasello, M. (2002). The domestication of social cognition in dogs. *Science*,298,1634-1636.
Hare,B. , Call, J. , Agnetta, B. , and Tomasello, M. (2000). Chimpanzees know what conspecifics do and do not see. *Animal Behaviour*, 59, 771-785.
Hare, B. , Call, J. , and Tomasello, M. (1998). Communication of food location between human and dog (*Canis familiaris*). *Evolution of Communication*,2,137-159.
Hare,B. ,Call,J. , and Tomasello,M. (2001). Do chimpanzees know what conspecifics know? *Animal Behaviour*,61(1),139-151.
Hare,B. ,Call,J. ,and Tomasello,M. (2006). Chimpanzees deceive a human by hiding. *Cognition*, 101,495-514.
Hare, B. , and Tomasello, M. (2004). Chimpanzees are more skillful in competitive than in co-operative cognitive tasks. *Animal Behaviour*, 68, 571-581.
Hare,B. , and Tomasello, M. (2005). Human-like social skills in dogs? *Trends in Cognitive Science*, 9,439-444.
Hauser,M. D. , Chomsky, N. , and Fitch, W. T. (2002). The faculty of language: What is it,who has it,and how did it evolve? *Science*, 298,1569-1579.
Hauser,M. D. ,and Wrangham,R. W. (1987). Manipulation of foodcalls in captive chimpanzees: A preliminary report. *Folia Primatologica*, 48,207-210.
Hawkins,J. (2004). *Efficiency and Complexity in Grammars*. Oxford: Oxford University Press.

Heine, B., and Kuteva, T. (2002). On the evolution of grammatical forms. In *The Transition to Language*, ed. A. Wray. Oxford: Oxford University Press.

Henrich, J., Boyd, R., Bowles, S., Gintis, H., Fehr, E., Camerer, C., McElreath, R., Gurven, M., Hill, K., Barr, A., Ensminger, J., Tracer, D., Marlow, F., Patton, J., Alvard, M., Gil-White, F., and Henrich, N. (2005). "Economic Man" in cross-cultural perspective: Ethnography and experiments from 15 small-scale societies. *Behavioral and Brain Sciences*, 28, 795-855.

Herman, L. (2005). Intelligence and rational behavior in the bottlenosed dolphin. In *Rational Animals?*, ed. S. Hurley and M. Nudds. Oxford: Oxford University Press.

Herrmann, E., and Tomasello, M. (2006). Apes' and children's understanding of cooperative and competitive motives in a communicative situation. *Developmental Science*, 9(5), 518-529.

Hewes, G. W. (1973). Primate communication and the gestural origins of language. *Current Anthropology*, 14, 9-10.

Hill, K., and Hurtado, A. M. (1996). *Ache Life History: The Ecology and Demography of a Foraging People*. Glenside, Penn.: Aldine Press.

Hirata, S., and Fuwa, K. (2006). Chimpanzees (*Pan troglodytes*) learn to act with other individuals in a cooperative task. *Primates*, 48(1), 13-21.

Iverson, J., Capirci, O., and Caselli, M. C. (1994). From communication to language in two modalities. *Cognitive Development*, 9, 23-43.

Iverson, J., and Goldin-Meadow, S. (2005). Gesture paves the way for language development. *Psychological Science*, 16, 367-373.

Jensen, K., Hare, B., Call, J., and Tomasello, M. (2006). Chimpanzees are self-regarding maximizers in a food acquisition task. *Proceedings of the Royal Society*, 273, 1013-1021.

Kagan, J. (1981). *The Second Year: The Emergence of Self-Awareness*. Cambridge, Mass.: Harvard University Press.

Kaminski, J., Call, J., and Tomasello, M. (2004). Body orientation and face orientation: Two factors controlling apes' begging behavior from humans.

Animal Cognition, 7,216-223.

Kegl,J. ,Senghas, A. , and Coppola, M. (1999). Creation through contact: Sign language emergence and sign language change in Nicaragua. In *Language Creation and Language Change: Creolization, Diachrony, and Development*, ed. M. DeGraff (pp. 179-237). Cambridge, Mass. : MIT Press.

Keller, R. (1994). *On Language Change: The Invisible Hand in Language*. New York: Routledge.

Kendon, A. (2004). *Gesture: Visible Action as Utterance*. Cambridge: Cambridge University Press.

Kita, S. (ed.) (2003). *Pointing: Where Language, Culture, and Cognition Meet*. Mahwah, N. J. : Lawrence Erlbaum.

Kobayashi, H. , and Kohshima, S. (2001). Unique morphology of the human eye and its adaptive meaning: Comparative studies on external morphology of the primate eye. *Journal of Human Evolution*, 40,419-435.

Kuhlmeier, V. , Wynn, K. , and Bloom, P. (2003). Attribution of dispositional states by 12-month-olds. *Psychological Science*, 14 (5), 402-408.

Lambrecht, K. (1994). *Information Structure and Sentence Form*. Cambridge: Cambridge University Press.

Langacker, R. (1987). *Foundations of Cognitive Grammar*, volume 1. Stanford, Calif. : Stanford University Press.

Langacker, R. (1991). *Foundations of Cognitive Grammar*, volume 2. Stanford, Calif. : Stanford University Press.

Leavens, D. A. , and Hopkins, W. D. (1998). Intentional communication by chimpanzees: A cross-sectional study of the use of referential gestures. *Developmental Psychology*, 34,813-822.

Leavens, D. A. , Hopkins, W. D. , and Bard, K. A. (2005). Understanding the point of chimpanzee pointing: Epigenesis and ecological validity. *Current Directions in Psychological Science*, 14,185-189.

Lederberg, A. , and Everhart, V. (1998). Communication between deaf children and their hearing mothers: The role of language, gesture, and vocalization. *Journal of Speech, Language, and Hearing Research*, 41, 887-899.

Leslie, A. (1987) Pretense and representation: The origins of "theory of mind." *Psychological Review*, 94, 412-426.

Levinson, S. (2006). On the human interaction engine. In *Roots of Human Sociality*, ed. N. Enfield and S. Levinson (pp. 39-69). New York: Berg Publishers.

Levinson, S. C. (1995). Interactional biases in human thinking. In *Social Intelligence and Interaction*, ed. E. Goody (pp. 221-260). Cambridge: Cambridge University Press.

Lewis, D. (1969). *Convention*. Cambridge, Mass.: Harvard University Press.

Liddell, S. K. (2003). *Grammar, Gesture, and Meaning in American Sign Language*. Cambridge: Cambridge University Press.

Liebal, K., Behne, T., Carpenter, M., and Tomasello, M. (2009). Infants use shared experience to interpret a pointing gesture. *Developmental Science*, 12(2), 264-271.

Liebal, K., Call, J., and Tomasello, M. (2004). The use of gesture sequences by chimpanzees. *American Journal of Primatology*, 64, 377-396.

Liebal, K., Columbi, C., Rogers, S., Warneken, F., and Tomasello, M. (2008). Cooperative activities in children with autism. *Journal of Autism and Developmental Disorders*, 38, 224-238.

Liebal, K., Pika, S., Call, J., and Tomasello, M. (2004). To move or not to move: How apes adjust to the attentional state of others. *Interaction Studies*, 5, 199-219.

Liebal, K., Pika, S., and Tomasello, M. (2006). Gestural communication in orangutans. *Gesture*, 6, 1-38.

Liszkowski, U. (2005). Human twelve-month-olds point co-operatively to share interest with and provide information for a communicative partner. *Gesture*, 5, 135-154.

Lizskowski, U., Albrecht, K., Carpenter, M., and Tomasello, M. (2008). Infants' visual and auditory communication when a partner is or is not visually attending. *Infant Behavior and Development*, 31(2),157-167.

Liszkowski,U. ,Carpenter,M. ,Henning,A. ,Striano,T. ,and Tomasello,M. (2004). 12-month-olds point to share attention and interest. *Developmental Science*,7,297-307.

Liszkowski,U. ,Carpenter,M. ,Striano,T. ,and Tomasello,M. (2006). 12- and 18-month-olds point to provide information for others. *Journal of Cognition and Development*, 7,173-187.

Liszkowski,U. ,Carpenter,M. ,and Tomasello,M. (2007a). Reference and attitude in infant pointing. *Journal of Child Language*,34,1-20.

Liszkowski,U. ,Carpenter,M. ,and Tomasello,M. (2007b). Pointing out new news, old news, and absent referents at 12 months of age. *Developmental Science*,10,F1-F7.

Maestripieri,D. (1998). Primate social organization, vocabulary size, and communication dynamics: A comparative study of macaques. In *The Evolution of Language: Assessing the Evidence from Nonhuman Primates*, ed. B. King. Santa Fe: School of American Research.

Matthews,D. ,Lieven,E. V. ,Theakston,A. L. ,and Tomasello,M. (2006). The effect of perceptual availability and prior discourse on young children's use or referring expressions. *Applied Psycholinguistics*,27,403-422.

Matthews,D. , Lieven, E. , and Tomasello,M. (2007). How toddlers and preschoolers learn to uniquely identify referents for others: A training study. *Child Development*,34,381-409.

Maynard Smith, J. , and Harper, D. (2003). *Animal Signals*. Oxford: Oxford University Press.

McNeill, D. (1992). *Hand and Mind: What Gestures Reveal about Thought*. Chicago: The University of Chicago Press.

McNeill, D. (2005). *Gesture and Thought*. Chicago: The University of Chicago Press.

McWhorter,J. (2005). *Defining Creole*. Oxford: Oxford University Press.

Melis,A. ,Call,J. , and Tomasello,M. (2006). Chimpanzees conceal visual and auditory information from others. *Journal of Comparative Psychology*,120,154-162.

Melis, A., Hare, B., and Tomasello, M. (2006a). Engineering cooperation in chimpanzees: Tolerance constraints on cooperation. *Animal Behaviour*, 72, 275-286.

Melis, A., Hare, B., and Tomasello, M. (2006b). Chimpanzees recruit the best collaborators. *Science*, 31, 1297-1300.

Meltzoff, A. (1995). Understanding the intentions of others: Re-enactment of intended acts by 18-month-old children. *Developmental Psychology*, 31, 1-16.

Menzel, C. (1999). Unprompted recall and reporting of hidden objects by a chimpanzee after extended delays. *Journal of Comparative Psychology*, 113, 426-434.

Millikan, R. G. (2005). *Language: A Biological Model*. Oxford: Oxford University Press.

Mitani, J. C., and Nishida, T. (1993). Contexts and social correlates of long-distance calling by male chimpanzees. *Animal Behaviour*, 45, 735-746.

Moll, H., Koring, C., Carpenter, M., and Tomasello, M. (2006). Infants determine others' focus of attention by pragmatics and exclusion. *Journal of Cognition and Development*, 7, 411-430.

Moll, H., Richter, N., Carpenter, M., and Tomasello, M. (2008). 14-month-olds know what "we" have shared in a special way. *Infancy*, 13, 90-101.

Moll, H., and Tomasello, M. (2004). 12- and 18-month-olds follow gaze to hidden locations. *Developmental Science*, 7, F1-F9.

Moll, H., and Tomasello, M. (2007a). How 14- and 18- month-olds know what others have experienced. *Developmental Psychology*, 43, 309-317.

Moll, H., and Tomasello, M. (2007b). Co-operation and human cognition: The Vygotskian intelligence hypothesis. *Philosophical Transactions of the Royal Society*, 362, 639-648.

Moore, C. (1996). Theories of mind in infancy. *British Journal of Developmental Psychology*, 14, 19-40.

Moore, C., and Corkum, V. (1994). Social understanding at the end of the first year of life. *Developmental Review*, 14, 349-372.

Moore, C., and D'Entremont, B. (2001). Developmental changes in pointing as a function of parent's attentional focus. *Journal of Cognition and Development*, 2, 109-129.

Mundy, P., and Burnette, C. (2005). Joint attention and neurodevelopment. In *Handbook of Autism and Pervasive Developmental Disorders*, volume 3, ed. F. Volkmar, A. Klin, and R. Paul (pp. 650-681). Hoboken, N. J. : John Wiley.

Mundy, P., and Sigman, M. (2006). Joint attention, social competence, and developmental psychopathology. In *Developmental Psychopathology*, volume 1: Theory and Methods, second ed., ed. D. Cicchetti and D. Cohen (pp. 293-332). Hoboken, N. J. : John Wiley.

Namy, L. L., Acredolo, L., and Goodwyn, S. (2000). Verbal labels and gestural routines in parental communication with young children. *Journal of Nonverbal Behavior*, 24, 63-79.

Namy, L. L., Campbell, A., and Tomasello, M. (2004). Developmental change in the role of iconicity in symbol learning. *Journal of Cognition and Development*, 5, 37-56.

Namy, L. L., and Waxman, S. R. (1998). Words and gestures: Infants' interpretations of different forms of symbolic reference. *Child Development*, 69, 295-308.

Namy, L. L., and Waxman, S. R. (2000). Naming and exclaiming: Infants' sensitivity to naming contexts. *Journal of Cognition and Development*, 1, 405-428.

Nelson, K. (1985). *Making Sense: The Acquisition of Shared Meaning*. New York: Academic Press.

Nelson, K. (1996). *Language in Cognitive Development*. New York: Cambridge University Press.

Nowak, M. A., and Sigmund, K. (1998) Evolution of indirect reciprocity by image scoring. *Nature*, 393, 573-577.

Okamoto-Barth, S., Call, J., and Tomasello, M. (2007). Great apes' understanding of others' line of sight. *Psychological Science*, 18, 462-468.

Olson, D. (1994). *The World on Paper: The Conceptual and Cognitive Implications of Writing and Reading*. New York: Cambridge University

Press.

O'Neill, D. K. (1996). Two-year-old children's sensitivity to a parent's knowledge state when making requests. *Child Development*, 67, 659-677.

Onishi, K. H., and Baillargeon, R. (2005). Do 15-month-old infants understand false beliefs? *Science*, 308, 255-258.

Orlansky, M., and Bonvillian, J. D. (1984). The role of iconicity in early sign language acquisition. *Journal of Speech and Hearing Disorders*, 49, 287-292.

Owings, D. H., and Morton, E. S. (1998). *Animal Vocal Communication: A New Approach*. Cambridge: Cambridge University Press.

Owren, M. J., and Rendell, D. (2001). Sound on the rebound: Bringing form and function back to the forefront in understanding nonhuman primate vocal signaling. *Evolutionary Anthropology*, 10, 58-71.

Ozcaliskan, S., and Goldin-Meadow, S. (2005). Gesture is at the cutting edge of language development. *Cognition*, 96, B101-113.

Padden, C. A. (1983). Interaction of morphology and syntax in American Sign Language. Doctoral dissertation. University of California, San Diego.

Panchanathan, S., and Boyd, R. (2003). A tale of two defectors: The importance of standing for the evolution of indirect reciprocity. *Journal of Theoretical Biology*, 224, 115-126.

Pepperberg, I. M. (2000). *The Alex Studies: Cognitive and Communicative Abilities of Grey Parrots*. Cambridge, Mass. : Harvard University Press.

Perner, J., Brandl, J., and Garnham, A. (2003). What is a perspective problem? Developmental issues in understanding belief and dual identity. *Facta Philosophica*, 5, 355-378.

Pinker, S. (1999). *Words and Rules*. New York: Morrow Press.

Pollick, A., and de Waal, F. (2007). Ape gestures and language evolution. *Proceedings of the National Academy of Sciences*, 104, 8184-9189.

Povinelli, D. J., and Davis, D. R. (1994). Differences between chimpanzees (*Pan troglodytes*) and humans (*Homo sapiens*) in the resting state of the index finger: Implications for pointing. *Journal of Comparative Psychology*, 108, 134-139.

Povinelli, D. J., and Eddy, T. J. (1996). What young chimpanzees know about seeing. *Monographs of the Society for Research in Child Development*, 61(3).

Povinelli, D. J., and O'Neill, D. (2000). Do chimpanzees use their gestures to instruct each other? In *Understanding Other Minds: Perspectives from Developmental Cognitive Neuroscience*, second ed., ed. S. Baron-Cohen, H. Tager-Flusberg, and D. Cohen (pp. 459-487). Oxford: Oxford University Press.

Povinelli, D. J., and Vonk, J. (2006). We don't need a microscope to explore the chimpanzee's mind. In *Rational Animals*, ed. S. Hurley (pp. 385-412). Oxford: Oxford University Press.

Quine, W. V. (1960). *Word and Object*. Cambridge, Mass.: MIT Press.

Ratner, N., and Bruner, J. (1978). Games, social exchange, and the acquisition of language. *Journal of Child Language*, 5, 391-401.

Richerson, P., and Boyd, R. (2005). *Not by Genes Alone*. Chicago: The University of Chicago Press.

Rivas, E. (2005). Recent use of signs by chimpanzees (*Pan troglodytes*) in interactions with humans. *Journal of Comparative Psychology*, 119(4), 404-417.

Rochat, P. (2001). *The Infant's World*. The Developing Child series. Cambridge, Mass.: Harvard University Press.

Ross, H. S., and Lollis, S. P. (1987). Communication within infant social games. *Developmental Psychology*, 23(2), 241-248.

Sandler, W., Meir, I., Padden, C., and Aronoff, M. (2005). The emergence of grammar: Systematic structure in a new language. *Proceedings of the National Academy of Science*, 102(7), 2661-2665.

Savage-Rumbaugh, S., McDonald, K., Sevcik, R., Hopkins, W., and Rupert, E. (1986). Spontaneous symbol acquisition and communicative use by pygmy chimpanzee (*Pan paniscus*). *Journal of Experimental Psychology*, 115, 211-235.

Savage-Rumbaugh, S., Murphy, J., Sevcik, R., Brakke, K., Williams, S., and Rumbaugh, D. (1993). Language comprehension in ape and child.

Monographs of the Society for Research in Child Development, 58(3-4).
Savage-Rumbaugh, E. S., Rumbaugh, D. M., and Boysen, S. (1978). Linguistically mediated tool use and exchange by chimpanzees (*Pan troglodytes*). *Behavioral and Brain Sciences*, 4, 539-554.
Saylor, M. (2004). 12- and 16-month-old infants recognize properties of mentioned absent things. *Developmental Science*, 7, 599-611.
Schachter, S. (1959). *The Psychology of Affiliation*. Stanford, Calif.: Stanford University Press.
Schelling, T. C. (1960). *The Strategy of Conflict*. Cambridge, Mass.: Harvard University Press.
Schick, B. (2005). *Advances in the Sign Language Development of Deaf Children*. Oxford: Oxford University Press.
Schwier, C., van Maanen, C., Carpenter, M., and Tomasello, M. (2006). Rational imitation in 12-month-old infants. *Infancy*, 10, 303-311.
Searle, J. R. (1969). *Speech Acts: An Essay in the Philosophy of Language*. Cambridge: Cambridge University Press.
Searle, J. R. (1983). *Intentionality*. Cambridge: Cambridge University Press.
Searle, J. R. (1990). Collective intentions and actions. In *Intentions in Communication*, ed. P. Cohen, J. Morgan, and M. Pollack (pp. 401-415). Cambridge, Mass.: MIT Press.
Searle, J. R. (1995). *The Construction of Social Reality*. New York: Free Press.
Searle, J. R. (1999). *Mind, Language, and Society: Philosophy in the Real World*. New York: Basic Books.
Senghas, A. (2003). Intergenerational influence and ontogenetic development in the emergence of spatial grammar in Nicaraguan Sign Language. *Cognitive Development*, 18, 511-531.
Senghas, A., and Coppola, M. (2001). Children creating language: How Nicaraguan Sign Language acquired a spatial grammar. *Psychological Science*, 12(4), 323-328.
Senghas, A., Kita, S., and Özyürek, A. (2004). Children creating core

properties of language: Evidence from an emerging sign language in Nicaragua. *Science*,305,5691,1779-1782.

Seyfarth, R. M., and Cheney, D. L. (2003). Signalers and receivers in animal communication. *Annual Review of Psychology*,54,145-173.

Shatz, M., and O'Reilly, A. (1990). Conversation or communicative skill? A re-assessment of two-year-olds' behavior in miscommunication episodes. *Journal of Child Language*, 17,131-146.

Shwe, H. I., and Markman, E. M. (1997). Young children's appreciation of the mental impact of their communicative signals. *Developmental Psychology*, 33(4),630-636.

Silk, J. B., Brosnan, S. F., Vonk, J., Henrich, J., Povinelli, D. J., Richardson, A. S., Lambeth, S. P., Mascaro, J. and Schapiro, S. J. (2005). Chimpanzees are indifferent to the welfare of unrelated group members. *Nature*,437,1357-1359.

Spencer, P. (1993). Communication behaviors of infants with hearing loss and their hearing mothers. *Journal of Speech and Hearing Research*,36, 311-321.

Sperber, D. (1994). Understanding verbal understanding. In *What Is Intelligence?*, ed. J. Khalfa (pp. 179-198). Cambridge: Cambridge University Press.

Sperber, D., and Wilson, D. (1986). *Relevance: Communication and Cognition*. Cambridge, Mass.: Harvard University Press.

Stanford, C. B. (1998). *Chimpanzee and Red Colobus: The Ecology of Predator and Prey*. Cambridge, Mass.: Harvard University Press.

Stern, D. N. (1985). *The Interpersonal World of the Infant: A View from Psychoanalysis and Developmental Psychology*. New York: Basic Books.

Sugiyama, Y. (1981). Observations on the population dynamics and behavior of wild chimpanzees at Bossou, Guinea, 1979-1980. *Primates*,22,432-444.

Tanner, J. E., and Byrne, R. W. (1993). Concealing facial evidence of mood: Perspective-taking in a captive gorilla? *Primates*,34,451-457.

Tanner, J. E., and Byrne, R. W. (1996). Representation of action through iconic gesture in a captive lowland gorilla. *Current Anthropology*, 37,162-173.

Tinbergen, N. (1951). *The Study of Instinct*. New York: Oxford University Press.

Tomasello, M. (1988). The role of joint attentional process in early language development. *Language Sciences*, 10, 69-88.

Tomasello, M. (1992a). *First Verbs: A Case Study of Early Grammatical Development*. Cambridge: Cambridge University Press.

Tomasello, M. (1992b). The social bases of language acquisition. *Social Development*, 1(1), 67-87.

Tomasello, M. (1995). Joint attention as social cognition. In *Joint Attention: Its Origin and Role in Development*, ed. C. Moore and P. J. Dunham (pp. 103-130). Hillsdale, N. J. : Lawrence Erlbaum.

Tomasello, M. (1996). Do apes ape? In *Social Learning in Animals: The Roots of Culture*, ed. C. M. Heyes and B. G. Galef (pp. 319-346). San Diego: Academic Press.

Tomasello, M. (1998). Reference: Intending that others jointly attend. *Pragmatics and Cognition*, 6, 229-244.

Tomasello, M. (1999). *The Cultural Origins of Human Cognition*. Cambridge, Mass. : Harvard University Press.

Tomasello, M. (2001). Perceiving intentions and learning words in the second year of life. In *Language Acquisition and Conceptual Development*, ed. M. Bowerman and S. Levinson (pp. 132-158). Cambridge: Cambridge University Press.

Tomasello, M. (2003). *Constructing a Language: A Usage-Based Theory of Language Acquisition*. Cambridge, Mass. : Harvard University Press.

Tomasello, M. (2004). What kind of evidence could refute the UG hypothesis? *Studies in Language*, 28, 642-644.

Tomasello, M. , and Call, J. (1997). *Primate Cognition*. Oxford: Oxford University Press.

Tomasello, M. , and Call, J. (2006). Do chimpanzees know what others see— or only what they are looking at? In *Rational Animals?*, ed. M. Nudds and S. Huley (pp. 371-384). Oxford: Oxford University Press.

Tomasello, M. , and Call, J. (2010). Chimpanzee social cognition. In *The*

Mind of the Chimpanzee: Ecological and Experimental Perspectives, ed. E. Londsdorf, S. Ross and T. Matsuzawa. Chicago: The University of Chicago Press.

Tomasello, M., Call, J., and Gluckman, A. (1997). The comprehension of novel communicative signs by apes and human children. *Child Development*, 68, 1067-1081.

Tomasello, M., Call, J., Nagell, K., Olguin, R., and Carpenter, M. (1994). The learning and use of gestural signals by young chimpanzees: A transgenerational study. *Primates*, 37, 137-154.

Tomasello, M., Call, J., Warren, J., Frost, T., Carpenter, M., and Nagell, K. (1997). The ontogeny of chimpanzee gestural signals: A comparision across groups and generations. *Evolution of Communication*, 1, 223-253.

Tomasello, M., and Carpenter, M. (2005). The emergence of social cognition in three young chimpanzees. *Monographs of the Society for Research in Child Development*, 70(279).

Tomasello, M., Carpenter, M., Call, J., Behne, T., and Moll, H. (2005). Understanding and sharing intentions: The origins of cultural cognition. *Behavioral and Brain Sciences*, 28, 675-735.

Tomasello, M., Carpenter, M., and Lizskowski, U. (2007). A new look at infant pointing. *Child Development*, 78, 705-722.

Tomasello, M., and Farrar, J. (1986). Object permanence and relational words: A lexical training study. *Journal of Child Language*, 13, 495-506.

Tomasello, M., George, B., Kruger, A., Farrar, J., and Evans, A. (1985). The development of gestural communication in young chimpanzees. *Journal of Human Evolution*, 14, 175-186.

Tomasello, M., Gust, D., and Frost, T. (1989). A longitudinal investigation of gestural communication in young chimpanzees. *Primates*, 30, 35-50.

Tomasello, M., and Haberl, K. (2003). Understanding attention: 12- and 18-month-olds know what is new for other persons. *Developmental Psychology*, 39(5), 906-912.

Tomasello, M., Hare, B., and Agnetta, B. (1999). Chimpanzees, *Pan troglodytes*, follow gaze direction geometrically. *Animal Behaviour*, 58

(4),769-777.

Tomasello, M., Hare, B., Lehmann, H., and Call, J. (2007). Reliance on head versus eyes in the gaze following of great apes and human infants: The cooperative eye hypothesis. *Journal of Human Evolution*, 52, 314-320.

Tomasello, M., Kruger, A., and Ratner, H. (1993). Cultural learning. *Behavioral and Brain Sciences*, 16, 495-552.

Tomasello, M., and Rakoczy, H. (2003). What makes human cognition unique? From individual to shared to collective intentionality. *Mind and Language*, 18(2), 121-147.

Tomasello, M., Striano, T., and Rochat, P. (1999). Do young children use objects as symbols? *British Journal of Developmental Psychology*, 17, 563-584.

Tomasello, M., Strosberg, R., and Akhtar, N. (1996). Eighteen-month-old children learn words in non-ostensive contexts. *Journal of Child Language*, 23, 157-176.

Tomasello, M., and Zuberbüler, K. (2002). Primate vocal and gestural communication. In *The Cognitive Animal: Empirical and Theoretical Perspectives on Animal Cognition*, ed. M. Bekoff, C. Allen, and G. Burghardt (pp. 293-299). Cambridge, Mass.: MIT Press.

Tomonaga, M., Myowa-Yamakoshi, M., Mizuno, Y., Yamaguchi, M., Kosugi, D., Bard, K., Tanaka, M., and Matsuzawa, T. (2004) Development of social cognition in infant chimpanzees (*Pan troglodytes*): Face recognition, smiling, gaze and the lack of triadic interactions. *Japanese Psychological Research*, 46, 227-235.

Trevarthen, C. (1979). Instincts for human understanding and for cultural cooperation: Their development in infancy. In *Human Ethology: Claims and Limits of a New Discipline*, ed. M. von Cranach, K. Foppa, W. Lepenies, and D. Ploog (pp. 530-571). Cambridge: Cambridge University Press.

Uzgiris, I. C. (1981). Two functions of imitation during infancy. *International Journal of Behavioral Developmental*, 4, 1-12.

Vygotsky, L. (1978). *Mind in Society: The Development of Higher Psychological Processes*. Ed. M. Cole. Cambridge, Mass.: Harvard University Press.

Warneken, F. , Chen, F. , and Tomasello, M. (2006). Cooperative activities in young children and chimpanzees. *Child Development*, 77, 640-663.

Warneken, F. , Hare, B. , Melis, A. , Hanus, D. , and Tomasello, M. (2007). Roots of human altruism in chimpanzees. *PLOS: Biology*, 5(7): e184.

Warneken, F. , and Tomasello, M. (2006). Altruistic helping in human infants and young chimpanzees. *Science*, 31, 1301-1303.

Warneken, F. , and Tomasello, M. (2007). Helping and cooperation at 14 months of age. *Infancy*, 11, 271-294.

Watts, D. , and Mitani, J. C. 2002. Hunting behavior of chimpanzees at Ngogo, Kibale National Park, Uganda. *International Journal of Primatology*, 23, 1-28.

Whiten, A. , Horner, V. , Litchfield, C. , and Marshall-Pescini, S. (2004). How do apes ape? *Learning and Behaviour*, 32, 36-52.

Wittek, A. , and Tomasello, M. (2005). German-speaking children's productivity with syntactic constructions and case morphology: Local cues help locally. *First Language*, 25, 103-125.

Wittgenstein, L. (1953). *Philosophical Investigations*. Oxford: Basil Blackwell.

Wittgenstein, L. (1969). *On Certainty*. Oxford: Basil Blackwell.

Wittgenstein, L. (2005). *The Big Typescript: TS 213*. Oxford: Basil Blackwell.

Woodward, A. (1998). Infants selectively encode the goal object of an actor's reach. *Cognition*, 69, 1-34.

Woodward, A. (1999). Infants' ability to distinguish between purposeful and non-purposeful behaviors. *Infant Behavior and Development*, 22 (2), 145-160.

Woodward, A. L. , and Hoyne, K. L. (1999). Infants' learning about words and sounds in relation to objects. *Child Development*, 70, 65-77.

Wrangham, R. W. (1975). The behavioural ecology of chimpanzees in

Gombe National Park, Tanzania. Doctoral dissertation, University of Cambridge.

Wray, A. (1998). Protolanguage as a holistic system for social interaction. *Language and Communication*, 18, 47-67.

Zahavi, A., and Zahavi, A. (1997). *The Handicap Principle: A Missing Piece in Darwin's Puzzle*. New York and Oxford: Oxford University Press.

Zuberbühler, K. (2000). Causal cognition in a non-human primate: Field playback experiments with Diana monkeys. *Cognition*, 76, 195-207.

Zuberbühler, K. (2005). The phylogenetic roots of language: Evidence from primate communication and cognition. *Current Directions in Psychological Science*, 14(3), 126-130.

作者索引

注：页码后面的 n 表示原注。

A

Acredolo, L. P., 艾奎朵 102,103
Adamson, L., 98
Agnetta, B., 27,33
Akhtar, N., 亚克塔 32,111,112
Armstrong, D., 41,231
Ashley, J., 13

B

Baillargeon, R., 97
Bakeman, R., 98
Baldwin, D., 包德温 111
Bard, K., 125
Bard, K. A., 24
Barresi, J., 巴瑞析 237
Bates, E., 贝茨 78,79,82,85,222,239
Bateson, P., 贝特森 136
Behne, T., 贝内 5,28,32,90,91,97,132
Bekkering, H., 32,97
Benson, J., 109

Bergstrom, C. T., 12
Bloom, P., 布卢姆 96,108
Boesch, C., 伯施 11,121,127,129,234
Boesch, H., 121
Boesch-Achermann, H., 121,127
Bonvillian, J., 103
Boyd, R., 博伊德 7,120,140,150
Boysen, S., 122
Braine, M., 布雷恩 186
Brandl, J., 243
Bratman, M., 5,126
Bräuer, J., 27,33
Bretherton, I., 布雷瑟顿 106
Brooks, P., 115,205
Brown, P., 145,152
Bruner, J., 布鲁纳 3,98,108,110,114,148,204
Bühler, K., 比勒 164n,190
Burling, R., 37
Burnette, C., 100
Buttelmann, D., 32
Butterworth, G., 77

Bybee, J., 213,216
Byrne, R. W., 19

C

Call, J., 5,14,17,21-22,24,27,
28,30,31-33,35,97,122,124,
129,133,152,173,233
Callanan, M., 112
Camaioni, L., 78,82,85,102
Campbell, A., 103
Campbell, A. L., 115
Capirci, O., 102,105,186
Caron, A. J., 33
Carpendale, J. E. M., 236
Carpenter, M., 卡彭特 5,26,28,
32,78,79,84,85,87,97,98,99,
103,112,113,125,126,132,147
Caselli, M. C., 102,105
Chafe, W., 189n,191
Chalmeau, R., 123
Chaucer, G., 乔叟 210,211
Chen, F., 98,124,128
Cheney, D. L., 切尼 11,12,13,122
Chomsky, N., 乔姆斯基 7,193,
219,220
Clark, A. P., 19
Clark, H., 克拉克 3,4,51,53n,
54,57,66,70,71,236,237
Coppola, M., 195
Corballis, M. C., 37,231
Corkum, V., 科克姆 83,86
Crawford, M. P., 克劳福德 122,
123
Crockford, C., 11
Croft, W., 189n,191,209,211,
214,215,217,218,222
Csibra, G., 91,97,141

D

Dahl, Ö., 211
Darwin, Charles, 达尔文 15
Davis, D. R., 95
Dawkins, R., 9
DeLoache, J. S., 德洛旭 105
D'Entremont, B., 董特蒙 79,
83,86
Desalles, J.-L., 141
De Saussure, F., 索绪尔 72
Deutscher, G., 211
De Waal, F. B. M., 19,23,140
Diessel, H., 163,203,204
Donald, M., 143

E

Eddy, T. J., 21
Enard, W., 165
Everhart, V., 93,116

F

Farrar, J., 112
Fehr, E., 131
Fillmore, C., 209
Fischbacher, U., 131
Fitch, W. T., 220

Fogel, A., 94
Folven, R., 103
Fuwa, K., 不破 123, 135

G

Gallo, A., 123
Gardner, B. T., 加德纳 25, 175
Gardner, R. A., 加德纳 25, 175
Garnham, A., 243
Gergely, G., 32, 97, 141
Gilbert, M., 吉尔伯特 5, 50, 126
Gilby, J. C., 吉尔比 127, 128, 140
Givón, T., 纪盟 212
Gluckman, A., 27
Goldberg, A., 209, 210, 221
Goldin-Meadow, S., 高美朵 41, 48, 104, 106, 107, 115, 157, 160, 162, 180, 181, 182, 183, 185, 198
Golinkoff, R. M., 79, 90
Gomez, J. C., 25, 26
Goodall, J., 古多尔 12, 127
Goodwyn, S. W., 古德温 102, 103, 105
Gouzoules, H., 13
Gouzoules, S., 13
Graefenhein, M., 葛分汉 132
Greenberg, J., 221
Greenfield, P. M., 格林菲尔德 26, 115, 177, 180
Grice, (H.) P., 葛赖斯 4, 57, 61, 236
Gundel, J., 191

H

Haberl, K., 96-98
Habermas, J., 63
Haimerl, F., 5, 105
Haith, M., 109
Hannan, T., 94
Hare, B., 黑尔 27, 28-30, 33, 34, 123, 128, 135, 136, 140
Harper, D., 9
Hauser, M. D., 11, 220
Hawkins, J., 221
Hedberg, N., 191
Heine, B., 164
Henrich, J., 131
Herman, L., 178
Hewes, G. W., 231
Hill, K., 130
Hirata, S., 平田 123, 135
Hopkins, W. D., 24
Hoyne, K. L., 102
Hurtado, A. M., 130

I

Iverson, J., 艾弗森 102, 105, 115, 185

J

Jensen, K., 詹森 129, 140
Jipson, J., 112

K

Kagan, J., 93

Kaminski, J., 22,33
Kegl, J., 195
Keller, R., 158,221
Kendon, A., 42,161,231
Király, I., 32,97
Kita, S., 43,172,199,205
Kobayashi, H., 138
Koshima, S., 138
Krebs, J., 9
Kruger, A., 7,204
Kuhlmeier, V., 96
Kuteva, T., 164

L

Lachman, M., 12
Lambrecht, K., 115
Langacker, R., 191,209
Leavens, D. A., 李文斯 24
Lederberg, A., 93,116
Leslie, A., 莱斯利 47,104,143
Levinson, S., 145,152
Levinson, S. C., 莱文森 4,52,144,236
Lewis, C., 236
Lewis, D., 刘易斯 71,72,131,154,155,236
Liddell, S. K., 41,191
Liebal, K., 利霸 20,21,22,33,88,90,99,173
Lieven, E., 115n
Liszkowski, U., 李思科斯基 79,83,84,87,91

Lollis, S. P., 98,132
Lutrell, L. M., 140

M

Maestripieri, D., 23,30
Markman, E. M., 马科文 86,91
Marshall, C. R., 马歇尔 53n,66
Matthews, D., 115
Maynard-Smith, J., 9
McNeill, D., 麦克尼尔 41,107,162
McWhorter, J., 207
Melis, A., 梅利斯 33,123,128,133,136,140,152
Meltzoff, A., 32
Menzel, C., 24
Mitani, J. C., 13,122,140
Moll, H., 莫尔 5,33,89,90,92,97,98,126,243
Moore, C., 穆尔 79,83,86,237
Morton, E. S., 12
Mundy, P., 99,100
Mylander, C., 181,182

N

Nagell, K., 78,85,98,112,113
Namy, L. L., 奈密 102,103,106
Nelson, K., 纳尔逊 108
Nishida, T., 13
Nowak, M. A., 140

O

Okamoto-Barth, S., 33

Olson, D., 241
O'Neill, D., 123
Onishi, K. H., 97
O'Reilly, A., 79
Orlansky, M., 103
Owings, D. H., 12
Owren, M. J., 12
Ozcaliskan, S., 欧式卡 106, 115, 185
Özyürek, A., 172, 199, 205

P

Padden, C. A., 183
Panchanathan, S., 140
Pennington, B. F., 99
Pepperberg, I. M., 178
Perner, J., 243
Pika, S., 20, 22, 33
Pinker, S., 193
Pollick, A., 23
Povinelli, D. J., 波维内利 21, 31, 95, 123, 233

Q

Quine, W. V. O., 奎因 40, 109

R

Rakoczy, H., 167, 243
Ratner, H., 拉特纳 7, 204
Ratner, N., 拉特纳 98, 114
Rendell, D., 12
Richerson, P., 理查森 7, 120, 150

Rivas, E., 里瓦斯 26, 175-177, 182
Rochat, P., 95, 103, 105
Rogers, S. J., 99
Ross, H. S., 98, 132
Rumbaugh, D. M., 132

S

Sandler, W., 172
Savage-Rumbaugh, (E.)S., 萨蓝宝 25, 26, 122, 125, 177, 178, 180
Saylor, M., 88
Schachter, S., 148
Schelling, T. C., 谢林 131
Schick, B., 186
Schwier, C., 97
Searle, J. R., 瑟尔 5, 50, 59, 59n, 61n, 68, 69, 167, 236, 237, 241
Senghas, A., 172, 195, 199, 205
Seyfarth, R. M., 赛法特 11, 12, 13, 122
Shatz, M., 79
Shwe, H. I., 徐伟 86, 91
Sigman, M., 99
Sigmund, K., 140
Silk, J. B., 西尔克 129, 140
Smith, A., 亚当·斯密 211
Smith, I. H., 115
Spencer, P., 93, 116
Sperber, D., 施佩贝尔 4, 52, 62, 63, 66, 93, 144, 236

Stanford, C. B., 122
Stern, D. N., 斯特恩 95
Stokoe, W., 41
Striano, T., 84,103,105,125,132
Strosberg, R., 111
Sugiyama, Y., 19

T

Tanner, J. E., 19
Tinbergen, N., 廷伯根 15
Tomasello, M., 托马塞洛 5,7,
　11,14,17,18,20-22,24,26-28,
　30,32,33,35,71,72,78,79,84,
　85,87,92,96-98,103,105,108,
　111-113,115,115n,121-126,128,
　129,132,133,135,136,138,140,
　152,156,167,173,179,187,196,
　203,204,220,233,238,242,243
Tomonaga, M., 125
Trevarthen, C., 95,235

U

Uzgiris, I. C., 147

V

Vauclair, J., 125
Volterra, V., 78,82,85

Vonk, J., 31,233
Vygotsky, L., 维果茨基 7

W

Warneken, F., 瓦内根 32,96,
　98,124,128,132,140
Watts, D., 122,140
Waxman, S. R., 韦克斯曼 102,
　103,106
Whiten, A., 146
Wilcox, S., 41,231
Wilson, D., 威尔逊 4,52,62,63,
　66,144,236,237
Wittek, A., 115
Wittgenstein, L., v, 维根斯坦 1,
　3,9,39,40,55n,76,118,163,
　170,225,236,241
Woodward, A., 97,102
Wrangham, R. W., 11,13,127
Wray, A., 157
Wynn, K., 96

Z

Zacharski, R., 191
Zahavi, A., 141
Zuberbühler, K., 祖柏毕勒
　11,13

主题索引

注：页码后面的 f 或 t 分别表示图和表；n 表示原注。

A

Absent entities，不在场的物品
    infant pointing and，与儿童以手指物　81,87-88
    pantomiming and，与比划示意　45,46,47,57
    pretense and，与伪装　106

Action, human communication and，动作与人类沟通　161

Action-based gestures，动作为基础的手势。见 Pantomiming；Pointing，比划示意；以手指物

Action signs，动作手势　181t, 182t

Alarm calls，警告声　10-13

Altruism，利他主义
    evolution and，与演化　5-6,118-119,139-140
    in infants，儿童的　84

American Sign Language(ASL)，美国手语　175

Animals，动物
    human communication with，与人类沟通　1
    social behavior of，的社会行为　167

Apes，猿类。亦见 Chimpanzees；Primates，黑猩猩；灵长类
    attention monitoring by，监督注意力　22-23
    and communication with humans，与人类沟通　23-29
    cooperative communication lacking in，缺乏合作沟通　26,37
    flexible communication of，的弹性沟通　30-31,232

gestures of,的手势　6,14-21,35-38,173-180,232
and goals of others,和他者的目标　31-33,123-124,126
group activities of,的团体活动　135-136
home signers compared with,与家庭手语使用者比较　184
human communication compared to,与人类沟通相比　42-43
human communication derived from,人类沟通来自　23,38,226
human communication with,人类与它们的沟通　174-180
intentional communication of,的有意沟通　31-37,234
"linguistic","懂语言"的　178-180,234
and object choice task,与物品选择任务　27-28
and others' perceptions,与他者的感知　33-34,123-124,126
pointing by,的以手指物　24-26
rationality recognized by,识得的理性　33
referential intentions of,的指涉意图　20,25,36
and requesting,与请求　175-178,184
social imitation and conformity lacking in,缺乏社会模仿与服从　149-150
vocal call comprehension by,对叫声的理解　10-11
vocalizations of,的声音　6,10-13
Apologies,道歉　114n,146
Arm-raise gesture,举手臂的手势　16
Attention,monitoring of,监督注意力　21-23
Attention-directing gestures,引导注意力的手势。见 Pointing,以手指物
Attention-getters,获取注意的手势　15,36f
　defined,的定义　19
　examples of,例子　17t,19
　human communication compared to,与人类沟通相比　20
　indirectness of,的间接性　20
　interpretation of,的解读　35-36
　learning of,的学习　20
　pointing and,与以手指物　42
Autism,自闭症　85,99,100

B

Bedouin Sign Language, 贝都因手语　172,195
"Bird's-eye view", "鸟瞰观点"　67,112,125,187
Blame assignment, in comprehension process, 理解过程中的责任指派　215,217

C

Case marking, 格位标记　187,210
Chimpanzees, 黑猩猩。亦见 Apes; Primates, 猿类；灵长类
　　collaboration studies on, 的合作互助研究　124-127
　　gestural signals of, 的手势信号　16,17t,18-20
　　group activities of, 的团体活动　121-129,137
　　helping behavior in, 的协助行为　137,140-141
　　hunting behavior of, 的猎食行为　121-122,127-129,140
　　and sign language, 与手语　175
　　vocal calls of, 的叫声　13
Clarification, asking for, 请求澄清　57,216
Cognitive skills, cooperative communication and, 认知技巧，与合作沟通　51-57,242-243
Collaboration and cooperation, 互助与合作。亦见 Cooperation model of human communication; Social motivation, 人类沟通的合作模式；社会动机
　　animal, 动物　167
　　ape communication and, 与猿类沟通　26,37,234-235
　　chimpanzees and, 与黑猩猩　121-129
　　communication based on, 为基础的沟通　4-6
　　cooperative communication and, 与合作沟通　132-134,229-230,242-243
　　emergence of, 的涌现　121-133
　　human, 人类　4-6,118-119,130-133,167
　　humans vs. apes concerning, 关于人类对猿类　123-127,135-136
　　infant, 儿童　132
　　mutualistic, 互利共生的　135-139

主题索引 279

　　shared intentionality as basis of,以共享意图为基础　5-6,49-51,119
Comments,评论　180
Common conceptual ground,共同概念基础
　　bases for,的基础　54-55
　　bottom-up processes and,与由下而上的过程　54
　　communication complementary to,互补的沟通　55
　　for cooperative communication,以利合作沟通　51-57
　　cultural knowledge and,与文化知识　54
　　immediate perceptual environment and,与立即可感知的环境　54
　　infants and,与儿童　88-90,98
　　language acquisition and,与语言习得　108-110
　　language change and,与语言变迁　216
　　for linguistic communication,以利语言沟通　3,39-40,70
　　for pantomiming,以利比划示意　142
　　for pointing,以利以手指物　3,44-45,142
　　top-down processes and,与由上而下的过程　54
Communication,沟通。亦见 Evolution of human communication; Gestures; Language; Pantomiming; Pointing,人类沟通的演化;手势;语言;比划示意;以手指物
　　biological,生物的　9-10
　　compromise in,的妥协　216
　　cooperative infrastructure of,的合作基础结构　4-5
　　cooperative nature of,的合作本质　4-6
　　social motivation for,的社会动机　4
Communicative act,emphasis of,沟通行为的强调
Communicative conventions,沟通惯例　61-62,63,91
　　characteristics of,的特色　154
　　drift to the arbitrary and,与"趋于任意"　154-158
　　emergence of,的涌现　153-167,238-239
　　grammar and,与语法　193,230-231
　　for linguistic constructions,与语言句型　208-223
　　natural communication vs.,对自然沟通　69-70

  origins of, 的起源　156, 157-158, 166-167
  as shared communication devices, 作为共享的沟通机制　71-73
  shared intentionality and, 与共享意图　70-71
  syntax and, 与句法　190-193
  vocal modality and, 与声音模式　159-166
Communicative displays, 沟通呈现　9
Communicative intention, 沟通意图
  cooperative communication and, 与合作沟通　61-66, 67
  helping and, 与协助　143-145
  infants and, 与儿童　90-92, 104
  in linguistic communication, 语言沟通里的　70-71
  pantomiming and, 与比划示意　142-143
  social norms governing, 管理的社会常规　150-151
Communicative signals, 沟通信号　9-10
Competition experiments, 竞争实验　28, 33
Comprehension, 理解
  of intentionality, 意向　31-35
  language change and, 与语言变迁　214-215
  of pointing, 以手指物　27-29
  of vocal calls, 叫声　10-11, 12
Compromise, communicative, 沟通的妥协　216
Constructions, linguistic, 语言句型　208-210
Content words, 实词　164n, 165, 229
Context, 情境。见 Common conceptual ground, 共同概念基础
Conventions, 惯例。见 Communicative conventions; Linguistic conventions, 沟通惯例；语言惯例
Cooperation, 合作。见 Collaboration and Cooperation; Cooperation model of human communication, 互助与合作；人类沟通的合作模式
Cooperation model of human communication, 人类沟通的合作模式　49-69。
  亦见 Cooperative communication, 合作沟通
  cognitive skills underlying, 底部的认知技巧　51-57
  evolutionary origins of, 的演化起源　118-119

infant pantomiming and,与儿童比划示意　101-105
infant pointing and,与儿童以手指物　77-101
infrastructure for,的基础结构　116-117,118-120
language acquisition and,与语言习得　108-116
mutual assumptions in,的彼此期望　61-67
recursivity in,的反复性　65-67
shared intentionality and,与共享意图　49-51
social motivations underlying,底部的社会动机　57-61
summary of,的摘要　67-69,68f,74-75

Cooperative communication,合作沟通　39-75。亦见 Cooperation model of human communication,人类沟通的合作模式
characteristics of,的特色　10
cognitive skills for,的认知技巧　51-57
collaboration and,与互助合作　133,229-230,242-243
conventions and,与惯例　69-73
cultural group selection and,与文化团体选择　146-152
emergence of,的涌现（见 origins of,的起源）
evolutionary advantages of,的演化优势　118
gestures and,与手势　41-43
indirect reciprocity and,与间接互惠　139-146
infant gestural communication and,与儿童的手势沟通　77-78,93-94,235-236
infrastructure for,的基础结构　5,133,226-228
misuse of,的误用　133,152
model of,的模式　49-69
mutual assumptions in,的彼此期望　61-67
mutualism and,与互利共生　135-139
origins of,的起源　5-6,94,100f,105,117,118,134-153,229-230
pantomiming and,与比划示意　45-49
pointing and,与以手指物　43-45
psychological infrastructure of,的心理基础结构　73t
shared intentionality as basis of,的共享意图基础　76-77,96-100,101,

133,226-228,236-238
  sharing and,与分享 148-149
  social motivations for,的社会动机 57-61
Cooperative imperatives,合作式命令 85-86
Cooperative reasoning,合作式推理 65,144
Creoles,克里奥尔语 207,208
Cultural group selection,文化团体选择。见 Group selection,团体选择
Cultural learning,文化学习 7,71,146-147。亦见 Social learning,社会学习
Culture 文化
  common conceptual ground in,的共同概念基础 54
  evolutionary developments dependent on,仰赖它的演化发展 7,171,208,217,222,224
  human collaboration and,与人类互助合作 130

D

Dead metaphors,死的隐喻 157
Deaf persons,听障人士。亦见 Home sign; Nicaraguan Sign Language; Sign Language,家庭手语；尼加拉瓜手语；手语
  gestural communication by,的手势沟通 160
  infant pointing by,的儿童以手指物 93,116
  pantomiming by,的比划示意 48,104
Deception,欺骗。见 Lying,说谎
Declaratives 陈述式
  apes and,与猿类 26
  infant pointing as,儿童此类的以手指物 81-85,87
Deictic center,直示中心 164n,190
Deictic gestures,直示手势。见 Pointing,以手指物
Demonstratives,指示词 163-164,164n
Dogs, and object choice task,狗与物品选择任务 29-30
"Drift to the arbitrary","趋于任意"
  emergence of conventional communication and,与惯例沟通的涌现 154-158

in grammar, 在语法中　194,214

E

Emotions, 情绪
  motivations communicated through, 借此沟通的动机　58
  primate vocalizations and, 与灵长类的声音　12-14
  sharing of, 的分享　148-149
ET(电影)　147
Event-participant organization, 事件-参与者的组织
  in ape communication, 在猿类的沟通中　179
  in infant language, 在儿童语言中　186-187,196
  in narrative, 在叙事中　198-204
  naturalness of, 的自然性　189,189n
  in sign language, 在手语中　182-183,195,201
  universality in, 的普遍原则　219
Evolution, 演化。亦见 Evolution of human communication; Human evolution, 人类沟通的演化; 人类演化
  ape gestural communication and, 与猿类手势沟通　23
  intention-movements and, 与改变意图的手势　15-16
  vocal calls and, 与叫声　12
Evolution of human communication, 人类沟通的演化
  contingency of, 的偶发事故　240-241
  cultural-historical aspects of, 的文化历史面　7,171,208,217,222,224
  genetics and, 与遗传学　165-166
  grammar and, 与语法　171-172,206-208,207f,221,223-224,238-239
  hypotheses about, 有关的假设　8,76-77,231-239
  language and, 与语言　7
  origins of, 的起源　1-2,5-8,168f,222-223
  overview of, 的概述　167-169,225-231,238-241
  psychological infrastructure for, 的心理基础结构　73t
Expressives, 表达式
  grammar and, 与语法　192,203

group affiliation and, 与团体归属　149
　　infant pointing as, 儿童此类的以手指物　82-84
　　social norms lacking for, 缺乏社会常规　149
Eye contact, 眼神接触　25
Eye direction, 目光方向　138。亦见 Gaze following, 跟随凝视的目光

F

Fairness, 公平　131
Fancy syntax, 想象句法　171, 198-204
Forms of life, 生活形态　3, 241。亦见 Common conceptual ground, 共同概念基础
Functional reanalysis, 功能再分析　214-216, 215f

G

Gaze following, 跟随凝视的目光。亦见 Eye direction, 目光方向
Genetics, 遗传学　165, 225
Gestures, 手势。亦见 Pantomiming; Pointing, 比划示意；以手指物
　　of apes, 猿类的　6, 14-21, 35-38, 173-180, 232
　　attention monitoring and, 与监督注意力　21-23
　　communicative effectiveness of, 的沟通效率　1-3
　　conventional, 惯例的　101-103, 105-106
　　imperative, 命令式　24-27
　　language as originating in, 语言由此诞生　41-42, 56-57, 72-73, 113-114, 154, 224, 231-232
　　obscene, 不雅的　154
　　origins of, 的起源　6-7
　　practical reasoning and, 与实际推理　34-35
　　research on, 的研究　40
　　sequence of, 的串联　21, 22-23, 173-180
　　types of, 的种类　15-21, 17t, 41-43
　　vocalizations vs., 对声音　159-161, 162-163, 232,
　　weakness of, as communication, 作为沟通的弱点　2

Goals, 目标
　　ape understanding of others', 猿类理解他者的　31-33, 123-124, 126
　　individual vs. collaborative, 个别的对集体的　123-127
　　joint, 共同的　123-127, 136-138
Gossip, 说闲话　141
Grammar, 语法
　　absent from primate communication, 灵长类沟通所欠缺的　21
　　in ape communication, 在猿类沟通中　173-174, 176-180, 223
　　complex constructions in, 的复合句型　201-204
　　conventions in, 的惯例　193-194, 208-223, 230-231
　　cultural diversity in, 的文化多样性　217-218
　　defined, 的定义　222
　　development of, 的发展　193-196
　　differentiation of, 的分化　171
　　"drift to the arbitrary" in, 的"趋于任意"　194, 214
　　in early language use, 在早期的语言使用中　185-188, 196-197, 238
　　evolution and, 与演化　171-172, 206-208, 207f, 221-222, 223-224, 239-240
　　and expression, 与表达　192
　　holophrases and, 与独词语句　157-158
　　in home sign, 家庭手语中的　180-181, 182-185
　　of informing, 告知的　170-171, 189-198
　　and language differentiation, 与语言分化　7
　　of Nicaraguan Sign Language, 尼加拉瓜手语的　193-196
　　norms in, 的常规　205-206
　　origins of, 的起源　187-188, 188t, 223-224, 230-231
　　of requesting, 请求的　171, 172-189
　　of sharing, 分享的　171
　　of sharing and narrative, 分享及叙事的　198-208
　　structure in, 的结构　191-192, 193-197, 202,
　　universal, 普遍语法　219-222
Grammaticality, 合乎语法　204-206
Gratitude, 感谢　61n, 114n, 145-146

Great apes, 类人猿。见 Apes, 猿类
Greeting, 问候 61n, 114n
Gricean communicative intention, 葛赖斯沟通意图。见 Communicative intention, 沟通意图
Group selection, 团体选择 146-152, 221-222

H

Head direction, 头的方向 138
Helping, 协助 59。亦见 Informing as basic motive, 告知作为基本动机
 chimpanzees and, 与黑猩猩 137, 140-141
 and gratitude, 与感谢 145-146
 indirect reciprocity and, 与间接互惠 139-146
 infant pointing as, 儿童此类的以手指物 84-85
 mutualism and, 与互利共生 135-139
Hidden authorship, 隐没身份 62, 92, 150-151
Holophrases, 独词语句 157, 158, 185
Home sign, 家庭手语 160, 180-185, 193-194, 197-198
Homo stage, 人属阶段 168, 173, 188
Human communication, 人类沟通。亦见 Cooperative communication; Evolution of human communication; Language; Linguistic communication, 合作沟通；人类沟通的演化；语言；语言沟通
 action as basis of, 以动作为基础 161
 ape communication compared to, 与猿类沟通相比 42-43
 ape gestures as precursor of, 猿类手势为其先驱 23, 38, 226
 common ground complementary to, 与共同基础的互补 55
 comprehension aspect of, norms governing, 的理解层面；管理的常规 63-65
 cooperation model of, 的合作模式 49-69
 origins of, 的起源 39-41
 practical reasoning in, 的实际推理 65
 primate communication compared to, 与灵长类沟通相比 12-14, 20-21, 37

productive aspect of, norms governing, 的举一反三方面, 管理的常规 63-65

psychological infrastructure of, 的心理基础 73t

social norms concerning, 与此有关的社会常规 63-65,93

uniqueness of, 的独特性 68

Human evolution, 人类演化。亦见 Evolution of human communication, 人类沟通的演化

cooperation in, 中的合作 5-6,118,134-135

Humans, 人类

and animals as communicative partners, 与动物作为沟通伙伴 1

and apes as communicative partners, 与猿类作为沟通伙伴 174-180

collaboration and cooperation of, 的互助与合作 130-133

hunting behavior of, 的打猎行为 130-131

Hunting, 狩猎

chimpanzees and, 与黑猩猩 121-122,127-129,140

humans and, 与人类 130-131

I

Iconic behaviors, 图像行为 18-19

Iconic gestures, 图像手势。见 Pantomiming, 比划示意

Identification, of events, objects, and participants, 辨识事件、物品和参与者 190-191,201-202

Imitation, 模仿

ape learning not from, 猿类的学习不是经由 17-18

human skill in, 人类的此种技能 7,71-72

role reversal, 角色互换 72,155-156

social function of, 的社会功能 147,149-150

Imperatives, 命令式。亦见 Pointing, 以手指物

by apes, 猿类的 24-27

individualistic vs. cooperative, 个人的对合作的 85-86

infant pointing as, 儿童此类的以手指物 82,85-86

meanings of, 的意义 58-59

Indirectness in communication, 沟通的间接性　20, 24-25, 36。亦见
　　Referential intentions; Triadic communication, 指涉意图；三元沟通
Indirect reciprocity, 间接互惠
　　chimpanzees and, 与黑猩猩　140-141
　　cooperative communication and, 与合作沟通　119
　　reputation and, 与名声　140-141
Individual goals, 个人目标　67
Individual intentionality, 个别意图
　　apes and, 与猿类　124-125, 127, 233
　　infants and, 与儿童　97, 99
　　universality in, 的普遍性　219
Individualistic imperatives, 个人主义式的命令　85, 143, 145
Infant pantomiming, 儿童比划示意　48, 101-107
　　communicative intention in, 中的沟通意图　104
　　conditions necessary for, 必需的条件　104
　　linguistic communication vs., 对语言沟通　105-106, 185
　　pretense and, 与伪装　106
　　use of, 的运用　105-107
Infant pointing, 儿童以手指物　45, 77-101
　　absent entities and, 与不在场的物品　81, 87
　　common conceptual ground for, 所需的共同概念基础　88-90
　　communicative intention in, 中的沟通意图　91-92
　　by deaf persons, 听障人的　93, 116
　　as declarative, 作为陈述　81-85, 86-87
　　as helping, 作为协助　84-85
　　as imperative, 作为命令　82, 85-86
　　interpretations of, 的解读　79
　　linguistic communication and, 与语言沟通　114-115, 185-186
　　motives for, 的动机　78, 82-86
　　mutual assumptions and, 与彼此的期望　90-93
　　onset of, 的开端　77, 94-95
　　origins of, 的起源　78, 94-101, 100f

主 题 索 引

prevalence of, 的占优势　105, 106
referential intentions and, 与指涉意图　86-88, 89-90
as requesting, 作为请求　80-81, 86
research on, 的研究　78
shared intentionality and, 与共享意图　96-101, 228-229
as sharing, 作为分享　82-85
variety in meanings of, 意义的多样性　80-81

Infants, 儿童。亦见 Infant pantomiming; Infant pointing, 儿童比划示意; 儿童以手指物
collaboration by, 的互助合作　132
and common conceptual ground, 与共同概念基础　98-99
communication infrastructure in, 沟通的基础结构　116-117
conventional gestures of, 的惯例手势　101-103, 105-106
and cooperative communication, 与合作沟通　76-77, 93, 235-236
and goals of others, 与他人的目标　31-33
and linguistic communication, 与语言沟通　102-103, 105-106, 185-188, 196-197, 238
and others' perceptions, 与他人的感知　33-34
practical reasoning in, 的实际推理　97
and shared intentionality, 与共享意图　96-101, 116-117, 228-229, 235
sharing by, 的分享　60
value of studying communication of, 研究其沟通的价值　76

Inferences, 推论　28

Informatives, 告知式。亦见 Helping; Informing, 协助; 告知
apes and, 与猿类　26-27
home signers and, 与家庭手语使用者　184-185
infant pointing as, 儿童此类的以手指物　82, 84-85
ontogenetic origins of, 个体发展的起源　94-96

Informing, 告知。亦见 Helping; Informatives, 协助; 告知式
as basic motive, 作为基本动机　59
challenges in communication involving, 涉及的沟通挑战　189-190
grammar of, 的语法　170-172, 189-198

infant linguistic communication and, 与儿童的语言沟通 114
    sharing vs., 对分享 148-149
Intentional communication, 有意沟通
    of apes, 猿类的 30-37, 234
    in biological world, 生物界的 9-10
    defined, 的定义 9-10
    gestures, 手势 14-23
    and object choice task, 与物品选择任务 27-29
    primate-human, 灵长类-人类 23-29
Intentionality, 意向。亦见 Communicative intention; Individual intentionality; Shared intentionality, 沟通意图；个别意图；共享意图
    action and, 与行动 161
    in ape communication, 在猿类沟通中 30-37
    comprehension of, 的理解 31-35
    ontogenetic origins of, 的个体发展起源 96-100
Intention-movements, 改变意图的手势 36f
    defined, 的定义 15
    examples of, 的例子 16-17, 17t
    interpretation of, 的解读 35-36
    learning of, 的学习 16, 17-18
    meaning of, 的意义 18, 36
    pantomiming and, 与比划示意 42-43
Intention-reading, 看穿意图 3, 67, 74, 120, 132
Intonation units, 语调单位 189n
Invisible hand phenomena, 无形之手现象 211, 224

J

Jargon, 行话 207
Joint attention, 共同关注。亦见 Common conceptual ground, 共同概念基础
    defined, 的定义 51, 54
    emergence of, 的涌现 136-137
    humans vs. apes concerning, 关于人类对猿类的 126-127

infant pointing and, 与儿童以手指物　83

infants and, 与儿童　98,99-100

language acquisition and, 与语言习得　108,110-113

perceptual modes and, 与感知模式　137n

significance of, 的重要意义　3

K

Kanzi, 康兹　175,177-178,180,183-184

L

Language, 语言。亦见 Human communication; Linguistic communication, 人类沟通;语言沟通

as activity, not object, 作为活动,而非物品　243-244

arbitrariness of, 的任意性　6-7

change in, 的变迁　208,210-217

conventionalization of, 的约定俗成　208-223

differentiation of, 的分化　7,170-171,210,217-219,221-223

mental attunement and, 与心理调适　39-41

normative structure of, 的常态结构　198,205

origins of, 的起源　7,41-42,57,72-73,113-114,153-154,223-224,231-233

as shared intentionality, 作为共享意图　241-243

uncoded communication and, 与未编码的沟通　39-41

universals in, 的普遍原则　217-222

Language acquisition, 语言习得

convention acquisition and, 与惯例习得　108-113

convention use and, 与惯例使用　113-115

pantomiming vs., 对比划示意　105-107

pointing and, 与以手指物　114-115

shared intentionality and, 与共享意图　76-77,108-116

Language change, 语言变迁　208,210-217

cognitive dimension of, 的认知面　210-215

common conceptual ground and, 与共同概念基础　216-217

group selection and, 与团体选择 221-222
intergenerational transmission of, 的代代相传 214-216, 215f
sources of, 的源头 210-211, 217
Language universals, 普遍语法 217-222
Leaf-clipping behavior, 敲打叶子行为 19
Learning, 学习
ape-human interaction and, 与猿类-人类的互动 23-24
of attention-getting gestures, 获取注意的手势 20-21
by imitation, 经由模仿 17-18
of intention-movements, 改变意图的手势 15-16, 17-18
ontogenetic, 个体发展的 16, 17-18
simple vs. complex, 简单对复杂的 31
Leave taking, 告别 61, 69, 102
Linguistic communication, 语言沟通。亦见 Language, 语言
common conceptual ground for, 的共同概念基础 3, 39-41, 70
communicative intention in, 的沟通意图 70-71
infants and, 与儿童 102, 105-107, 114-115, 185-188, 196-197
motives for, 的动机 70, 114
referential intentions of, 的指涉意图 71
as social action, 作为社会行为 241-242
Linguistic constructions, 语言句型 208-210
Linguistic conventions, 语言惯例
acquisition of, 的习得 108-113
use of, 的运用 113-115
Linguistics, 语言学 209
Lying, 说谎
basis for, 的基础 6, 62, 152
social norms and, 与社会常规 151-152

M

Macaques, 猕猴 12
Mental attunement, 心理调适 39-41

Mindreading,读心术 3。亦见 Recursive mindreading,反复读心术
Misunderstandings,误解 115n
Monkeys, and vocal calls,猴子与叫声 10-12
Motivation,动机。见 Social motivation,社会动机
Mutual assumptions,彼此的期望
    cooperative communication and,与合作沟通 61-67
    infant pointing and,与儿童以手指物 90-93
Mutualism,互利共生 135-139
Mutual knowledge,共同(的)知识 66,236-237
Mutual manifestness,共同彰显 66,237

N

Narrative,叙事
    complex constructions in,中的复合句型 201-204
    cultural use of,的文化运用 198-199
    event-participation organization in,中的事件-参与者组织 199-204
    evolutionary value of,的演化价值 204-205
    grammar of,的语法 198-208
Natural communication,自然沟通
    action-based gestures as,以动作为基础的手势作为 120,154,164-165,166-167,169,173-174
    conventional vs.,对惯例的 120,153-154,169,192-193
    defined,的定义 192
    in foreign situations,在异地的情况下 166
Nicaraguan Sign Language,尼加拉瓜手语 193-196,198-199,205
Norms,常规。见 Social norms; Social norms in communication,社会常规;沟通中的社会常规
Nouns,名词 49,163,164,229
Novelty,新颖
    ape reasoning about,猿类对此的推理 34-35
    communication about,对此的沟通 114-115

O

Object choice task, 物品选择任务　27-30, 91
Obscene gestures, 不雅的手势　154
"Offering" behaviors, "献身"的行为　20
Ontogenetic origins of human communication, 人类沟通的个体发展起源　76-117
 early language, 早期语言　108-116
 infant pantomiming, 儿童比划示意　101-107
 infant pointing, 儿童以手指物　77-101, 100f, 228-229
 informing, 告知　96
 intentionality, 意向　96-100, 228-229, 235
 requesting, 请求　95
 sharing, 分享　95-96
Ontogenetic ritualization, 个体发展的仪式化　16, 17-18

P

Pantomiming, 比划示意。亦见 Infant pantomiming, 儿童比划示意
 absent entities and, 与不在场的物品　45-47, 57
 advantages of, 的优势　143, 155
 common conceptual ground for, 的共同概念基础　142
 communication through, 借此的沟通　1-2
 conventionalization of, 的约定俗成　154-158
 function of, 的功能　42, 164-165
 in home sign, 在家庭手语中　180-185
 intention-movements and, 与改变意图的手势　42-43
 interpretation of, 的解读　45-46
 limitations of, 的限制　142, 155
 naturalness of, 的自然性　6-7
 objects as referents of, 物品作为此的指涉物　48
 as original human communication, 作为最初的人类沟通　2
 overview of, 的概述　45-49

pointing vs.,对以手指物 47-48
as prelinguistic communication,作为会说话前的沟通 48
social cognition and,与社会认知 2
social motivation and,与社会动机 2
as supplementary to linguistic communication,作为语言沟通的辅助 107
uses of,的运用 45

Pedagogy,教育 141

Perceptions,ape understanding of others',感知,猿类理解他者的 33-34,123-124,126

Perceptual co-presence,感知上共存。见 Joint attention,共同关注

Perspectival cognitive representations,观点认知表象 242-243

Phylogenetic origins of human communication,人类沟通的群体发展起源
collaboration,互助合作 120-134
conventional communication,惯例沟通 153-167
cooperative communication,合作沟通 134-153

Pidgins,洋泾浜(皮钦语) 207-208

Pivot schemas,主轴轮廓 186-187

Pointing,以手指物。亦见 Infant pointing,儿童以手指物
apes and,与猿类 24-26
attention-getters and,与获取注意的手势 42
common conceptual ground for,的共同概念基础 3,45,142
communication through,借此的沟通 2
complexity of communication involved in,其中涉及的沟通复杂度 2-3,44-45
comprehension of,的理解 27-29
declarative,陈述式 26
demonstratives and,与指示词 163-164
examples of,的例子 43-44
flexibility in,的灵活度 24-25
function of,的功能 42
informative,告知式 26
learning of,的学习 24

limitations of,的限制 142
mutualism and,与互利共生 138
naturalness of,的自然性 6
as original human communication,作为最初的人类沟通 1-2
overview of,的概述 43-45
pantomiming vs.,对比划示意 47-48
as prelinguistic communication,作为会说话前的沟通 45
recognitory,识别的 26
referential intention in,的指涉意图 43-44
social cognition and,与社会认知 2
social intention in,的社会意图 43-45
social motivation and,与社会动机 2
variety of communication involved in,其中涉及的沟通多样性 44

Politeness,礼貌 62,92,145-146,150-151

Practical reasoning,实际推理
in apes,猿类的 34-35
and gestures,与手势 35
in human communication,人类沟通的 65
infants and,与儿童 97
social interaction based on,基于此的社会互动 34

Pretense,伪装 106-107

Primate communication, compared to human communication,灵长类沟通,与人类沟通相比 37

Primates,灵长类。亦见 Apes；Chimpanzees；Monkeys
communication with humans,猿类；黑猩猩；猴子与人类沟通 23-29
gestures of,的手势 14-23,38
social motivation for communication lacking in,缺乏沟通的社会动机 4
vocal displays of,的声音呈现 10-14,37-38

Process of the third kind,第三类过程 158,211

Public space,公共空间
communicative intention as creating,创造此的沟通意图 150-151
vocalization and,与声音 162

Q

Questions, 问题 59n

R

Ratchet effect, 棘轮效应 204
Rationality, ape understanding of, 理性, 猿类的理解 33
Reciprocity, indirect, 互惠, 间接。见 Indirect reciprocity, 间接互惠
Recognitory gestures, 识别的手势 26
Recursive mindreading, 反复读心术 67, 131-132, 139, 146, 153, 155, 169, 226-227, 229, 237
Recursivity, in cooperative communication, 反复性, 合作沟通中的 65-67, 72
Reference tracking, 指涉物追踪 200-201
Referential communication, 指涉沟通 20-21
Referential intentions, 指涉意图
   of apes, 猿类的 20, 25, 35-36
   in human communication, 人类沟通中的 68
   infant pointing and, 与儿童以手指物 86-88, 89-90
   in linguistic communication, 语言沟通中的 71
   in pointing, 以手指物中的 44-45
Regret, 遗憾 61n
Relative clauses, 关系子句 201-202
Reputation, 名声 119, 134, 140, 141, 143-146, 149-152, 229, 239
Requesting 请求
   apes and, 与猿类 175-180, 184
   as basic motive, 作为基本动机 58-59
   grammar of, 的语法 171, 172-189
   infant linguistic communication and, 与儿童的语言沟通 114
   infant pointing as, 儿童此类的以手指物 80-81, 86
   mutualism and, 与互利共生 135-139
   ontogenetic origins of, 的个体发展起源 95
Ritualization, 仪式化

ontogenetic，个体发展的　16,17-18
phylogenetic，群体发展的　15-16
Role reversal imitation，角色互换模仿　72,155-156,187-188,240

S

Serious syntax，严谨句法　171,179,195,196-197
Shared intentionality，共享意图
 apes lacking in，猿类缺乏　124,126-127,233-234
 cooperation and，与合作　5-6,49-51
 cooperative communication and，与合作沟通　76-77,96-100,101,133-134,226-228,233-237
 defined，的定义　50
 human evolution and，与人类演化　5-6
 infants and，与儿童　96-101,116-117,228-229,235
 language acquisition and，与语言习得　77,108-116
 language as，语言作为　241-242
 linguistic communication and，与语言沟通　70-71
 psychological conditions of，的心理条件　50
 significance of，的重要意义　50
 universality in，的普遍原则　219
Sharing，分享
 as basic motive，作为基本动机　60
 conventions and，与惯例　155
 cooperative communication and，与合作沟通　148-149
 grammar of，的语法　170-171,198-208
 group affiliation and，与团体认同　148-149
 by infants，儿童的　60,82-84,114
 informing vs.，对告知　148-149
 ontogenetic origins of，的个体发展起源　95-96
Showing off，炫耀　141
Sign language，手语。亦见 Bedouin Sign Language; Home sign; Nicaraguan Sign Language，贝都因手语；家庭手语；尼加拉瓜手语

apes and, 与猿类 25, 174-175
complexity of, 的复杂度 41
grammatical development of, 的语法发展 171-172
structure of events in, 中的事件结构 191-192, 194-195
unsuitability of, for study of gesture, 的不适用, 对手势研究 41

Simple syntax, 简单句法 171, 173, 187-188, 223
Social cognition, 社会认知 2
Social identification, 社会认同 119, 198
Social intention, 社会意图
    in human communication, 在人类沟通中 67-68
    infant pointing and, 与儿童以手指物 88-89
    in pointing, 在以手指物中 43-45
    universality in, 的普遍原则 219
Social learning, 社会学习 155。亦见 Cultural learning, 文化学习
Social motivation, 社会动机。亦见 Cooperation, 合作
    basic types of, 的基本类别 58-61
    for communication, 为了沟通 4, 57-61
    emotional communication of, 的情绪沟通 58
    helping as, 协助作为 59
    infant pointing and, 与儿童以手指物 82-86
    for linguistic communication, 为了语言沟通 70
    pantomiming and, 与比划示意 2
    pointing and, 与以手指物 2
    requesting as, 请求作为 58-59
    sharing as, 分享作为 60
    universality in, 的普遍原则 219
Social norms, 社会常规。亦见 Social norms in communication, 沟通中的社会常规
    emergence of, 的涌现 145-146
    grammaticality and, 与合乎语法 205-206
    group cohesion reinforced by, 由此增强的团体凝聚力 147-148, 149

Social norms in communication,沟通中的社会常规
　　and communicative intention,与沟通意图　150-151
　　emergence of,的涌现　149
　　expressives not governed by,表达式陈述非由此管理　149
　　infants and,与儿童　93
　　mutual expectations and,与彼此的期望　64-65
Social-pragmatic theory of language acquisition,语言习得的社会-语用理论　108
Space,in Nicaraguan Sign Language,空间,尼加拉瓜手语中的　194-195
Structure,grammatical,结构,语法的　191-192,196-197,202
Syntax,句法
　　complex,复杂　201-204
　　conventional devices in,的惯例机制　190-193
　　fancy,想象　171,198-204
　　serious,严谨　171,179,195,196-197
　　simple,简单　171,173,187-188,223

T

Third kind processes,第三类过程　158,211
Touch-back gesture,摸背手势　16-17
Triadic communication,三元沟通　20。亦见 Referential intentions,指涉意图

U

Ultimatum game,最后通牒游戏　131

V

Verb island constructions,动词孤岛句型　196
Verbs,动词　49,163-165,183
Vervet monkeys,黑面长尾猴　10,12,13
Vocalizations,声音

advantages of, 的优势　162

audience for, 的听众　13

communicative conventions and, 与沟通惯例　159-166

demonstratives as, 指示词作为　163, 164

emotions tied to, 情绪与此密切相关　12-13

evolutionary selection of, 的演化选择　11-12, 165-166

flexible comprehension of, 的灵活理解　10-11, 12

gene related to, 有关的基因　165-166

gestures vs., 对手势　159-162, 163, 232-233

human communication compared to, 与人类沟通相比　13-14

lack of flexibility in, 缺乏弹性　11-12, 37-38, 159

limitations of, 的限制　159-160

pantomiming and, 与比划示意　164-165

public quality of, 的公共特质　162

referential communication and, 与指涉沟通　159-160

transition to, 到此的过渡　162-163, 165-166, 172

W

Walk-around strategy, 绕过去策略　22-23

Washoe, 华秀　175, 178

We-intentionality, 我们意图　5, 237

Word order, 词序

apes and, 与猿类　176-177

in early language use, 在早期运用语言中　187

for event-participant organization, 事件-参与者的组织　209-210

home signers and, 与家庭手语使用者　183-184

in sign language, 在手语中　191-192, 195

图书在版编目(CIP)数据

人类沟通的起源/(美)托马塞洛著;蔡雅菁译. —北京：
商务印书馆,2012(2022.5重印)
(国外语言学译丛·经典著作)
ISBN 978-7-100-08697-4

Ⅰ.①人… Ⅱ.①托…②蔡… Ⅲ.①语言起源－研究 Ⅳ.①H0-09

中国版本图书馆 CIP 数据核字(2011)第 215649 号

权利保留,侵权必究。

国外语言学译丛·经典著作
人类沟通的起源
〔美〕迈克尔·托马塞洛 著
蔡雅菁 译

商 务 印 书 馆 出 版
(北京王府井大街36号 邮政编码100710)
商 务 印 书 馆 发 行
北京艺辉伊航图文有限公司印刷
ISBN 978-7-100-08697-4

2012年9月第1版   开本 880×1230 1/32
2022年5月北京第3次印刷   印张 10 3/8
定价：48.00元